utb 5256

Eine Arbeitsgemeinschaft der Verlage

Böhlau Verlag · Wien · Köln · Weimar
Verlag Barbara Budrich · Opladen · Toronto
facultas · Wien
Wilhelm Fink · Paderborn
Narr Francke Attempto Verlag · Tübingen
Haupt Verlag · Bern
Verlag Julius Klinkhardt · Bad Heilbrunn
Mohr Siebeck · Tübingen
Ernst Reinhardt Verlag · München
Ferdinand Schöningh · Paderborn
Eugen Ulmer Verlag · Stuttgart
UVK Verlag · München
Vandenhoeck & Ruprecht · Göttingen
Waxmann · Münster · New York
wbv Publikation · Bielefeld

Soziale Arbeit studieren
Herausgegeben von Prof. Dr. Ulrike Urban-Stahl

Prof. Dr. phil. *Petra Mund*, Dipl. Sozialpädagogin, lehrt Sozialarbeitswissenschaft und Sozialmanagement an der Katholischen Hochschule für Sozialwesen Berlin

Petra Mund

Grundkurs Organisation(en) in der Sozialen Arbeit

Mit 12 Abbildungen

Mit Online-Zusatzmaterial

Ernst Reinhardt Verlag München

In der Reihe Soziale Arbeit studieren bereits erschienen:

Bräutigam, B.: Grundkurs Psychologie für die Soziale Arbeit (2018, ISBN: 978-3-8252-4947-2)
Sandermann, P., Neumann, S.: Grundkurs Theorien der Sozialen Arbeit (2018, ISBN: 978-3-8252-4948-9)
Walter, Uta M.: Grundkurs methodisches Handeln in der Sozialen Arbeit (2017, ISBN: 978-3-8252-4846-8)

Bibliografische Information der Deutschen Nationalbibliothek

Die Deutsche Nationalbibliothek verzeichnet diese Publikation in der Deutschen Nationalbibliografie; detaillierte bibliografische Daten sind im Internet über <http://dnb.d-nb.de> abrufbar.

UTB-Band-Nr.: 5256
ISBN 978-3-8252-5256-4

Printed in EU
Einbandgestaltung: Atelier Reichert, Stuttgart
Cover unter Verwendung eines Fotos von © iStock.com/RaulAlmu
Abbildungen im Innenteil: Anne Rösemeier
Satz: FELSBERG Satz & Layout, Göttingen

Ernst Reinhardt Verlag, Kemnatenstr. 46, D-80639 München
Net: www.reinhardt-verlag.de E-Mail: info@reinhardt-verlag.de

Inhalt

Hinweise zur Benutzung dieses Lehrbuches

Folgende Icons werden im Buch verwendet:

Zusammenfassung

Definition

Übungsaufgabe

Beispiel

Literatur- und Websiteempfehlungen

In den einzelnen Kapiteln gibt es Übungsaufgaben und Reflexionsfragen. Beispiellösungen finden Sie auf der Homepage des Ernst Reinhardt Verlages und der UTB GmbH bei der Darstellung dieses Titels: www.reinhardt-verlag.de, www.utb.de

Die Doppelbedeutung von Organisation(en) in der Sozialen Arbeit

Für Studierende und Fachkräfte der Sozialen Arbeit gibt es in mehrfacher Hinsicht die Notwendigkeit, sich mit Organisation(en) in der Sozialen Arbeit auseinanderzusetzen. Um in der heterogenen Organisationslandschaft der Sozialen Arbeit, mit beispielsweise Jugendamt, freien Trägern und Lobbyorganisationen, den Überblick zu behalten, benötigen Fachkräfte ein allgemeines Wissen über die grundlegende Systematik der Organisationsstrukturen und die zentralen Organisationen in der Sozialen Arbeit, über die sozialpolitisch den Organisationen jeweils zugewiesenen Aufgaben und die damit verbundenen Erwartungen sowie über ihre Finanzierung. Zudem handeln die Fachkräfte in diesen Organisationen. Um das eigene Handeln in Organisationen reflektieren, organisationsbedingte Phänomene und den Zusammenhang von Organisation und Professionalität in der Sozialen Arbeit verstehen zu können, ist daher auch eine grundsätzliche Auseinandersetzung mit der Organisation als solche erforderlich. Darüber hinaus stehen die Organisationen der Sozialen Arbeit vor der Frage, wie sie ihre Abläufe und (Teil-)Aufgaben organisieren, damit die jeweiligen Organisationsziele möglichst effizient erreicht werden können und für die Mitarbeitenden eine gewisse Handlungssicherheit gegeben ist. Für diese Aufgabe der Organisationsgestaltung sind organisationstheoretische Kenntnisse hilfreich. Dabei ist es erforderlich, die Besonderheiten der Sozialen Arbeit, wie beispielsweise das doppelte Mandat, zu reflektieren, damit die jeweiligen Strukturen und Abläufe sich ermöglichend und nicht be- oder gar verhindernd auf das professionelle Handeln der Fachkräfte auswirken. Fachkräfte der Sozialen Arbeit benötigen also auch ein organisationsbezogenes Wissen. Zusammengenommen sind damit ein allgemeines Wissen über die *Organisationen* in der Sozialen Arbeit und ein spezifisches Wissen über *Organisation* in der Sozialen Arbeit zentrale Bestandteile von Professionalität.

Stellen Sie sich vor: In der **Einführungswoche** Ihres Bachelorstudiums der Sozialen Arbeit werden Ihnen an einem Vormittag der allgemeine Studienverlauf und die Modulübersicht vorgestellt. Von den vielen Theorien, Konzepten, Handlungsfeldern und Methoden, mit denen Sie sich in den nächsten Semestern auseinandersetzen sollen, und den umfangreichen Kompetenzen, die Sie in den Vorlesungen, Seminaren und Praxisphasen erwerben sollen, raucht Ihnen schon bald der Kopf. Gleichzeitig freuen Sie sich insbesondere auf die Veranstaltungen zum Auftrag der Sozialen Arbeit und zu ihren Zielgruppen. Auch auf die Auseinandersetzungen mit den Theorien und Handlungsmethoden der Sozialen Arbeit sind Sie gespannt und hoffen, in diesen Seminaren das Handwerkszeug für Ihre spätere Arbeit in der Praxis zu lernen. Die Relevanz eines Moduls und seiner Inhalte erklärt sich Ihnen jedoch nicht unmittelbar: In diesem Modul geht es um die organisationsbezogenen, strukturellen und ökonomischen Grundlagen der Sozialen Arbeit. Zwar können Sie nachvollziehen, dass es wichtig ist, die Organisations- und Finanzierungsstrukturen der Sozialen Arbeit allgemein zu kennen. Aber mehr als Rahmenbedingungen für Ihr Handeln in der Sozialen Arbeit sind diese Strukturen doch nicht, oder? Was haben die Organisationsstrukturen darüber hinaus mit Ihren fachlichen Handlungsmöglichkeiten in der Praxis zu tun? Gibt es hier Zusammenhänge oder Wechselwirkungen und wenn ja, welche?
Überlegen und diskutieren Sie:
Welche Assoziationen und/oder ggf. Erinnerungen an Ihre Einführungswoche weckt das beschriebene Szenario in Ihnen?
Welchen Platz auf der Beliebtheitsskala nehmen organisationsbezogene Vorlesungen und Seminare bislang bei Ihnen ein und warum?
Was spricht aus Ihrer Sicht dafür, dass Sie sich mit Organisation(en) in der Sozialen Arbeit befassen?

1.1 Organisationen sind allgegenwärtig

Organisation(en) sind in der Praxis der Sozialen Arbeit allgegenwärtig. Nicht zuletzt deswegen muss die Frage, warum sich (angehende) SozialarbeiterInnen mit Organisation(en) in der Sozialen Arbeit auseinandersetzen sollen, aus verschiedenen Perspektiven beantwortet werden. Zunächst eine naheliegende, quasi offenkundige Antwort: SozialarbeiterInnen sollten sich mit den Organisationen der Sozialen Arbeit befassen, weil die Institutionalisierung und damit eng verknüpft die Organisationstatsache seit Anfang des 20. Jahrhunderts eine bedeutende Rahmenbedingung der Sozialen Arbeit ist. Institutionalisierung, ein aus der Soziologie stammender Begriff, umfasst in der Sozialen Arbeit die Prozesse zur sozial- und gesellschaftspolitischen, rechtlichen und mit beidem verbundenen organisatorischen Absicherung ihrer vielfältigen Angebote und Leistungen. Der Begriff der Institution wird generell und auch in der Sozialen Arbeit oft synonym mit dem der Organisation gebraucht. Institution und Organisation sind jedoch nicht ganz deckungsgleich. Der Begriff der Institution kann sich zwar auf Organisationen beziehen und konkrete, materielle, zweckgerichtete Einrichtungen (z.B. Parlament, öffentliche Verwaltung, Schulen) meinen. Darüber hinaus werden aus einer funktionalistischen Perspektive aber auch strukturerhaltende Elemente einer Gesellschaft wie beispielsweise die Ehe als Institutionen bezeichnet (Schubert/Klein 2011; Süß 2009).

Die um 1900 im deutschsprachigen Raum zunehmende Institutionalisierung der bis dato insbesondere im Bereich der Armenfürsorge ehrenamtlich und unsystematisch geleisteten Sozialen Arbeit ist zum einen auf die zu diesem Zeitpunkt ebenfalls beginnende Verberuflichung von Sozialer Arbeit zurückzuführen (Hammerschmidt et al. 2017). Seitdem findet Soziale Arbeit in sich immer weiter ausdifferenzierenden, institutionellen und damit auch organisationsbezogenen Kontexten statt und die Organisationstatsache ist zu einem zentralen Merkmal professionalisierter Sozialer Arbeit geworden.

Die **Organisationstatsache** bezieht sich auf die Beobachtung, dass professionalisierte Soziale Arbeit immer in einer Organisation geschieht.

Diese Organisationstatsache ist nicht nur auf die Prozesse der zunehmenden Verberuflichung von Sozialer Arbeit zurückzuführen. Sie ist zum anderen auch darin begründet, dass es beginnend in der Mitte des 19. Jahrhunderts zum Aufbau der Sozialversicherung und damit einhergehend zu einer ebenfalls zunehmenden Institutionalisierung und staatlichen Verantwortungsübernahme für die Leistungen der Sozialen Arbeit gekommen ist.

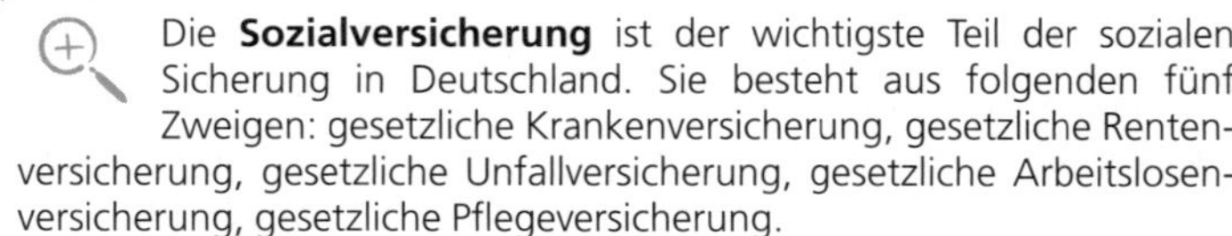

Die **Sozialversicherung** ist der wichtigste Teil der sozialen Sicherung in Deutschland. Sie besteht aus folgenden fünf Zweigen: gesetzliche Krankenversicherung, gesetzliche Rentenversicherung, gesetzliche Unfallversicherung, gesetzliche Arbeitslosenversicherung, gesetzliche Pflegeversicherung.

Auf diese Entwicklungen geht das in Deutschland grundgesetzlich verankerte Sozialstaatsprinzip (Art. 20 Abs. 1 bzw. Art. 28 GG) zurück.

Das im Grundgesetz verankerte **Sozialstaatsprinzip** (Art. 20 Abs. 1, 28 GG) verpflichtet den Gesetzgeber, die Prinzipien der sozialen Gerechtigkeit und Sicherheit zu beachten und soziale Gegensätze auszugleichen.

Die mit dem Sozialstaatsprinzip verbundenen zentralen übergreifenden sozialpolitischen Zielsetzungen soziale Gerechtigkeit und soziale Sicherheit (§ 1 SGB I) und die sich daraus im Sinne des Sicherstellungsauftrages (§ 17 SGB I) für die unterschiedlichen Sozialleistungsbereiche ableitenden konkreten Verpflichtungen und Aufgaben werden auch durch die vielfältigen Leistungen und Angebote der Sozialen Arbeit und ihrer Organisationen flankiert und realisiert. Diese Ziele sind damit in den Organisationen institutionalisiert. Aus dieser Perspektive ist Soziale Arbeit ein Teil der „sozialstaatlichen Daseinsvorsorge" (Maas 1996, 18), woraus sich für die unterschiedlichen Sozialleistungsbereiche konkrete Aufgabenstellungen ableiten lassen. Die Erwartbarkeit von Hilfe tritt dabei generell an die Stelle individualisierter Hilfsbereitschaft (Luhmann 1973).

Dies soll an der **Kinder- und Jugendhilfe** verdeutlicht werden: Gemäß § 1 Abs. 1 SGB VIII hat jeder junge Mensch ein Recht auf Förderung seiner Entwicklung und auf Erziehung zu einer eigenverantwortlichen und gemeinschaftsfähigen Persönlichkeit. Von dieser Leitnorm ausgehend werden in § 1 Abs. 3 SGB VIII die Aufträge der Kinder- und Jugendhilfe konkretisiert: Kinder- und Jugendhilfe soll junge Menschen in ihrer individuellen und sozialen Entwicklung fördern und ihren Beitrag dazu leisten, dass Benachteiligungen vermieden oder abgebaut werden. Kinder- und Jugendhilfe soll Eltern und andere Erziehungsberechtigte bei der Erziehung beraten, unterstützen und dazu beitragen, dass positive Lebensbedingungen für junge Menschen und ihre Familien geschaffen werden. Sie soll Kinder und Jugendliche vor Gefahren für ihr Wohl schützen. So weit, so gut. Damit jedoch diese Leitziele der Kinder- und Jugendhilfe nicht nur auf programmatischer Ebene bestehen, sondern in der Praxis Wirkungen für junge Menschen und ihre Familien entfalten können, müssen sie vor Ort in konkrete Angebote und Leistungen übersetzt und von der freien und öffentlichen Kinder- und Jugendhilfe angeboten werden. Erst durch diese Transformation der noch sehr allgemeinen Aufträge des § 1 SGB VIII in konkrete Angebote und die damit verbundene Institutionalisierung in Organisationen wird die Kinder- und Jugendhilfe in die Lage versetzt, den an sie gerichteten sozialpolitischen Auftrag einzulösen.

Dies hat auch zur Folge, dass die Aufgaben und damit auch die unterschiedlichen Angebote der Sozialen Arbeit immer auch gesellschaftlichen Definitions- und Aushandlungsprozessen unterliegen.

Innerhalb des breiten Spektrums der Theorien der Sozialen Arbeit wird dieser spannungsreiche Zusammenhang von Sozialer Arbeit und wohlfahrtsstaatlicher Leistungsverwaltung von der Theorie der organisierten Hilfe aufgegriffen und diskutiert. Auf die in dieser theoretischen Perspektive bestehende Gefahr, Soziale Arbeit als eine „systematisch nachgeschaltete Praxis“ und „organisatorisch begrenzte Praxis“ (Sandermann/Neumann 2018, 142) zu begreifen, kann an dieser Stelle nur verwiesen werden, eine ausführliche Diskussion ist nicht möglich.

Dass (angehende) Fachkräfte der Sozialen Arbeit einen Überblick über die Vielfalt der Organisationen in der Sozialen Arbeit, ihre sozialpolitischen Aufträge und ihre unterschiedlichen Rechts- und Finanzierungsformen haben, ist also einerseits für die eigene Orientierung in und zwischen den unterschiedlichen Feldern der Sozialen Arbeit wichtig. Darüber hinaus ist dieses Wissen auch im Sinne einer stellvertretenden Orientierung und damit auch für die Interessensvertretung der AdressatInnen von Bedeutung, da diesen vielfach die Organisationsstrukturen in der Sozialen Arbeit und ihre Zusammenhänge weitgehend unbekannt sind.

Die Vermittlung eines grundsätzlichen Wissens über die Systematik der Organisationen in der Sozialen Arbeit sowie über Rechts- und Finanzierungsformen ist daher ein zentrales Ziel dieses Lehrbuchs.

Damit wären jedoch die im Einstiegsszenario aufgeworfenen Fragen nur teilweise beantwortet, wie zu Recht angemerkt werden könnte und wie es auch im Titel des Lehrbuches bereits angedeutet ist. In der Tat gibt es noch eine weitere Antwort auf die Frage, warum sich SozialarbeiterInnen mit Organisation(en) in der Sozialen Arbeit befassen sollten. So ist mit der Organisationstatsache auch verbunden, dass Fachkräfte der Sozialen Arbeit in diesen Organisationen tätig werden. Rund 94% der SozialarbeiterInnen sind in einem Angestelltenverhältnis in Organisationen tätig (Wöhrle 2016). Damit geht das Handeln der Fachkräfte in der Praxis von diesen Organisationen aus. Mit Eintritt in eine der differenten Organisationen der Sozialen Arbeit, egal in welchem Handlungsfeld, werden die Fachkräfte zu einem Teil dieser Organisation. Ihr sozialarbeiterisches Handeln wird damit auch in mehrerlei Hinsicht durch die Organisation an sich und die damit verbundenen Fragestellungen beeinflusst. Was damit gemeint ist, soll im Folgenden skizziert werden.

Die Organisationen der Sozialen Arbeit sehen sich mit der Frage konfrontiert, wie sie *organisiert* sein sollten, damit sie ihre Ziele und Aufgaben möglichst gut und gleichzeitig auf eine für alle Beteiligten transparente und berechenbare Weise erreichen können. Dabei können der Aufbau und die Strukturen in den jeweiligen Organisationen durchaus sehr unterschiedlich sein, da die jeweiligen externen und internen Bedingungen der Organisation, ihre Größe und ihre Entstehungsgeschichte berücksichtigt werden müssen.

Vor Aufnahme ihres Studiums der Sozialen Arbeit hat die Studentin **Laura** ein zwölfwöchiges Praktikum im Bereich der Kinder- und Jugendhilfe absolviert. Als Teil eines multidisziplinären Teams hat sie in ihrem Heimatort in einer stationären Wohngruppe mit jungen Menschen gearbeitet, die aus den unterschiedlichsten Gründen nicht mehr in ihrer Herkunftsfamilie verbleiben konnten, da ihre Erziehung und Entwicklung dort auch mit stützenden ambulanten Hilfen nicht mehr sichergestellt werden konnten. Die Erfahrungen und Erkenntnisse aus diesem Praktikum haben Laura in ihrem Wunsch, Soziale Arbeit zu studieren, bestärkt. Im Verlauf des ersten Semesters werden in einem Seminar die bisherigen Praxiserfahrungen der Studierenden thematisiert. Wie Laura waren viele der KommilitonInnen während des Vorpraktikums in der stationären Kinder- und Jugendhilfe tätig. Anhand der

Berichte bemerkt Laura, dass es trotz ähnlicher Zielgruppen und Aufgaben Unterschiede bei der Gestaltung von zentralen Prozessen (=Schlüsselprozessen) wie Aufnahmeverfahren, Hilfeplanung und Elternarbeit gibt. So werden beispielsweise in der Praxisstelle von Laura, einer kleinen Organisation der Kinder- und Jugendhilfe, die neben einem großen ambulanten Bereich nur über zehn Plätze im stationären Bereich verfügt, die Anfragen zur Unterbringung eines jungen Menschen von den Fachkräften des Jugendamtes direkt an das Team der Wohngruppe gestellt. Die dort tätigen Fachkräfte koordinieren dann eigenverantwortlich den Termin mit der Familie zur Vorstellung der Wohngruppe, tauschen sich mit der Fachkraft des Jugendamtes aus und entscheiden schließlich über die mögliche Aufnahme. Bei ihrem Kommilitonen Frank, der sein Praktikum in einer großen Organisation der Kinder- und Jugendhilfe mit insgesamt 60 stationären Plätzen absolviert hat, stellen die Fachkräfte des Jugendamtes die Aufnahmeanfrage an die Leitung des stationären Bereichs. Diese übernimmt alle Absprachen mit der Familie, führt die Gespräche mit den Fachkräften des Jugendamtes und ist neben der Teamleitung und der zuständigen Psychologin maßgeblich an der Entscheidung über die mögliche Aufnahme in einer Gruppen der Organisation beteiligt.

Der Aufbau und die Strukturen müssen zu den tatsächlichen Gegebenheiten passen. Im Idealfall sind der organisatorische Aufbau und die Ablaufstrukturen, beides Teilaspekte von Organisationsgestaltung, so aufgebaut, dass sie das methodisch-professionelle Handeln der Fachkräfte in der Praxis unterstützen und nicht behindern oder gar im Widerspruch dazu stehen.

Organisationsgestaltung umfasst alle Prozesse und Maßnahmen zur systematischen Gestaltung der Strukturen, Abläufe und Prozesse in Organisationen.

Es gilt jedoch nicht nur den Einfluss zu beachten, den die Organisation durch ihren Aufbau und ihre Struktur auf das Handeln der Fachkräfte haben kann. Es müssen auch der Zusammenhang von sozialpolitischen Aufträgen und konkretem Handeln in der Sozialen Arbeit und die daraus möglicherweise resultierenden Spannungsfelder reflektiert werden. Damit ist gemeint, dass sich sozialarbeiterisches Handeln nicht nur an den Bedürfnissen und Wünschen der jeweiligen Zielgruppe orientieren kann, sondern immer auch durch die sozialpolitisch an die Organisation gerichteten Aufträge sowie die daraus abgeleiteten organisationsbezogenen Aufträge und Ziele beeinflusst wird:

> „Soziale Arbeit kann nicht nur als individuell autonome professionelle Tätigkeit verstanden werden. Sie ist immer auf organisatorische, infrastrukturelle und sozialstaatliche wie auch ordnungspolitische Vorgaben angewiesen" (Müller 2011, 144).

Hilfeerbringung in der Sozialen Arbeit steht damit in einer bipolaren Spannung, dies wird auch als das doppelte Mandat der Sozialen Arbeit bezeichnet:

> „Der professionell Helfende arbeitet in der Regel in einer durch öffentliche Mittel finanzierten Institution. Diese erwartet von ihrem Mitarbeiter die Verwirklichung ihrer Zielvorstellungen, die teils ihrem Selbstverständnis, teils der öffentlichen, sozialpolitisch determinierten Beauftragung entsprechen. Gleichzeitig stehen professionell Helfende mit unverwechselbaren Menschen in Kontakt. Je nach Tätigkeitsfeld informieren, beraten, intervenieren, interagieren und erziehen sie. Der Nutzer erwartet, dass der Sozialarbeiter ihm hilft und ihn unterstützt, sein Leben zu führen. Die bipolare Spannung zwischen sozialstaatlicher Beauftragung und hilfebedürftigem Individuum lässt sich zunächst als doppeltes Mandat beschreiben. Der Helfende steht zwischen öffentlichem Auftrag und Klient" (Maaser 2015, 97 f.).

Mit dem doppelten Mandat sind auf vielen Ebenen Auswirkungen für das Handeln der Fachkräfte der Sozialen Arbeit verbunden. Diese Auswirkungen zeigen sich u.a. in den Organisationen der Sozialen Arbeit und spiegeln sich auch in der Organisation der jeweiligen Aufgaben wider.

In der Kinder- und Jugendhilfe können sich die Auswirkungen des doppelten Mandates auf die Organisation der Aufgaben ganz besonders deutlich zeigen, wie die weiteren Praxiserfahrungen von **Laura** verdeutlichen: Nach drei Semestern Studium arbeitet Laura in ihrem studienintegrierten Praxissemester nun im Allgemeinen Sozialen Dienst, einer Fachabteilung eines Großstadtjugendamtes. Auch hier ist sie von der Vielfalt der Aufgaben und der damit für sie verbundenen Erfahrungen und Lernmöglichkeiten begeistert. Gleichzeitig jedoch bemerkt sie auch Unterschiede zu ihrem Vorpraktikum. In der Wohngruppe hat sich die Arbeit mit den untergebrachten Kindern und ihren Familien sehr konkret an den im Hilfeplan festgelegten Zielen orientiert. In der Arbeit des Jugendamtes nehmen im Rahmen der Hilfeplanung die Erfassung der Situation der Familie und ihres Anliegens, die Beratung über mögliche Unterstützungsleistungen und die Entscheidung darüber ebenfalls einen großen Raum ein. Auch spielt im Jugendamt die Prüfung von Kindeswohlgefährdungen insgesamt eine viel größere Rolle. Dabei kommt es zwischen den Familien und den Fachkräften des Jugendamtes immer wieder zu unterschiedlichen Einschätzungen. Darüber hinaus ist Soziale Arbeit in diesem Praxisfeld – gerade wenn es um die Hilfen zur Erziehung und den Kinderschutz geht – viel formalisierter und geregelter.

Nach Böhnisch / Lösch (1973) wird das doppelte Mandat als zentrales Strukturmerkmal der Dienstleistungsfunktion der Fachkräfte der Sozialen Arbeit angesehen. Danach stehen die Fachkräfte der Sozialen Arbeit vor der Herausforderung,

> „ein stets gefährdetes Gleichgewicht zwischen den Rechtsansprüchen, Bedürfnissen und Interessen der Klienten einerseits und den jeweiligen sozialen Kontrollinteressen seitens öffentlicher Steuerungsagenturen andererseits aufrechtzuerhalten" (Böhnisch / Lösch 1973, 28).

Eine mögliche Auflösung dieser Bipolarität des doppelten Mandates besteht in der Bezugnahme und Orientierung auf ein drittes, professionsbezogenes Mandat, mit der Konsequenz, dass sich Soziale Arbeit dann durch ein Tripelmandat auszeichnet (Staub-Bernasconi 2018).

Das **Tripelmandat der Sozialen Arbeit** ergänzt die beiden, oftmals gegensätzlichen Aufträge (= Mandate), die die Soziale Arbeit einerseits von ihren Zielgruppen und andererseits durch die sozialpolitischen Aufträge bekommt, durch ein weiteres Mandat. Das dritte Mandat ergänzt die Bipolarität des doppelten Mandates um eine professionsbezogene Perspektive, die den Fachkräften der Sozialen Arbeit gerade in den widerstreitenden Situationen des doppelten Mandates eine normative Handlungsorientierung ermöglicht. Dabei bezieht sich dieses dritte Mandat, je nach theoretischer Perspektive, insbesondere auf die Menschenrechte, auf die globale Definition der Sozialen Arbeit und auf ethische Perspektiven.

Das Tripelmandat der Sozialen Arbeit und die damit verbundenen theoretischen Grundlagen und Fragestellungen werden in diesem Lehrbuch nicht weiter vertieft. Es gilt jedoch festzuhalten, dass das Handeln der Fachkräfte und damit die Hilfeerbringung generell – auch aus der Perspektive des Tripelmandats – immer auch unter dem Einfluss der jeweiligen sozialpolitischen Aufträge der Organisation stehen. Diese sozialpolitischen Aufträge führen wiederum zu Auswirkungen auf die Organisation der Arbeit. So haben insbesondere SozialarbeiterInnen, die in Behörden der Leistungsverwaltung tätig sind, die Aufgabe, die jeweiligen Lebenssituationen, Bedürfnisse und Ziele ihrer Zielgruppen zu verstehen, diese hinsichtlich möglicher Unterstützungsangebote zu beraten und im Sinne der bereits genannten Daseinsfürsorge auch darüber zu entscheiden, ob aus diesen Bedürfnissen ein normativer Bedarf und damit ein gesetzlicher Anspruch auf Leistungen der Sozialen Arbeit, wie beispielsweise Hilfen zur Erziehung, abzuleiten und zu gewähren ist.

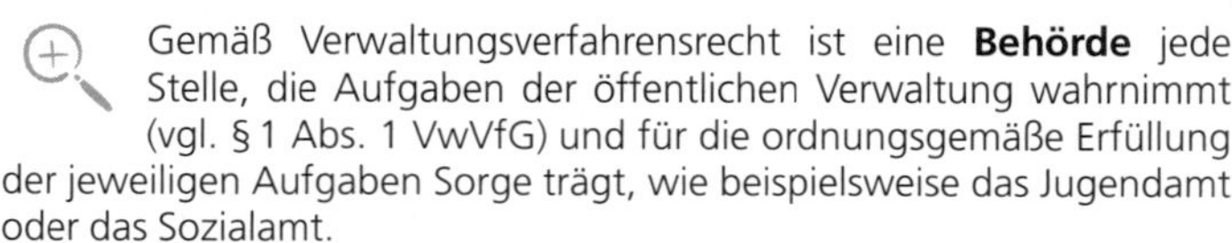

Gemäß Verwaltungsverfahrensrecht ist eine **Behörde** jede Stelle, die Aufgaben der öffentlichen Verwaltung wahrnimmt (vgl. § 1 Abs. 1 VwVfG) und für die ordnungsgemäße Erfüllung der jeweiligen Aufgaben Sorge trägt, wie beispielsweise das Jugendamt oder das Sozialamt.

So sind als **Anspruchsvoraussetzungen** für Hilfen zur Erziehung gem. §§ 27 ff. SGB VIII sowohl der erzieherische Bedarf zu bestimmen, als auch die Frage zu klären, ob die Hilfe zur Erziehung geeignet und notwendig ist.

Oftmals kommt zudem auch ein organisationsbedingter Kontrollauftrag hinzu. Die im Feld der Kinder- und Jugendhilfe tätigen Fachkräfte beispielsweise haben gem. § 1 Abs. 3 SGB VIII auch den Auftrag, Kinder und Jugendliche vor Gefahren für ihr Wohl zu schützen.

Die von **Laura** in ihrer Arbeit mit den Familien beobachteten Unterschiede in der Organisation der Arbeit können also auf die unterschiedlichen Aufträge von Jugendamt und Wohngruppe zurückgeführt werden: Während die Fachkräfte der Wohngruppe insbesondere den Auftrag haben, die stationäre Hilfe entsprechend der im Hilfeplan vereinbarten Ziele zu erbringen, haben die Fachkräfte des Jugendamtes vor allem den Auftrag, Anspruchsrechte zu prüfen, Hilfen zu gewähren und mögliche Kindeswohlgefährdungen zu erkennen.

An diesen unterschiedlichen Aufträgen lässt sich gleichzeitig eine Herausforderung für die Organisationsgestaltung in der Sozialen Arbeit verdeutlichen: die Balance zwischen administrativ-zweckrationalen Strukturen auf der einen und Hilfebeziehungen ermöglichenden Strukturen auf der anderen Seite. Dabei müssen insbesondere die Strukturen und Abläufe der öffentlich-rechtlichen Organisationen der Sozialen Arbeit, die als Teil der Leistungsverwaltung eher bürokratisch verfasst sind, eine Verfahrenssicherheit in Bezug auf die Prüfung bestehender Ansprüche sowohl für die Zielgruppen als auch für die handelnden Fachkräfte gewährleisten. Daneben muss mit Hilfe von Struktur- und Ablaufvorgaben generell sichergestellt werden, dass die Fachkräfte in komplexen Hilfe- und Unterstützungsbedarfen den Überblick nicht verlieren und damit auch ihrem Kontrollauftrag gerecht werden können.

Die von **Laura** im Jugendamt wahrgenommene Formalisierung und die Regelungsdichte der Abläufe können somit einerseits als genereller Ausdruck des Willens zur Organisationsgestaltung gedeutet werden. Sie können jedoch andererseits auch darauf zurückgeführt werden, dass die Organisation Jugendamt ihre Aufgaben generell – und insbesondere ihre Leistungsentscheidungen und Kontrollaufträge – mit Regeln und Vorgaben zum Verfahren und zur Dokumentation absichert.

Dabei dürfen die Strukturen und Abläufe jedoch nicht starr und überorganisiert sein. Stattdessen müssen sie sich durch ein angemessenes Verhältnis von Vorgaben einerseits und Flexibilität andererseits auszeichnen. Erst dann kann es gelingen, dass die

Fachkräfte der Sozialen Arbeit die spezifische Situation und die jeweiligen Bedürfnisse berücksichtigen und damit der Einmaligkeit des Einzelfalls auch tatsächlich gerecht werden können.

Ein eindrückliches Beispiel, welche Folgen die Überbetonung von möglicherweise bürokratischen Strukturen im Zusammenhang mit der Deutung und Erfassung individueller Lebenssituationen haben kann, liefert der 2016 unter der Regie von Ken Loach entstandene Film **„Ich, Daniel Blake"**. Der Protagonist des in England spielenden Films, Daniel Blake, beantragt aufgrund eines Herzinfarktes Sozialhilfe. Sein Antrag wird jedoch trotz ärztlichen Arbeitsverbots abgelehnt, sodass er sich gezwungen sieht, einen Antrag auf Arbeitslosenhilfe zu stellen. Arbeitslosenhilfe wird jedoch nur bei dem Nachweis täglicher Bemühungen um Arbeit bewilligt. Insgesamt sind die Antragstellung und die Strukturen des Unterstützungssystems so kompliziert und verwirrend, dass Daniel Blake fast an ihnen verzweifelt. Vor einer endgültigen Entscheidung über seine Anträge auf Unterstützung verstirbt Daniel Blake an einem erneuten Herzinfarkt.

Organisation wird aus dieser Perspektive zu mehr als nur einem Ort oder einer Rahmenbedingung institutionalisierter Sozialer Arbeit. Vielmehr leistet Organisation, im Sinne eines strukturellen Garanten (Busse et al. 2016), einen wichtigen Beitrag für eine professionelle Soziale Arbeit. Organisation hat den Auftrag, professionelles Handeln in der Sozialen Arbeit zu unterstützen. Um diesen Anspruch jedoch einlösen zu können, sind die Fachkräfte der Sozialen Arbeit gefordert, organisationstheoretisches Wissen für die Gestaltung der Strukturen und Abläufe in ihrer Praxis fruchtbar zu machen. Auf der Seite der (angehenden) Fachkräfte der Sozialen Arbeit bedarf es also nicht nur eines allgemeinen strukturellen Organisationswissens, sondern auch einer differenzierten Sicht auf den Gegenstand Organisation (Grunwald 2018), einer Auseinandersetzung mit den „Eigengesetzlichkeiten dieses Typus sozialer Systeme" (Bommes / Scherr 2012, 189) und damit eines spezifischen Organisationswissens. Daher sollten sich die Fachkräfte auch mit Organisation in der Sozialen Arbeit auseinandersetzen. Erst dann können Organisationen verstanden und in der Praxis der Sozialen Arbeit Strukturen und Abläufe und damit Organisationen etabliert und entwickelt werden, die die fachlichen Erfordernisse der Sozialen Arbeit reflektieren, möglichst im Einklang mit diesen stehen und sich somit ermöglichend und nicht be- oder gar verhindernd auf das professionelle Handeln der Fachkräfte auswirken. Zusammengenommen werden allgemeines und spezifisches organisationsbezogenes Wissen zu einem unverzichtbaren Bestandteil einer „reflexiven Professionalität" (Dewe / Otto 2012, 197), die stets gefordert ist, differentes Wissen unterschiedlicher Herkunft in ihre Überlegungen einzubeziehen (Abb. 1).

Mit **reflexiver Professionalität** wird die Fähigkeit von SozialarbeiterInnen bezeichnet, in Abhängigkeit zur konkreten Situation und zum konkreten Kontext sowohl auf unterschiedliches Wissen zurückgreifen, als auch diese unterschiedlichen Wissensinhalte wechselseitig aufeinander beziehen zu können und davon ausgehend mit den AdressatInnen in einen Verständigungsprozess über Problemdefinition und Lösungsmöglichkeiten zu kommen (Dewe/Otto 2012).

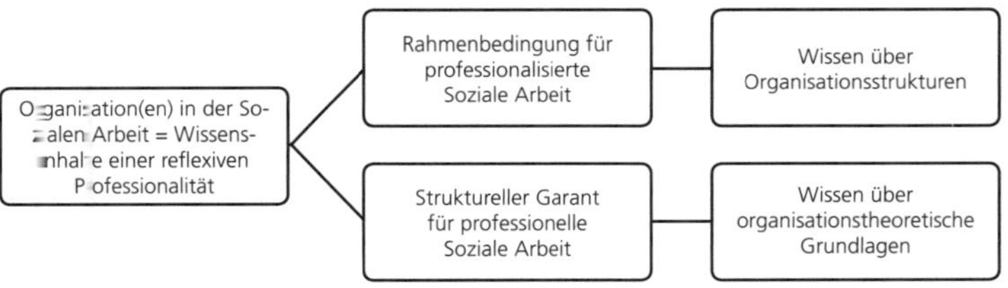

Abb. 1: Organisation(en) in der Sozialen Arbeit, Wissensbestandteile einer reflexiven Professionalität

Abschließend soll noch darauf hingewiesen werden, dass dieses Lehrbuch neben der Vermittlung von allgemeinem und spezifischem Organisationswissen auch zum Ziel hat, die Neugierde und Begeisterung für das Abstraktum „*Organisation*" und die damit verbundenen theoretischen Perspektiven und praktischen Herausforderungen für die Soziale Arbeit zu wecken.

Überlegen Sie, welche organisatorischen Strukturen und Abläufe Sie bislang in der Praxis der Sozialen Arbeit kennengelernt haben. Haben diese Ihr Handeln eher unterstützt oder behindert?
Welchen Zusammenhang zwischen sozialpolitischen Aufträgen an die Organisation und ihren organisatorischen Regelungen haben Sie beobachtet?
Welchen Formalisierungsgrad und welche Regelungsdichte haben Sie in der Praxis kennengelernt? Inwiefern erschienen Ihnen diese sinnvoll, wann hatten Sie Zweifel an der Angemessenheit?
Erkunden Sie in Ihrem fachlichen Umfeld die Einstellungen zu Organisation in der Sozialen Arbeit. Welche Bedeutung wird Organisation in der Sozialen Arbeit von (langjährigen) PraktikerInnen beigemessen?
Für die filmbegeisterten unter Ihnen: Sehen Sie sich den Film „Ich, Daniel Blake“ von Ken Loach (2016) an. Diskutieren Sie die Erlebnisse von Daniel Blake. Welches (Miss-)Verhältnis zwischen administrativ-bürokratischen Strukturen auf der einen und Hilfebeziehung ermöglichenden Strukturen auf der anderen Seite können Sie beobachten?

Busse, S., Ehlert, G., Becker-Lenz, R., Müller-Hermann, S. (2016): Einleitung: Professionelles Handeln in Organisationen. In: Busse, S., Ehlert, G., Becker-Lenz, R., Müller-Hermann, S. (Hrsg.): Professionalität und Organisation. Springer, Wiesbaden, 1–11

Loach, K. (2016): Ich, Daniel Blake

Staub-Bernasconi, S. (2018): Soziale Arbeit als Handlungswissenschaft. Soziale Arbeit auf dem Weg zur kritischen Professionalität. 2. Aufl. Barbara Budrich, Opladen

1.2 Zum Aufbau und zur Didaktik des Lehrbuches

Bevor Sie sich nun, nach diesen grundlegenden Ausführungen zur Frage nach der Relevanz von Organisation(en) in der Sozialen Arbeit und den mit diesem Lehrbuch verbundenen Zielen, auf die Auseinandersetzung mit Organisation(en) in der Sozialen Arbeit einlassen, vorab noch einige Hinweise zum Aufbau und zur Didaktik des Lehrbuches.

Dieses Lehrbuch legt den Fokus auf organisationstheoretische und -strukturelle Grundlagen. Dabei ist grundsätzlich die Grenze zu Fragen des Managements von Organisationen schnell erreicht, sodass oftmals auch Managementthemen angesprochen werden.

Die damit verbundenen Herausforderungen sind jedoch nicht das Hauptthema dieses Lehrbuches. Vielmehr geht es um das Verstehen von Organisation und Organisationen in der Sozialen Arbeit als Grundlage für die weitere Auseinandersetzung mit dem Management von Organisationen der Sozialen Arbeit.

Daher beginnt dieses Lehrbuch mit einer Einführung in die Perspektive, die unterschiedlichen Leistungen und Angebote der Sozialen Arbeit als eine personenbezogene soziale Dienstleistung zu verstehen (Kap. 2). Dadurch soll die Aufmerksamkeit auf die mit der Organisation der Leistungen und Angebote der Sozialen Arbeit verbundenen Herausforderungen gelenkt werden. Im sich anschließenden Kapitel 3 werden die organisationsbezogenen Grundlagen vorgestellt und Merkmale für das Verstehen und die Analyse von Organisationen entwickelt. Die Kapitel 4 und 5 richten den Blick auf die Praxis der Organisationen der Sozialen Arbeit und die Grundlagen der Finanzierung. Abschließend widmet sich Kapitel 6 dem Theorie-Praxis Transfer und es werden exemplarisch die Konsequenzen für das Handeln in der Praxis dargestellt und Anregungen für die weitere Vertiefung ausgewählter Themen gegeben.

Am Anfang eines jeden Kapitels steht eine kurze Zusammenfassung zu den wichtigsten beschriebenen Themen. Auch werden dort bzw. innerhalb der einzelnen Kapitel ausgewählte Aspekte mit Hilfe von Beispielen und Frageimpulsen illustriert. Die meist am Ende einzelner (Unter-)Kapitel zu findenden Fragestellungen zur Analyse, Reflexion und Vertiefung einzelner Themen können sowohl in Einzel- als auch in Kleingruppenarbeit bearbeitet werden. Sie dienen dem Transfer der theoretischen Auseinandersetzung auf die Bedingungen in der Praxis der Organisationen der Sozialen Arbeit.

2 Leistungen der Organisationen der Sozialen Arbeit

Die Hilfe- und Unterstützungsleistungen für Individuen, Familien und Gruppen in sozialen Notlagen können grundsätzlich in Geld-, Sach- und Dienstleistungen differenziert werden. In den Organisationen der Sozialen Arbeit erbringen die Fachkräfte individuelle und persönliche Hilfen, die von einer zwischenmenschlichen Interaktion gekennzeichnet sind. Daher werden die Leistungen der Sozialen Arbeit, wie die stationäre Betreuung in der Kinder- und Jugendhilfe oder ambulante Beratungsangebote, auch als personenbezogene soziale Dienstleistungen bezeichnet. Die Auseinandersetzung mit dem Begriff der personenbezogenen sozialen Dienstleistungen und den damit verbundenen Herausforderungen ist für die organisationsbezogene Gestaltung wichtig. Andernfalls laufen die Organisationen der Sozialen Arbeit Gefahr, sich bei der Gestaltung und Strukturierung ihrer Abläufe nicht auf die Besonderheiten ihres Gegenstandes zu beziehen, sondern ausschließlich allgemeine organisationstheoretische Überlegungen in den Vordergrund zu stellen.

Welche unterschiedlichen Leistungen der Organisationen der Sozialen Arbeit kennen Sie? Wie würden Sie diese systematisieren?

2.1 Leistungen der Organisationen der Sozialen Arbeit: Dienst-, Sach- und Geldleistungen

Zunächst ist die Frage zu beantworten, welche Leistungen von den Organisationen der Sozialen Arbeit für Einzelpersonen, Familien und Gruppen generell zur Verfügung gestellt werden. Daran anknüpfend ist zu klären, wie innerhalb dieses Leistungskanons die unterschiedlichen und vielfältigen Angebote der Sozialen Arbeit verstanden werden können.

Grundsätzlich können die unterschiedlichen wohlfahrtsstaatlichen Leistungen in Dienst-, Sach- und Geldleistungen differenziert werden (Ortmann 2012). Innerhalb dieses Dreiklangs werden die Leistungen und Angebote der Sozialen Arbeit zu den Dienstleistungen gerechnet.

Dieser Dreiklang findet sich auch im Sozialgesetzbuch. Im Sozialrecht, genauer gesagt in § 11 SGB I sind unter dem Oberbegriff Sozialleistungen die vielfältigen Hilfe- und Unterstützungsleistungen, die basierend auf dem Sozialstaatsprinzip (Kap. 1) in sozialen und individuellen Problemlagen zur sozialen Sicherung von staatlicher Seite dem / der Einzelnen zur Verfügung gestellt werden, zusammengefasst und ebenfalls in Dienst-, Sach- und Geldleistungen differenziert. In diesem rechtlichen Kontext dienen Dienstleistungen der Verwirklichung sozialer Rechte.

> „Sie sind Teil des wohlfahrtstaatlichen Sozialleistungssystems und stellen eine besondere Art (oder Form) rechtlich verbürgter Sozialleistungen dar" (Bauer 2001, 29).

Sozialleistungen sind nach § 11 SGB I die im Sozialgesetzbuch für die soziale Sicherung vorgesehenen Dienst-, Sach- und Geldleistungen. Auf diese Sozialleistungen haben die jeweils Leistungsberechtigten bei Bestehen der Anspruchsvoraussetzungen einen Leistungsanspruch.

Beispiele für **Geldleistungen** sind die von der Rentenversicherung gezahlten Altersrenten (laufende Geldleistungen) oder die von der gesetzlichen Krankenversicherung gezahlten Zuschüsse zum Zahnersatz (einmalige Geldleistungen). Mit **Sachleistungen** ist die Bereitstellung von Gegenständen wie Arzneimitteln oder Pflegehilfsmitteln, etwa Rollatoren oder Pflegebetten, gemeint. Die vielfältigen Leistungen und Angebote in den verschiedenen Feldern der Sozialen Arbeit, wie beispielsweise Hilfe zur Erziehung gem. §§ 27 ff. SGB VIII, sind Beispiele für **Dienstleistungen**.

Das Verhältnis zwischen Geld- und Sachleistungen wird immer wieder kritisch diskutiert. Ein Beispiel hierfür ist die Regelung in § 3 Abs. 1 Asylbewerberleistungsgesetz (AsylbLG), nach der der persönliche Bedarf der Leistungsberechtigten, das „Taschengeld" für Fahrtkosten, Kommunikationsmittel u.Ä. anstelle durch Geldleistungen durch Sachleistungen gedeckt werden sollen, sofern dies mit vertretbarem Verwaltungsaufwand möglich ist. Dadurch kann sich die Situation ergeben, dass neu ankommende Asylsuchende als Leistungsberechtigte über kein Bargeld verfügen. Hiergegen wird die Kritik vorgebracht, dass diese Bedarfe sehr persönlicher Natur seien und daher mit Barmitteln individuell und frei befriedigt werden können sollten. Zudem seien Sachleistungen und das Fehlen von Bargeld in hohem Maße mit Stigmatisierung verbunden.

Ein Großteil der nach dem Sozialgesetzbuch vorgesehenen Sozialleistungen wird in Form von Geldleistungen wie beispielsweise Leistungen der Grundsicherung für Arbeitssuchende, Leistungen der gesetzlichen Rentenversicherung oder Elterngeld gewährt. In der Praxis ist die Abgrenzung der einzelnen Leistungsarten nicht immer einfach (Dahme/Wohlfahrt 2015). In der Sozialen Arbeit finden sich auch Mischformen, bei denen unterschiedliche Sozialleistungsarten miteinander kombiniert werden.

So umfasst die **Unterbringung** eines Jugendlichen in einer Jugendwohngemeinschaft neben der sozialpädagogischen Betreuung als Dienstleistung auch den notwendigen Unterhalt des Jugendlichen. Dabei soll gem. § 39 Abs. 2 SGB VIII der regelmäßig wiederkehrende Bedarf durch laufende Geldleistungen gedeckt werden. Darüber hinaus werden auch einmalige Geldleistungen, beispielsweise bei wichtigen persönlichen Anlässen oder für Urlaubs- und Ferienreisen, gewährt.

Der Schwerpunkt der Sozialen Arbeit und damit auch ihrer Organisationen liegt jedoch nicht auf der Auszahlung von Geldleistungen oder der Zurverfügungstellung von Sachleistungen. Entsprechend ihres Gegenstandsbereiches, der ganz allgemein mit der Bewältigung individueller und sozialer Problemlagen beschrieben werden kann (Schilling/Klus 2018), liegt der Schwerpunkt der Angebote und Leistungen der Sozialen Arbeit auf der Erbringung von individuellen Hilfe- und Unterstützungsleistungen. Diese Leistungen können als beruflich gerahmte und institutionalisierte Handlungen (Dienste) gegenüber anderen Personen und damit als Dienstleistung verstanden werden. Dabei sind charakteristische

Merkmale des sozialarbeiterischen Handelns die persönliche Hilfe und zwischenmenschliche Interaktion (Bötticher/Münder 2011; Bommes/Scherr 2012). Dementsprechend werden die Leistungen und Angebote der Sozialen Arbeit auch als personenbezogene soziale Dienstleistung bezeichnet.

> „Unter Sozialer Arbeit verstehen wir eine personenbezogene soziale Dienstleistung, die im sozialstaatlichen Rahmen zur Bearbeitung sozialer Probleme eingesetzt wird, damit AdressatInnen im gesellschaftlichen Interesse bei der Bewältigung von Lebensproblemen […] unterstützt werden" (Hammerschmidt et al. 2017, 13f.).

2.2 Personenbezogene soziale Dienstleistungen: Begriff

Die vielfältigen, im Rahmen einer professionellen Tätigkeit erbrachten sozialarbeiterischen Leistungen und Angebote werden also auch als personenbezogene soziale Dienstleistungen bezeichnet. Um genauer zu klären, was damit gemeint ist, ist eine Auseinandersetzung mit dem schillernden und in vielen Disziplinen unterschiedlich diskutierten Begriff der Dienstleistung (Bauer 2001) sowie mit den Adjektiven „personenbezogen" und „sozial" geboten.

> Erste Hinweise, was mit den Begriffen Dienstleistung und personenbezogene soziale Dienstleistung gemeint sein könnte, liefert eine alltagswissenschaftliche Herangehensweise. Überlegen Sie: Was fällt Ihnen ein, wenn Sie über diese Begriffe bzw. die jeweiligen Bestandteile nachdenken? Reflektieren und diskutieren Sie die Bedeutungsinhalte der Begriffe bzw. der einzelnen Bestandteile.

Vor einer begrifflichen Klärung ist jedoch darauf hinzuweisen, dass nicht nur der Begriff der personenbezogenen sozialen Dienstleistung verwendet wird, sondern im Kontext der Leistungen der Sozialen Arbeit oftmals auch von sozialen Dienstleistungen (Cremer et al. 2013) oder sozialen Diensten (Heinze 2011) gesprochen wird. Diese Begriffe werden synonym verwendet. Dabei können soziale Dienstleistungen und personenbezogene soziale Dienstleistungen als deckungsgleich betrachtet werden. Bei der Begrifflichkeit soziale Dienste hingegen ist zu berücksichtigen, dass diese zwar einerseits tatsächlich synonym zur personenbezogenen sozialen Dienstleistung und damit ebenfalls für die Charakterisierung der unterschiedlichen Leistungen und Angebote der Sozialen Arbeit verwendet wird. Andererseits wird mit sozialen Diensten gleichzeitig die organisationale Ebene angesprochen. Mit dem Begriff soziale Dienste kann also in vielen Fällen auch die organisatorische Bündelung personenbezogener sozialer Dienstleistungen etwa in der Struktur einer Einrichtung gemeint sein (Kap. 4.1).

Ein Beispiel für einen solchen mit einer breiten Aufgabenstellung versehenen sozialen Dienst ist der **Allgemeine Soziale Dienst** (ASD). Der ASD, mancherorts auch Bezirkssozialdienst (BSD) oder Kommunaler Sozialdienst (KSD) genannt, ist meist den Jugendämtern zugeordnet. Mit seinem breiten Aufgabenspektrum sichert dieser Dienst auf kommunaler Ebene die soziale Grundversorgung der BürgerInnen (Kap. 4.5.4).

Damit kann eine inhaltliche Differenz zwischen sozialen Diensten auf der einen und sozialer personenbezogener Dienstleistung auf der anderen Seite benannt werden: soziale Dienste als Organisationen der Leistungserbringung und personenbezogene soziale Dienstleistungen als sich auf die Interaktion zwischen SozialarbeiterIn und AdressatIn beziehend (Flösser et al. 2018).

Was mit personenbezogenen sozialen Dienstleistungen im Fachdiskurs bezeichnet wird, soll nun mit Hilfe einer begrifflichen Annäherung geklärt werden. Da der Begriff der Dienstleistung in unterschiedlichen Disziplinen diskutiert wird, kann keine allgemeingültige Definition herangezogen werden. Dies hat zur Folge, dass auch personenbezogene soziale Dienstleistungen nicht eindeutig definiert werden können (Bauer 2001; Dahme / Wohlfahrt 2015). Im Folgenden werden unterschiedliche disziplinäre Perspektiven auf Dienstleistungen dargestellt, auf die in der Sozialen Arbeit Bezug genommen wird.

Eine erste Annäherung an den Begriff kann der Volkswirtschaftslehre entnommen werden. Aus dieser Perspektive bilden Dienstleistungen das

> „Ensemble aller Leistungen, die weder der Gewinnung von Nahrungsmitteln (primärer Sektor) noch der Verarbeitung von Rohstoffen (sekundärer Sektor) dienen" (Grunwald 2013a, 243).

Der Begriff der Dienstleistung nimmt hier die Funktion einer Restkategorie (tertiärer Sektor) ein, mit der alle Wirtschaftstätigkeiten umfasst werden, die weder im primären noch im sekundären Sektor berücksichtigt werden (Dahme/Wohlfahrt 2015).

Eine weitere Perspektive auf Dienstleistungen, die ebenfalls in der Sozialen Arbeit zur Begriffsklärung herangezogen wird, ist die der Wirtschaftswissenschaften (Finis Siegler 2009; Cremer et al. 2013). Hier gehören Dienstleistungen ganz allgemein zu den wirtschaftlichen Gütern. Güter meint in diesem Zusammenhang alles, was der menschlichen Bedürfnisbefriedigung dienen kann. Wirtschaftliche Güter werden in Realgüter und in Nominalgüter (Geld oder ein in Geld ausgedrückter Nennwert) unterschieden. Realgüter wiederum können in materielle (dann werden sie auch als Sachgüter bezeichnet) und immaterielle Güter unterschieden werden. Während materielle Güter wie Autos, Maschinen oder Nahrungsmittel körperlich vorhanden sind, sind immaterielle Güter nicht gegenständlich. Dienstleistungen sind eine wichtige Gruppe der immateriellen Güter. Daneben sind Rechte (z.B. Patente, Lizenzen, Urheberrechte) und Informationen (z.B. Nachrichten über einen bestimmten Sachverhalt, ein Ereignis oder eine Entscheidung) weitere Teilbereiche immaterieller Güter. Dienstleistungen als immaterielle Güter sind ebenfalls oft vielgestaltig und können in persönliche und automatisierte Dienstleistungen unterschieden werden. Persönliche Dienstleistungen zeichnen sich dadurch aus, dass der Erstellungsprozess durch menschliche Leistung dominiert wird. Bei automatisierten Dienstleistungen überwiegt die Leistung von Automaten bzw. Maschinensystemen, wie z.B. Datenbanken. Sowohl persönliche als auch automatisierte Dienstleistungen können sich auf Objekte (sachbezogene Dienstleistungen) und Menschen (personenbezogene Dienstleistungen) beziehen (Arnold 2009).

Diese Unterscheidung in sach- und personenbezogene Dienstleistungen ist auch für die Dienstleistungserbringung von Bedeutung: Bei sachbezogenen Dienstleistungen muss, damit die Dienstleistung erbracht werden kann, lediglich das Objekt der Dienstleistung zugänglich gemacht oder zur Verfügung gestellt werden.

Beispielsweise sind Reparaturarbeiten im Haushalt **sachbezogene Dienstleistungen**. Damit eine Reparatur der Waschmaschine als Dienstleistung erbracht werden kann, bedarf es eines Zugangs zur Waschmaschine. Bei der Reparatur an sich ist keine aktive Mitwirkung des/der AuftraggeberIn erforderlich.

Personenbezogene Dienstleistungen hingegen werden an einer Person oder zusammen mit einer Person erbracht. Sie können nur durch eine direkte, aktive wie passive Beteiligung dieser Person als DienstleistungsempfängerIn realisiert werden.

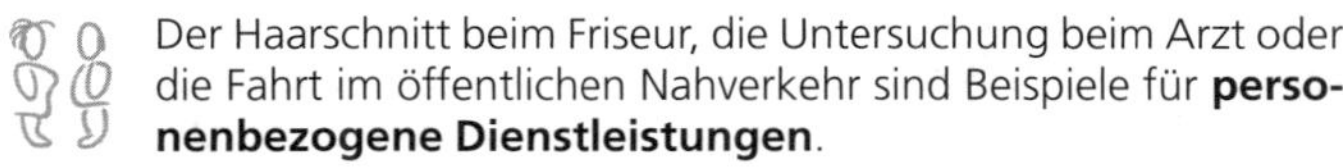

Der Haarschnitt beim Friseur, die Untersuchung beim Arzt oder die Fahrt im öffentlichen Nahverkehr sind Beispiele für **personenbezogene Dienstleistungen**.

Entsprechend dieser Systematisierung sind die Leistungen und Angebote der Sozialen Arbeit personenbezogene Dienstleistungen. Sie werden als persönliche Hilfe- und Unterstützungsleistungen von Fachkräften der Sozialen Arbeit erbracht und richten sich an Individuen (Einzelne, Paare, Familien oder Gruppen). Dabei ist eine Mitwirkung der AdressatInnen erforderlich.

Die skizzierte Bandbreite personenbezogener Dienstleistungen, vom Friseurbesuch über die Nutzung des öffentlichen Nahverkehrs bis hin zu den Angeboten der Sozialen Arbeit macht jedoch deutlich, dass die Bezeichnung „personenbezogene Dienstleistung“ im Kontext der Sozialen Arbeit zu unscharf wäre. Die erforderliche Eingrenzung auf die Leistungen und Angebote der Sozialen Arbeit leistet das Adjektiv „sozial“. Im Kontext der Sozialen Arbeit können in Anlehnung an Cremer et al. 2013 alle Leistungen und Angebote als personenbezogene soziale Dienstleistungen verstanden werden, die die Soziale Arbeit in ihren unterschiedlichen Praxisfeldern Einzelnen, Paaren, Familien und Gruppen zur Lösung sozialer Probleme und Überwindung problematischer Lebenslagen zur Verfügung stellt. Personenbezogene soziale Dienstleistungen sind damit das Ergebnis eines gesellschaftlichen Willensbildungsprozesses darüber, welche Leistungen und Angebote der Sozialen Arbeit als gesellschaftlich notwendig und unhintergehbar betrachtet werden und damit in hohem Maße normativ bestimmt(Galuske 2001).

Personenbezogene soziale Dienstleistungen werden in einem beruflichen und entlohnten Kontext erbracht. Leistungen, die außerhalb eines solchen institutionalisierten Kontextes, beispielsweise im familiären oder ehrenamtlichen Bereich, erbracht werden, sind mit dem Begriff der personenbezogenen sozialen Dienstleistungen nicht gemeint (Grunwald 2013a, Cremer et al. 2013).

Die vorangegangenen Überlegungen zu personenbezogenen sozialen Dienstleistungen im Kontext der Sozialen Arbeit lassen sich folgendermaßen zusammenfassen:

Leistungen und Angebote der Sozialen Arbeit können, wie auch die Leistungen und Angebote des Gesundheits- und Pflegebereiches, als **personenbezogene soziale Dienstleistungen** klassifiziert werden. Sie werden persönlich und interaktiv in den unterschiedlichen Praxisfeldern der Sozialen Arbeit im Rahmen einer professionellen und institutionalisierten Tätigkeit erbracht und zielen darauf, das Wohlergehen der jeweiligen AdressatInnen zu gewährleisten und/oder (wieder-) herzustellen bzw. zu verbessern.

2.3 Personenbezogene soziale Dienstleistungen: typische Merkmale

In der Auseinandersetzung mit Dienstleistungen können typische Merkmale identifiziert werden. Diese gelten mit einigen Modifikationen auch für personenbezogene soziale Dienstleistungen. Sie weisen auf die Besonderheiten bei der Leistungserstellung hin. Dies bleibt auch für die Organisationen, von denen sie erbracht werden, nicht folgenlos. Insbesondere ist dabei u.a. zu beachten, dass sich die Arbeit dieser Organisationen im Gegensatz zu anderen Organisationen, die etwa Güter produzieren, auf Subjekte bezieht. Dies bedeutet, dass mit allen Handlungen dieser Organisationen immer auch (Be-)Wertungen und Kategorisierungen verbunden sind, beispielsweise wenn Personen den Status von AdressatInnen der Sozialen Arbeit erhalten (Klatetzki 2010).

Insgesamt können die Merkmale personenbezogener sozialer Dienstleistungen und die damit verbundenen Herausforderungen wie folgt zusammengefasst werden (Arnold 2009; Cremer et al. 2013; Dahme / Wohlfahrt 2013; Klatetzki 2010):

Immaterialität / Intangibilität: Dienstleistungen sind in ihrem Kern immateriell und intangibel, d.h. sie sind nicht sichtbar und auch nicht greifbar. In den Erbringungsprozess können zwar auch Sachleistungen einfließen, die eigentliche Dienstleistung ist jedoch nicht gegenständlich. Das Ergebnis der Dienstleistung wiederum kann, muss aber nicht, immateriell sein. Es kann auch materiell sein bzw. materielle Bestandteile enthalten.

Die **Beratungen**, die in einer Suchtberatungsstelle zu den möglichen Formen stoffgebundener und stoffungebundener Süchte angeboten werden, sind immateriell und intangibel. Der für die Beantragung einer Entwöhnungsbehandlung z.B. bei der Deutschen Rentenversicherung erforderliche Sozialbericht, der die Ergebnisse der Beratungen zusammenfasst, Rehabilitationsformen empfiehlt und ggf. auf bei der Therapie zu beachtende Besonderheiten hinweist, ist das materielle Ergebnis des immateriellen Beratungsprozesses.

Aufgrund der fehlenden Gegenständlichkeit der zentralen Leistung kann im Vorfeld lediglich eine ungefähre Vorstellung von der Dienstleistung entwickelt werden, genau ist sie jedoch nicht bekannt. Eine vorherige Prüfung der Dienstleistung und ihrer Qualität sind somit im Gegensatz zu einem materiellen Gut wenn überhaupt nur sehr eingeschränkt möglich. Die Entscheidung über die Inanspruchnahme der Dienstleistung ist dadurch von einer Unsicherheit geprägt. Es bedarf eines Vertrauensvorschuss auf Seiten der nachfragenden Person, dass eine für die eigene individuelle Situation passende und effiziente Dienstleistung angeboten wird.

Im Vorfeld einer **Suchtberatung** ist es zwar möglich, sich den Ablauf und die Beratungsgespräche vorzustellen. Eventuell können auch Menschen zu ihren Erfahrungen mit dieser Suchtberatung befragt werden. Die Frage, ob die Suchtberatung auch für die eigene individuelle Situation die passende ist und ob die in einem anderen Fall erlebte Qualität der Leistung auch im konkreten Fall gegeben sein wird, kann im Vorfeld nicht abschließend beantwortet werden.

Einbeziehung der NachfragerInnen in die Dienstleistungserstellung: Dienstleistungen können nur erstellt werden, wenn die nachfragende Person oder ein ihr gehörendes Objekt in den Prozess der Dienstleistungserstellung einbezogen werden. Bei den personenbezogenen sozialen Dienstleistungen der Sozialen Arbeit wird in diesem Zusammenhang auch von der Koproduktion gesprochen: Gelingende Soziale Arbeit ist nicht das Resultat von einseitigen, ausschließlich durch die Fachkräfte geplanten Prozessen. Vielmehr entstehen Soziale Arbeit und ihre Ergebnisse durch die Interaktionen und die Einbeziehung und Beteiligung der AdressatInnen in die jeweiligen Hilfe- und Unterstützungsprozesse. Da es sich bei den AdressatInnen der Sozialen Arbeit oftmals um Menschen handelt, die zumindest zeitweise nicht aktiv für ihre Belange eintreten können, haben die Fachkräfte eine besondere Verantwortung, z.B. die Bedingungen so zu gestalten, dass die erforderlichen Interaktionen möglich werden (Spiegel 2018). Diese erforderliche Mitwirkung der AdressatInnen bei der Leistungserstellung einerseits und die Verantwortung der Fachkräfte andererseits haben sowohl Auswirkungen auf das Ergebnis der Dienstleistung, als auch auf ihre Qualität. Damit hängen Erfolg und Qualität der personenbezogenen sozialen Dienstleistungen in der Sozialen Arbeit auch davon ab, wie die Beziehung zwischen Leistungserbringenden und Nachfragenden gestaltet ist. Auch hier, bei dem Aufbau einer förderlichen Arbeitsbeziehung, liegt die Verantwortung für die Gestaltung der dazu erforderlichen Bedingungen bei den Fachkräften der Sozialen Arbeit.

In der Sozialen Arbeit ist bei der Erstellung von Dienstleistungen meist ein **aktives Zusammenwirken** von NachfragerInnen und SozialarbeiterIn erforderlich: Eine Suchtberatung wird ohne eine aktive Beteiligung der betroffenen Person, die über eine reine Anwesenheit hinausgeht, schwer möglich sein. Der Erfolg des Beratungsprozesses hängt zu einem nicht unwesentlichen Teil davon ab, ob sich die betroffene Person auf den Prozess eingelassen hat. Dabei sind die Fachkräfte der Suchtberatungsstelle dafür verantwortlich, die Bedingungen so zu gestalten, dass es für die betroffene Person auch tatsächlich möglich wird, sich auf den Prozess einzulassen und diesen mitzubestimmen.

Uno-actu-Prinzip: Bei personenbezogenen sozialen Dienstleistungen erfolgen die Produktion, also die Leistungserstellung, und der Konsum, also die Inanspruchnahme der Leistung, gleichzeitig. In dem Moment, in dem die Dienstleistung erstellt wird, wird sie auch verbraucht. In diesem Zusammenhang wird auch von dem Uno-actu-Prinzip gesprochen.

In dem Moment, in dem die Sozialarbeiterin über die Möglichkeiten in der **Suchttherapie** berät, nimmt der/die zu Beratende diese Informationen auf.

Konsequenz des Uno-actu-Prinzips ist es, dass die Dienstleistung an einen Standort gebunden ist. Dies gilt auch für die Soziale Arbeit: Die personenbezogene soziale Dienstleistung ist nicht transportfähig, sondern kann in den meisten Fällen nur dort erbracht werden, wo sich auch die AdressatInnen befinden. Nur in wenigen Ausnahmen, etwa im Bereich der Beratung, kann eine räumliche Distanz technisch überbrückt werden.

Beispiele für eine technische Überbrückung der räumlichen Distanz sind die **Online-Beratungsangebote,** die in verschiedenen Praxisfeldern (Suchtberatung, Suizidprävention, Erziehungsberatung) zunehmend neben den standortgebundenen Beratungsangeboten etabliert werden.

Fehlende Lagerfähigkeit: Durch ihre Immaterialität und die Gleichzeitigkeit von Produktion und Konsum sind Dienstleistungen vergänglich. Daher können sie nicht auf Vorrat produziert und auch nicht gelagert werden. Auch personenbezogene soziale Dienstleistungen wie die Suchtberatung können nicht auf Vorrat erstellt werden, um z.B. krankheits- oder urlaubsbedingte personelle Engpässe zu überbrücken. Nachtdienste in einer stationären Einrichtung der Kinder- und Jugendhilfe können ebenfalls nicht auf Vorrat erbracht werden. Dies muss bei der Koordination, Planung und Finanzierung der Arbeit und ihrer Abläufe berücksichtigt werden.

Begrenzte Standardisierbarkeit: Dienstleistungen und insbesondere personenbezogene soziale Dienstleistungen zeichnen sich durch Individualität aus. Sie können zwar standardisierte Bestandteile enthalten, wie z.B. den generellen Ablauf einer Erstberatung im Suchtbereich. Letztlich jedoch sind personenbezogene soziale Dienstleistungen Unikate, da sie koproduktiv und damit in Abhängigkeit vom Einzelfall jeweils individuell und neu erstellt werden. Sie weisen daher mit hoher Wahrscheinlichkeit in Ausführung und Ergebnis unterschiedliche Qualitäten auf.

> „Aus den jeweils einzigartigen, in genau derselben Form nicht vollständig reproduzierbaren Produktionsbedingungen ergeben sich wiederum unterschiedliche Ergebnisqualitäten" (Dahme/Wohlfahrt 2015, 27).

Diese nur begrenzte Standardisierung und das Merkmal der Koproduktion stellen hohe Anforderungen an die Vergleichbarkeit personenbezogener sozialer Dienstleistungen und die Überprüfung ihrer Effektivität.

Diskutieren und reflektieren Sie die typischen Merkmale personenbezogener sozialer Dienstleistungen und ihre möglichen Auswirkungen auf konkrete Leistungen und Angebote der Sozialen Arbeit in unterschiedlichen Praxisfeldern.

2.4 Personenbezogene soziale Dienstleistungen: Diskurslinien und Spannungsfelder

Die Perspektive der personenbezogenen sozialen Dienstleistungen ist eng mit dem Diskurs um die Dienstleistungsorientierung in der Sozialen Arbeit verknüpft. Diese Debatte, die bereits seit längerer Zeit geführt wird, ist eine der zentralen der Sozialen Arbeit (Oechler 2018). Sie schwankt zwischen den Extremen Reduzierung der Leistungen der Sozialen Arbeit durch Ökonomisierung und Neoliberalisierung einerseits und Professionalisierung der Sozialen Arbeit durch eine stärkere Subjektorientierung andererseits. Um zu verdeutlichen, welche Herausforderungen mit dieser

Debatte verbunden sind, soll sie in ihren Grundzügen skizziert werden.

Grundsätzlich lassen sich innerhalb dieser Debatte sowohl sozialwissenschaftliche als auch ökonomische Bezugspunkte ausmachen (Olk et al. 2003; Oechler 2018): Zunächst war der Diskurs um personenbezogene soziale Dienstleistungen insbesondere sozialwissenschaftlich geprägt. Den Ausgangspunkt in diesem Zusammenhang bildete die in den 1950er Jahren aufgestellte Theorie des Ökonomen Jean Fourastié zum gesellschaftlichen Strukturwandel (Fourastié 1954). Von seinen Überlegungen zum zukünftigen Verhältnis von primärem, sekundärem und tertiärem Sektor ausgehend, wurde unter makroökonomischer Perspektive die Bedeutung von Dienstleistungen und des Dienstleistungssektors für die Sicherung und Optimierung der Gesellschaft und ihres Fortschrittes diskutiert (Grunwald 2013b). Nachdem diese Debatte auch in Deutschland zunächst ohne expliziten Bezug zur Sozialen Arbeit stattfand, setzte Mitte der 1970er ein mikrosoziologischer Diskurs über staatliche Strategien zur Bewältigung von sozialen Problemen und die Rolle von sozialen Dienstleistungen in diesem Kontext ein (Badura / Gross 1976). Ein Fokus lag dabei auf den charakteristischen Merkmalen und der damit verbundenen spezifischen Eigenlogik von sozialen Dienstleistungen (Kap. 2.3). Diese Diskursphase, die in einer Zeit des wirtschaftlichen Wachstums und des Ausbaus staatlicher Leistungen stattfand, fokussierte insbesondere die Bedeutung, die Funktion und das Interaktionsgeschehen von personenbezogenen sozialen Dienstleistungen generell und in der Sozialen Arbeit.

Eine weitere Diskursphase setzte zu Beginn der 1990er Jahre ein. Seitdem wird vor dem Hintergrund schwindender finanzieller Handlungsspielräume einerseits und staatlicher Ausgabensteigerung andererseits nicht nur in Deutschland der Um- und Abbau sozialer Sicherungssysteme und sozialer Dienstleistungen diskutiert und auch realisiert. Ausgangspunkt der Reformen bildete dabei das Modell des „New Public Management“, das als Oberbegriff die international entstandenen Reformkonzepte zur Verwaltungsrationalisierung zusammenfasst. Kerngedanke all dieser Konzepte ist, die als unzureichend angesehene Effizienz und Effektivität in der Erbringung öffentlicher Leistungen durch eine stärkere Orientierung an den Gesetzen des Marktes und mit Hilfe von privatwirtschaftlichen Unternehmen zu optimieren und grundlegend neu zu strukturieren. Die Folge des New Public Management, das in Deutschland unter der Bezeichnung „Neues Steuerungsmodell" eingeführt wurde, waren umfassende Umstrukturierungen im Bereich der öffentlichen Verwaltungen und ihrer sozialstaatlichen Leistungen. Neben einer Optimierung und Straffung der Mittelverwendung sollte eine grundlegende Neuorientierung des Handelns innerhalb des öffentlichen Sektors eingeleitet werden. Seitdem wird zunehmend versucht, marktförmige und unternehmerische Prinzipien auf die öffentliche Verwaltung und damit auch auf die Soziale Arbeit zu übertragen. In der Sozialen Arbeit herrschen jedoch keine marktförmigen Bedingungen. So gibt es in den wenigsten Fällen eine aktive Nachfrage der AdressatInnen nach den Angeboten und Leistungen der Sozialen Arbeit. Vielmehr bestehen viele Angebote gerade weil die Menschen oftmals nicht über ausreichende Ressourcen verfügen. Daher ist der KundInnenbegriff, der auch in der Sozialen Arbeit verwendet wird, problematisch (Galuske 2001).

> „Wer bestimmt beispielsweise, was die Ergebnisqualität einer intensiven sozialpädagogischen Einzelbetreuung mit einem mehrfachstraffälligen Jugendlichen ausmacht? Die Öffentlichkeit, die morgens ihre Autos und Autoradios unversehrt vorfinden will? Die Politik, der Öffentlichkeit durch Wahlen verpflichtet und durch die Finanzkrise in ihren Handlungsmöglichkeiten begrenzt? Die Jugendamts- bzw. Sozialverwaltung als Geldgeber […]? Der Anbieter der Hilfen, d. h. der kommunale, freie oder privatgewerbliche Träger, der sich einer bestimmten Tradition, einer bestimmten Philosophie, einem bestimmten Menschen- und Gesellschaftsbild verpflichtet fühlt […]? Die SozialpädagogInnen, die mit ihrem Wissen und Können „vor Ort" die Arbeit erledigen? Die Personensorgeberechtigten, im Regelfall die Eltern, die laut Gesetz Adressat „erzieherischer Hilfen" sind? Oder gar der Jugendliche selbst? Wer ist also der Kunde, dessen „Bedarf" die Soziale Arbeit zu befriedigen hat?" (Galuske 2001, 357 f.)

Die nicht bestehenden Marktbedingungen und die mit dem KundInnenbegriff verbundenen Schwierigkeiten werden ganz besonders deutlich im Kontext von Leistungen, die in einem Zwangskontext wie dem Strafvollzug oder in Kinderschutzfällen stattfinden. Hier haben die betroffenen Menschen in den meisten Fällen weder die Möglichkeit, sich gegen die Inanspruchnahme einer Leistung zu entscheiden, noch zwischen verschiedenen Leistungen souverän zu wählen. Beides wäre im Rahmen eines klassischen Kundenverständnisses möglich.

Parallel zu diesem ökonomisch motivierten Diskursstrang findet seit den 1990er Jahren in der Sozialen Arbeit zudem auch eine fachpolitisch motivierte Dienstleistungsdebatte statt (Oechler 2018). Ausgangspunkt des Diskurses hier war der 9. Jugendbericht der Bundesregierung, durch den das Prinzip der Dienstleistungsorientierung auf die fachpolitische Agenda der Kinder- und Jugendhilfe gesetzt wurde. Dabei geht es der Theorie der Dienstleistungsorientierung darum,

> „den professionellen Erbringungszusammenhang, den sie auf beschreibender Ebene als Kern der Sozialen Arbeit definiert, so zu verändern, dass die Souveränität derjenigen Personen gestärkt wird, welche die als „Soziale Arbeit" erbrachten Leistungen in Anspruch nehmen" (Sandermann/Neumann 2018, 106).

Vor dem Hintergrund dieser nur in Ansätzen skizzierten Vielschichtigkeit, Ausdifferenzierung und Verwendung des Dienstleistungsbegriffs in der Sozialen Arbeit ist es nicht verwunderlich, dass die damit verbundenen Debatten kontrovers geführt werden, da sie in ihrem Kern auch das Selbstverständnis der Sozialen Arbeit berühren. Dies unterstreicht das Erfordernis der weiteren Auseinandersetzung. Diese muss jedoch an anderer Stelle geleistet werden. An dieser Stelle standen mit der Orientierung auf personenbezogene soziale Dienstleistung nicht die Debatten um das Selbstverständnis der Sozialen Arbeit im Vordergrund. Vielmehr sollten die Herausforderungen verdeutlicht werden, vor denen die Organisationen der Sozialen Arbeit bei der Organisation ihrer Leistungen und Angebote stehen.

Reflektieren Sie anhand unterschiedlicher Praxisfelder der Sozialen Arbeit die Begriffe personenbezogene soziale Dienstleistungen und KundInnen. Welche Unterschiede und Herausforderungen können Sie erkennen?

Cremer, G., Goldschmidt, N., Höfer, S. (2013): Soziale Dienstleistungen. Ökonomie, Recht, Politik. Mohr Siebeck, Tübingen

Scheu, B., Autrata, O. (2018): Das Soziale: Gegenstand der Sozialen Arbeit. Springer, Wiesbaden

3 Die Theorie: Organisation in der Sozialen Arbeit

Dieses Kapitel stellt die Organisation in den Mittelpunkt und führt in organisationstheoretische Grundlagen ein. Dabei erfolgt zunächst eine Auseinandersetzung mit dem vielschichtigen Begriff der Organisation und die Klärung seiner Verwendung im Kontext dieses Buches. Zur weiteren Annäherung an das Konstrukt Organisation werden Alltagsbilder, die Menschen mit Organisation verbinden und die ihr Handeln in und mit Organisation prägen, mit Hilfe von Metaphern reflektiert. Daran anschließend werden ausgewählte Organisationstheorien vorgestellt sowie sogenannte Basiselemente von Organisationen erläutert und auf die spezifischen Bedingungen in der Sozialen Arbeit bezogen.

3.1 Über was reden wir überhaupt? Organisation: Begriff und Definition

An was denken Sie, wenn Sie den Begriff „Organisation“ hören?

Zu Beginn der Auseinandersetzung mit zentralen organisationstheoretischen Grundlagen steht zunächst eine Reflexion über die unterschiedlichen Bedeutungen des Begriffs „Organisation“ und damit die Klärung seiner Verwendung im Weiteren. Dabei ist zunächst einmal eine ganz grundsätzliche Beobachtung interessant: Unser Leben ist von Organisation(en) durchdrungen, wir leben in einer *organizational society* (Presthus 1979), in einer *Organisationsgesellschaft* (Schimank 2005). Nicht zuletzt deswegen wird der Begriff der Organisation sowohl in der Alltagssprache als auch in (sozial-)wissenschaftlichen Fachsprachen oftmals unterschiedlich verwendet. Der Begriff ist dadurch nicht nur allgegenwärtig, sondern gleichzeitig auch vielschichtig. Für die Entwicklung einer Definition von Organisation ist daher die Erkenntnis wichtig, dass die mit Organisation in Verbindung gebrachten Bedeutungsinhalte von dem jeweiligen organisationstheoretischen Standpunkt abhängig sind, mit dem sich diesem Begriff genähert wird.

Im Zusammenhang mit der **Vielschichtigkeit** des Organisationsbegriffs wird davon gesprochen, dass der Begriff der Organisation einer Wolke ähnlich sei, die je nach Standpunkt der BetrachterInnen eine mehr oder weniger konkrete und dabei ganz individuelle Gestalt annehmen, diese jedoch im Laufe der Beobachtung immer wieder verändern würde. Zudem verschwimme das gewonnene Bild, sobald ihm zu nahe gekommen würde, was die Bestimmung von Organisation und ihrer Merkmale zusätzlich erschwere (Gebert/Rosenstiel 2002). Damit drückt dieses Bild aus, dass es sich bei Organisationen um abstrakte und theoretisch aufgeladene Konstrukte handelt.

Wie würde Ihre „Wolke" Organisation aussehen?

Um sich diesem theoretisch-abstrakten Konstrukt Organisation anzunähern, ist zunächst ganz allgemein eine Bezugnahme zu den etymologischen Wurzeln des Wortes hilfreich. Organisation geht auf das griechische Wort *óraganon* zurück, dies bedeutet Werkzeug, Instrument, Körperteil. Dementsprechend meint das Verb *organisieren* ursprünglich, mit Organen versehen und zu einem lebensfähigen Ganzen zusammenfügen. Auch gegenwärtig wird Organisation in unserem alltäglichen Sprachgebrauch insbesondere mit zwei Bedeutungsinhalten verwendet, die in der Organisationstheorie als *instrumentales (oder synonym: funktionales)* und *institutionales* Organisationsverständnis bezeichnet werden.

3.1.1 Organisation als Instrument – der instrumentale Organisationsbegriff

Ausgehend vom Prozess des Organisierens wird unter Organisation zunächst ein strukturierter und koordinierter Ablauf zur Erreichung von bestimmten – selbst gesetzten oder vorgegebenen – Zielen verstanden.

> „Ausgangspunkt für das Organisieren ist die Idee, durch die Schaffung einer Ordnung Leistungsvollzüge effizient gestalten zu können" (Schreyögg/Geiger 2016, 15).

In diesem Verständnis ist Organisation, ganz im Sinne der eigentlichen Wortbedeutung, ein Werkzeug, ein Instrument zur Herstellung eines systematischen und strukturierten Ablaufs. Organisation ist somit ein dynamischer Prozess mit dem Ziel, viele (Teil-) Aufgaben zu einem vernetzten und damit wirkenden Ganzen zusammenzubringen.

So beinhaltet eine gute **Organisation des Studiums** der Sozialen Arbeit unter anderem sowohl eine sinnvolle Planung der zeitlichen Abfolge der einzelnen Seminare und der damit verbundenen Prüfungen, als auch eine Balance von Studium, Privatleben und ggf. Erwerbstätigkeit.

In komplexen und ungeordneten Situationen legt Organisation Abläufe und Regelungen fest und stellt so eine Ordnung her. Diese systematische, vernetzte und zielführende Planung kann sich sowohl auf die Durchführung einzelner (Teil-)Aufgaben als auch auf die Realisation des großen Ganzen durch Koordination der Teilaufgaben beziehen. Organisation ist damit das zur Struktur geronnene Ergebnis von Organisieren.

> „Unter Organisation ist sowohl das zielorientierte ganzheitliche Gestalten von Beziehungen in offenen sozialen Systemen als auch das Ergebnis dieser Tätigkeit zu verstehen" (Vahs 2012, 15).

Die miteinander verbundene, sich gegenseitig beeinflussende und von der Umwelt abgrenzende Gesamtheit von einzelnen Elementen und Teilsystemen wird als **System** bezeichnet.

Dies ist ein sehr weites Verständnis von Organisation, das in vielen Lebensbereichen anzutreffen ist. Feste und Veranstaltungen werden ebenso wie das Familienleben, die Urlaubsreise oder eben das Studium organisiert.

In diesem Zusammenhang wird insbesondere in der Betriebswirtschaftslehre, die sich als Teildisziplin der Wirtschaftswissenschaften mit der Führung und Steuerung wirtschaftlicher Unternehmen auseinandersetzt, auch von dem *instrumentalen* Organisationsbegriff gesprochen (Vahs 2012): Das Unternehmen *hat* eine Organisation bzw. das Unternehmen wird organisiert.

Aus betriebswirtschaftlicher Perspektive ist ein **Unternehmen** ein wirtschaftlicher und rechtlicher Zusammenschluss von Personen mit dem Ziel, Güter und/oder Dienstleistungen zu produzieren und diese gewinnbringend zu vertreiben.

Das Hauptanliegen von Organisation ist es diesem lange Zeit in der Betriebswirtschafslehre dominierenden instrumentalen Organisationsbegriff zufolge, durch generell gültige und dauerhafte organisatorische Regelungen die einzelnen Arbeitsprozesse und -aufgaben zu steuern, das jeweilige Handeln der einzelnen Personen sowohl für sich genommen, als auch miteinander zu koordinieren, um dadurch den Ablauf zu verbessern und im Ergebnis den Unternehmenserfolg zu steigern.

> „Die instrumentale Betrachtung sieht in der Organisation ein Mittel zur effizienten Führung von Unternehmen und damit zur Zielerreichung" (Vahs 2012, 17).

Aus Perspektive des instrumentalen Organisationsbegriffes der Betriebswirtschaftslehre ist mit Organisation eine dauerhaft geregelte formale Struktur verbunden, mit der

> „die Leistungsfähigkeit einer Organisation möglichst weitgehend unabhängig gemacht werden [soll] von den individuellen Eigenarten,

den Motivationen und den persönlichen Fähigkeiten ihrer Mitglieder" (Merchel 2015, 128).

Damit hat Organisation im Kontext der Unternehmensführung eine klar umrissene Funktion: Sie soll eine sinnvolle Struktur für die Zielerreichung gewährleisten. Das Ergebnis des Organisierens, die formale Struktur des Unternehmens, materialisiert sich in erster Linie im Aufbau und im Ablauf einer Organisation.

Erinnern Sie sich an die Studentin **Laura** und ihr studienintegriertes Praxissemester im Allgemeinen Sozialen Dienst. Die von ihr beobachteten Handlungsvorgaben im Kontext einer Kindeswohlgefährdung sind Bestandteile des organisierten Ablaufs der Arbeit im Allgemeinen Sozialen Dienst. Die Abteilung des Allgemeinen Sozialen Dienstes selber und die Stelle von Lauras Anleiterin in dieser Abteilung wiederum, sind Teile des Aufbaus des Großstadtjugendamtes. Auf beide bezieht sich der instrumentale Organisationsbegriff. Sie zeigen, dass das Jugendamt *eine Organisation hat.*

Der Aufbau und Ablauf einer Organisation sowie weitere auch für die Soziale Arbeit wesentlichen Erkenntnisse der betrieblichen Organisationslehre werden in Kapitel 3.4 vertieft.

3.1.2 Organisation als soziales Gebilde – der institutionale Organisationsbegriff

Eine andere Perspektive auf Organisationen ist die, sie als zielgerichtete, strukturierte und gleichzeitig allgegenwärtige Zusammenschlüsse von Personen zu verstehen.

Vermutlich stehen Sie je nach Ihrer persönlichen Lebenssituation immer wieder mit folgenden, teilweise auch als Institutionen bezeichneten, **Organisationen** in einem mehr oder weniger engen Kontakt: Hochschule, Kindertageseinrichtung, Schule, Bürgeramt, Kirche, Sportverein, Arbeitsstätte. Gemeinsames Merkmal dieser Beispiele für ganz unterschiedliche Organisationen ist, dass sie gesellschaftliche Funktionen erfüllen und dadurch Ihr Leben wesentlich prägen.

In diesem Verständnis wird die Organisation als ein hinsichtlich seiner genauen Merkmale im Weiteren noch näher zu bestimmendes soziales Gebilde im Sinne eines Systems verstanden. Mit dieser Perspektive auf Organisation ist der institutionale Organisationsbegriff verbunden (Vahs 2012), der in verschiedenen Wissenschaften eine Rolle spielt.

Beispielsweise betrachtet die Politikwissenschaft die Prozesse in Organisationen unter einer politischen Perspektive. Dabei fragt sie insbesondere danach, wie Entscheidungen, Machtstrukturen und das Zusammenspiel der Akteure in Organisationen aus politischer Perspektive gedeutet und mit Hilfe (mikro-)politischer Strategien beeinflusst werden können.

So ist der Aufbau und die Pflege von beruflichen Netzwerken ein typisches Beispiel für eine **mikropolitische Strategie**, die in Organisationen der Sozialen Arbeit zum Einsatz und zum Tragen kommt.

Insbesondere jedoch die Soziologie setzt sich mit der institutionalen Perspektive auf und von Organisationen auseinander. Bereits die Klassiker der (Organisations-)Soziologie, wie Max Weber oder Talcott Parsons, haben sich eingehend mit Organisationen, ihren Erscheinungsformen und Merkmalen auseinandergesetzt (Preisendörfer 2011).

Eine der zentralen Fragestellungen dieser Überlegungen richtete sich darauf, anhand welcher Merkmale Organisationen als eigenständige soziale Typen definitorisch erfasst werden können. Hier lenkt eine der klassischen Definitionen aus der Organisationssoziologie den Blick auf die bestehenden Gemeinsamkeiten:

> „Gemeinsam ist allen Organisationen erstens, daß es sich um soziale Gebilde handelt, um gegliederte Ganze mit einem angebbaren Mitgliederkreis und interner Rollendifferenzierung. Gemeinsam ist ihnen zweitens, daß sie bewusst auf spezifische Ziele und Zwecke orientiert sind. Gemeinsam ist ihnen drittens, dass sie in Hinblick auf die Verwirklichung dieser Zwecke und Ziele zumindest der Intention nach rational gestaltet sind" (Mayntz 1963, 36).

Ausgehend von dieser Definition können in der Vielfalt der Organisationen gemeinsame Merkmale identifiziert werden (Mayntz

1963; Gukenbiehl 2010; Vahs 2012; Merchel 2015). Organisationen in der institutionalen Perspektive als soziale Gebilde

- sind von Menschen bewusst und in der Regel auch planvoll zur Erreichung eines bestimmten Zieles oder Zwecks gebildet worden und werden durch die Handlungen ihrer Mitglieder aufrechterhalten;
- zeichnen sich durch eine rational geschaffene und allgemeinverbindliche Struktur aus;
- streben eine dauerhafte Zielerreichung durch Arbeitsteilung und Koordination der Handlungen der Mitglieder und der Mittel an.

Das Jugendamt, in dessen Allgemeinem Sozialen Dienst **Laura** ihr Praxissemester absolviert hat, wurde gem. § 69 SGB VIII errichtet, um die Aufgaben der Kinder- und Jugendhilfe nach dem SGB VIII wahrzunehmen. Vorgegebenes Ziel des Jugendamtes als Institution ist die Umsetzung und Realisierung des in § 1 SGB VIII beschriebenen Auftrages der Kinder- und Jugendhilfe. Der bereits angesprochene Aufbau und Ablauf versucht das Handeln der Organisationsmitglieder zu steuern und auf die Zielerreichung auszurichten.

Diese gemeinsamen Merkmale unterstreichen zudem die Überschneidungen von institutionalem und instrumentalem Organisationsbegriff, oder anders formuliert: Auch die Organisation als soziale Gebilde, das durch das Handeln seiner Mitglieder als solches gestaltet und aufrecht erhalten wird, benötigt für die Zielerreichung Organisationsstrukturen. Diese Verschränkung macht zwei wesentliche Aspekte von Organisationen als soziale Systeme deutlich, wie sie auch Merchel (2015) betont: der bestehende Zusammenhang von *Handlung* und *Struktur* und die sich daraus ableitende doppelte Perspektive auf Organisation. So ist es für die Auseinandersetzung mit dem sozialen Gebilde der Organisation erforderlich, sich sowohl mit den Strukturen der Organisation als auch mit den Handlungen der Organisationsmitglieder in dieser Struktur auseinanderzusetzen, denn dadurch wird die Organisation aufrechterhalten. Erst in dieser doppelten Perspektive werden Organisationen als soziale Systeme erfassbar und eine bewusste

Gestaltung von Organisationen möglich. Die damit verbundene Aufgabe kann wie folgt umrissen werden:

> „Man wird zum einen Strukturen zu erkennen versuchen, die den Menschen entgegentreten und in denen sie sich bewegen müssen: Regeln, Hierarchien, Teambildungen etc. Zum anderen wirken diese Strukturen aber nicht schon von sich aus, sondern sie müssen geschaffen werden und wieder am Leben gehalten werden: von handelnden Menschen" (Merchel 2015, 37).

Um dieser Erfordernis einer doppelten Perspektive auf Organisationen gerecht zu werden, wird im Weiteren folgende Definition von Organisationen zu Grunde gelegt:

In **institutionaler Perspektive** sind Organisationen von Menschen gebildete und von ihnen durch ihre Handlungen aufrecht erhaltene soziale Systeme, die ein bestimmtes Ziel/einen bestimmten Zweck dauerhaft verfolgen, mit einer formalen und informalen Struktur das Handeln der Organisationsmitglieder koordinieren und dadurch dieses Handeln auf die Zielerreichung ausrichten.

Kapitel 4 wird auf die vielfältigen Begrifflichkeiten, mit denen die unterschiedlichen Organisationen der Sozialen Arbeit in der Praxis gefasst werden, wie beispielsweise Einrichtung, sozialer Dienst oder öffentlicher bzw. privater Träger, und die Möglichkeiten ihrer Systematisierung eingehen.

Welche unterschiedlichen Bedeutungen sind mit dem Begriff Organisation verbunden? Worin unterscheiden sich diese?
Welche Erfahrungen haben Sie bislang mit Organisation(en) gemacht?
Sind Organisation und Organisationen aus Ihrer Sicht eher förderlich oder hinderlich gewesen? Inwiefern? Überlegen Sie Beispiele.
Was sind die Unterschiede zwischen Institution und Organisation?
Welche zielgerichteten Zusammenschlüsse von Menschen kennen Sie, die aufgrund fehlender Dauerhaftigkeit nicht als Organisation bezeichnet werden können?

Kühl, S. (2011): Organisation. Eine sehr kurze Einführung. Springer, Wiesbaden
Merchel, J. (2015): Die Organisation der sozialen Arbeit als Gegenstand des Managementhandels. In: Merchel, J.: Management in Organisationen der Sozialen Arbeit. Eine Einführung. Beltz Juventa Weinheim, 64–106
Preisendörfer, P. (2011): Organisationssoziologie. Grundlagen, Theorien und Problemstellungen. 3. Aufl. VS Verlag für Sozialwissenschaften, Wiesbaden
Vahs, D. (2015): Organisation. Ein Lehr- und Managementbuch. 9. Aufl. Schäffer-Poeschel, Stuttgart

3.2 Bilder der Organisation

Jeder Mensch hat individuell geprägte Bilder von Organisation(en). Diese individuellen Bilder entstehen durch subjektive Erfahrungen und Ereignisse. Dadurch wird ein alltagstheoretisches Verständnis von Organisation erzeugt, das großen Einfluss auf das eigene Handeln in Organisationen hat. Meist wird dieses Alltagsverständnis jedoch nicht bewusst reflektiert. Vielmehr beeinflussen die inneren Bilder von Organisation unbewusst unser Handeln.

Die Bewusstmachung dieser inneren Bilder und die Auseinandersetzung mit ihnen liefern erste Antworten auf die Frage, wie das eigene Verhältnis zu Organisation(en) ist, welche Erwartungen mit Organisation(en) verbunden sind und welche Handlungsmöglichkeiten in diesem Zusammenhang gesehen werden (Merchel 2015).

Gareth Morgan hat eine Systematik von acht Organisationsmetaphern entwickelt. Diese Metaphern basieren auf einer Analyse der verschiedenen Bilder von Organisation, die in Alltagsverständnissen und Organisationstheorien enthalten sind. Mit Hilfe dieser Metaphern und ihrer jeweiligen Stärken und Schwächen lassen sich unterschiedliche Denkweisen identifizieren, mit denen Menschen sich dem sozialen Gebilde Organisation nähern (Morgan 1997).

Organisation als Maschine: Ein geradezu klassisches Bild von Organisationen ist das der Maschine, bei der viele Einzelelemente planmäßig und reibungslos, wie „ein Rad in das andere“ ineinandergreifen.

> „Wir sprechen von Organisationen wie von Maschinen, und folglich erwarten wir, dass sie wie Maschinen funktionieren, nämlich routinemäßig, effizient, verlässlich und vorhersehbar" (Morgan 1997, 27).

Das Bild der Organisation als Maschine oder auch als Uhrwerk zielt auf die zielgerichtete Regelhaftigkeit und Berechenbarkeit der organisatorischen Prozesse und Abläufe. Seine theoretische Entsprechung findet dieses sehr formale Bild von Organisation insbesondere in den klassischen organisationstheoretischen Ansätzen von Max Weber, Frederick W. Taylor und Henri Fayol (Kap. 3.3.1). Die mit diesem Bild verbundenen Annahmen werden von Morgan wie folgt zusammengefasst:

> „Der mechanistische Organisationsansatz scheint die Entwicklung menschlicher Fähigkeiten eher zu begrenzen als zu mobilisieren und formt die Menschen nach den Erfordernissen der mechanistischen Organisation, anstatt die Organisation auf die Stärken und Fähigkeiten der Mitarbeiter auszurichten" (Morgan 1997, 50).

Organisation als Organismus: In diesem Bild wird die Organisation als ein lebendiges System verstanden, das in einer Umwelt lebt und mit dieser in einem wechselseitigen Verhältnis steht. Dieses Bild von Organisation beinhaltet damit auch sozial-emotionale Faktoren, deren Relevanz im Kontext neoklassischer Organisationstheorien deutlich geworden ist (Kap. 3.3.2). Daneben knüpft dieses Bild auch an die Erkenntnisse der Systemtheorie an und berücksichtigt den Einfluss der Umwelt auf die Organisation und die sowohl innerhalb der Organisation als auch außerhalb der Organisation bestehenden Zusammenhänge und Wechselwirkungen. Dieser bedürfnisorientierte Blick auf Organisation ermöglicht der Organisation eine größere Flexibilität, beispielsweise im Umgang mit Veränderungen. Jedoch ist dabei zu beachten, dass Organisationen keine realen, sondern sozial konstruierte Organismen sind.

Organisation als Gehirn: Über die Organismusmetapher hinausgehend ist das Bild der Organisation als Gehirn. In diesem Bild werden Organisationen als Informationen verarbeitende, intelligente und lernende Systeme verstanden, die

„ebenso flexibel, beweglich und einfallsreich funktionieren wie ein Gehirn" (Morgan 1997, 108).

Die Erkenntnisse der Kybernetik aufgreifend, dass Systeme sich mit Hilfe von negativen Rückmeldungen selbst regulieren können (Kap. 3.3.3), geht diese Metapher davon aus, dass Organisationen lernen können, sie behindernde Faktoren zu erkennen und diese durch Veränderungen im System auszuschalten. Damit beinhaltet dieses Bild auch das Verständnis der lernenden Organisation.

In der lernenden Organisation werden Veränderungen als normal betrachtet. Der Begriff der **lernenden Organisation** findet insbesondere im Bereich der Organisationsentwicklung (Kap. 6.1.2) Anwendung.

Organisation als Kultur: Diese Metapher betrachtet Organisationen aus kultureller Perspektive. Organisationen werden dabei als ein System aus sichtbaren und unsichtbaren Werten, normativen Erwartungen, Umgangsweisen, Regeln, Ritualen usw. verstanden.

Organisation als politisches System: In diesem Bild werden Organisationen als Orte gesehen, in denen das Handeln der Organisationsmitglieder primär den eigenen Interessen und nicht den Organisationszielen dient. Mit Hilfe politischer Strategien, wie beispielsweise der Mikropolitik (Kap. 3.1.2), wird versucht, Macht und Einfluss innerhalb der Organisation auszuüben.

Organisation als psychisches Gefängnis: Diese Perspektive betrachtet Organisationen als psychische Phänomene, die durch bewusste *und* unbewusste Prozesse erzeugt worden sind bzw. werden. Insbesondere im Zuge von psychischen Phänomenen, die durch unbewusste Prozesse wie z.B. die Unterdrückung von Bedürfnissen erzeugt worden sind, können Menschen Ideen, Gedanken und Handlungen entwickeln, die sie als allein gültige Realitätskonstruktion verstehen. Diese Sichtweisen können Kontrolle über denjenigen übernehmen, der sie erzeugt hat. Daher fühlen sich die Betroffenen bei der Konfrontation mit anderen Sichtweisen und Handlungen oftmals eingeschränkt, wie gefangen und gefesselt.

> „Der Mensch hat die Angewohnheit, sich in Netzen zu verfangen, die er selbst geknüpft hat" (Morgan 1997, 291).

Dieses Bild betont damit die Sichtweise, dass sich Organisationen neben der rationalen auch durch eine weitere, nicht rational erklärbare Ebene auszeichnen. Schwierig ist es jedoch, diese subjektive Sichtweise, dieses psychische Gefängnis zu verlassen und einer neuen Sicht auf die Organisation und ihre Prozesse Raum zu geben.

Organisation als Fluss und Wandel: Bei diesem Bild hat sich Morgan an Heraklit orientiert, der sagte,

> „dass man nicht zweimal in denselben Fluss steigen kann, denn das Wasser fließt ständig weiter" (Morgan 1997, 341).

Dieses Bild greift unterschiedliche Ansätze auf, die sich alle mit Veränderung auseinandersetzen und diese als normal betrachten.

Organisation als Machtinstrument: Organisationen sind machtvoll und üben Macht auf Menschen aus. Diese Perspektive betont die auch für Organisationen notwendige Auseinandersetzung mit Macht und die damit verbundenen Fragestellungen. Dabei sind jedoch nicht nur die möglicherweise negativen Aspekte von Macht zu reflektieren, sondern es gilt ebenso anzuerkennen, dass Organisationen ohne Macht nicht existieren können und die Frage, welches ein verantwortungsvoller Umgang mit Macht ist, rückt in den Mittelpunkt.

Wie eingangs skizziert, prägen diese Metaphern nicht nur unser Verständnis von Organisation, sondern auch unser Handeln in ihnen. Dabei werden unser Verständnis von, unsere Haltung gegenüber und damit unser Handeln in Organisationen meist von einem Mix aus mehreren Metaphern und nicht nur von einem einzigen Bild geleitet. Um das eigene ‚Lieblingsbild' zu erkennen oder auch das Bild, welches wir aufgrund von subjektiven Erfahrungen und Motiven lieber vermeiden und daher nicht sehen wollen und können, ist es wichtig, den eigenen Umgang mit und das eigene Handeln in Organisationen zu beobachten. Dadurch wird die Möglichkeit eröffnet, die oftmals dynamischen Organisationsprozesse vor dem Hintergrund dieser Bilder zu interpretieren (Merchel 2015).

So sind für eine Sozialarbeiterin, die dem Bild der **Organisation als Maschine** viel abgewinnen kann, vorgegebene und klare Arbeitsabläufe und Zuständigkeiten wichtige Instrumente, um sich aus ihrer Perspektive völlig auf die Soziale Arbeit mit der jeweiligen Zielgruppe konzentrieren zu können. Veränderungen sind für sie potenziell eher bedrohlich, da dadurch aus ihrer Sicht (zunächst) die bekannten Abläufe in Frage gestellt werden. Eine andere Sozialarbeiterin hingegen, die sich sehr von dem Bild der **Organisation als Fluss und Wandel** angesprochen fühlt, bewertet sehr vorgegebene Abläufe wahrscheinlich eher als einschränkend und nimmt Veränderungen als eine willkommene Abwechslung vom Arbeitsalltag wahr.

Dabei gibt es keine ‚richtigen' oder ‚falschen' Bilder von Organisation. Vielmehr sollen die jeweils eigenen inneren Vorstellungen von Organisation und das damit verbundene innere Bild identifiziert werden. Dadurch wird nicht nur ein Verständnis des eigenen Handelns möglich, sondern auch der mit dem Bild verbundene eigene Anteil an der Erzeugung der organisationalen Wirklichkeit und ihrer Aufrechterhaltung bzw. Veränderung wird deutlicher.

Hierzu passt die **Geschichte von den Blinden und dem Elefant**: Fünf weise Menschen, alle blind, wurden von ihrem König auf Reisen geschickt, um herauszufinden was ein Elefant ist. Nach der Rückkehr von ihrer Reise berichteten sie. Der erste, der den Rüssel des Elefanten ertastet hatte, berichtete: Ein Elefant ist wie ein langer Arm. Der zweite sprach: Ein Elefant ist wie eine dicke Säule, er hatte ein Bein berührt. Für den dritten wiederum, der ein Elefantenohr ertastet hatte, war der Elefant wie ein Fächer. Für denjenigen, der den Schwanz ertastet hatte, war der Elefant wie eine kurze Strippe mit ein paar Haaren am Ende. Der fünfte schließlich, der den Rumpf berührt hatte, beschrieb den Elefanten als eine große Masse, mit Rundungen und einigen Borsten darauf. Die fünf weisen Menschen konnten sich nicht einigen, wie der Elefant wirklich ist. Der König jedoch erkannte es und sagte: Ein Elefant ist ein Tier mit einem Rüssel wie einem langen Arm, mit Beinen wie starken Säulen, Ohren wie ein Fächer, einem Schwanz, der ähnlich einem Seil mit ein paar Haaren ist und einem Rumpf, der wie eine große Masse mit einigen Rundungen ist. Da erkannten die weisen Menschen, dass jeder von ihnen nur einen Teil des Elefanten ertastet hatte. So ist es auch mit den Bildern von Organisation und im Übrigen auch mit Organisationstheorien, sie alle betrachten Organisation aus einer bestimmten Perspektive heraus und unter einem spezifischen Fokus.

Morgan, G. (2018): Bilder der Organisation. Sonderausgabe. Schäffer Poeschel, Stuttgart

Morgan, G. (2006): Images of Organization. Updated Edition of the International Bestseller. Thousand Oaks, California

Welche Bedeutung haben eigene innere Bilder von Organisationen für die Arbeit in und mit Organisationen?

Warum ist die Auseinandersetzung mit den inneren Bildern von Organisationen wichtig?

Wie würde Ihr inneres Bild von Organisationen aussehen, welche Metapher würden Sie wählen?

3.3 Organisationstheorien

Über die theoretische Reichweite der Bilder von Organisationen hinaus gehen die unterschiedlichen Organisationstheorien. Grundsätzlich verdeutlichen Organisationstheorien das Entstehen, Bestehen und die Funktionsweise von Organisationen und dienen implizit oder explizit einer Verbesserung der Organisationspraxis (Scherer / Marti 2014). Sie ermöglichen eine kritische Analyse und Reflexion der Praxis in Organisationen und liefern Ansatzpunkte für ihre Gestaltung. Wie auch in der Sozialen Arbeit (Sandermann / Neumann 2018) liegt der Mehrwert von Organisationstheorien gegenüber den Alltagstheorien von Organisation in der höheren Systematik und intersubjektiven Überprüfbarkeit (Vahs 2012). Mit den Organisationstheorien verhält es sich jedoch ähnlich wie mit ihrem Gegenstand, der Organisation an sich: *Die* eine Organisationstheorie gibt es nicht, sondern es existieren eine Vielzahl von unterschiedlichen Organisationstheorien. Dabei ist auch hier nicht eine Theorie die richtige und eine andere die falsche. Vielmehr fokussieren die unterschiedlichen Theorien ausgehend von den ihnen jeweils zugrunde liegenden Wertehaltungen, Vorentscheidungen und Perspektiven unterschiedliche Facetten, Merkmale und Zielsetzungen ihres gemeinsamen Gegenstandes Organisation.

Diese organisationstheoretische Vielfalt ermöglicht also eine Multiperspektivität auf Organisation. Gleichzeitig bringt sie aber auch die Herausforderung mit sich, in dieser Vielfalt nicht die Orientierung zu verlieren.

Für das vorliegende Lehrbuch wurden daher organisationtheoretische Grundlagen ausgewählt, die einen Überblick über die genommenen Entwicklungen geben. Es handelt sich um Ansätze, die drei zentralen Phasen der Entwicklung von Organisationstheorien zugeordnet werden können: um klassische, neoklassische und moderne organisationstheoretische Ansätze. Sie gaben maßgebliche Impulse für die weiteren organisationstheoretischen Entwicklungen, gelten damit als Klassiker und haben gleichzeitig für die heutigen organisationsbezogenen Auseinandersetzungen in der Sozialen Arbeit eine Relevanz. Daher finden sich neben der Darstellung der einzelnen organisationstheoretischen Ansätze auch Überlegungen zum Niederschlag und zur Berücksichtigung der jeweiligen organisationstheoretischen Perspektiven in der Sozialen Arbeit.

Kieser, A., Ebers, M. (2014) (Hrsg.): Organisationstheorien. 7. Aufl. Kohlhammer, Stuttgart

Miebach, B. (2012): Organisationstheorie. Problemstellung – Modelle – Entwicklung. 2. Aufl. Springer, Wiesbaden

Sanders, K., Kianty, A. (2006): Organisationstheorien. Eine Einführung. VS Verlag für Sozialwissenschaften, Wiesbaden

3.3.1 Klassische organisationstheoretische Ansätze

Innerhalb der klassischen organisationstheoretischen Ansätze können mit dem *Bürokratie-Ansatz*, dem *administrativen Ansatz* sowie dem auch als Scientific-Management bezeichneten *arbeitswissenschaftlichen Ansatz* drei Perspektiven mit einer hohen Relevanz für die weitere Organisationsforschung identifiziert werden. Auch wenn die Hochphasen dieser drei Ansätze bereits zu Anfang des 19. Jahrhunderts waren, wird bis ins Jahr 2019 in Organisationen, Organisationsanalysen und Organisationstheorien auf zentrale Elemente daraus Bezug genommen.

Bürokratie-Ansatz

Zentrale Frage: Wie können Großbetriebe bürokratisch optimal verwaltet werden?

Als einer der ersten organisationstheoretischen Ansätze gilt der von dem deutschen Rechtshistoriker, Nationalökonomen und Soziologen Max Weber (1864–1920) entwickelte Bürokratie-Ansatz. Die Arbeiten von Max Weber zur Analyse bürokratischer Systeme gelten bis ins Jahr 2019 noch als richtungsweisend und sind Inspirationsquelle für weitere Organisationstheorien gewesen, wie den situativen Ansatz und die neoinstitutionalistische Organisationstheorie (Kieser / Walgenbach 2007).

Vor dem Hintergrund der mit der Industrialisierung und den Staatsreformen verbundenen massiven gesellschaftlichen Umbrüche setzte sich Weber in seinen umfangreichen theoretischen Arbeiten unter anderem mit den innerhalb von Staat und Wirtschaft entstehenden Großbetrieben und Möglichkeiten ihrer bürokratischen Verwaltung auseinander. Dabei interessierte ihn besonders, wie die Gesetzmäßigkeiten dieser sich neu entwickelnden Organisationen funktionieren und wie ihre Leistungsfähigkeit beibehalten bzw. verbessert werden kann. In seinem Hauptwerk „Wirtschaft und Gesellschaft: Grundriss der verstehenden Soziologie", das 1922 zwei Jahre nach seinem Tod erschien, entfaltete Weber auf der Basis der Analyse von Rationalisierungsprozessen seine Theorie der Bürokratie. Beeinflusst von seinen Erfahrungen in der preußischen Staatsverwaltung nimmt seine Bürokratietheorie die damalige gesamtgesellschaftliche Situation auf, die sich auch durch eine starke Verbreitung des öffentlichen Verwaltungsapparates, Ausweitung der Verwaltungsaufgaben und des Berufsbeamtentums auszeichnete und spiegelte diese in ihren grundlegenden Merkmalen wider.

Ein Ausgangspunkt dabei waren die Auseinandersetzungen Webers mit Fragen nach der menschlichen Natur, ihrem Verhältnis zur gesellschaftlichen Ordnung und Mächten und den in diesem Kontext bestehenden Herrschaftsverhältnissen. In der Analyse der Möglichkeiten des sozialen Einflusses entwickelte Weber die für sein Gesamtwerk zentralen Begriffe von *Macht* und *Herrschaft,* die auch in dem von ihm entwickelten Bürokratiemodell eine zentrale Rolle spielen.

> „Macht bedeutet jede Chance, innerhalb einer sozialen Beziehung den eigenen Willen auch gegen Widerstreben durchzusetzen, gleichviel worauf diese Chance beruht. Herrschaft soll heißen die Chance, für einen Befehl bestimmten Inhalts bei angebbaren Personen Gehorsam zu finden" (Weber 1922, 38).

Während Macht nach Weber also die Möglichkeit meint, in einer konkreten sozialen Handlungssituation den eigenen Willen auch gegen den Willen der anderen durchzusetzen, entfaltet Herrschaft ihre Wirkung unabhängig von der sozialen Beziehung aufgrund der ihr eigenen Befehl- und Gehorsamstruktur und durch den Glauben an die Legitimität des Herrschaftsanspruchs. Dabei grenzt Weber drei idealtypische Herrschaftstypen voneinander ab: die charismatische, die traditionelle und die legale Herrschaft. Während die charismatische Herrschaft auf dem Glauben an die herrschende Person und die damit einhergehende Gefolgschaft beruht, zeichnet sich die traditionelle Herrschaft durch den Glauben an tradierte Institutionen mit festgelegten, die Führung markierenden Regeln aus. Die legale Herrschaft schließlich beruht auf dem Glauben an eine rationale und legal gesetzte Ordnung. Durch ihren rationalen Charakter, den die legale Herrschaft nach Weber als einzige Herrschaftsform besitzt, ist die Bürokratie bzw. die bürokratische Verwaltung für ihn die reinste Form der legalen Herrschaft. Weber verbindet mit Bürokratie ganz allgemein einen zu Herrschaftszwecken errichteten Verwaltungsstab, den es mit Hilfe von Rationalität (d.h. durch Sachlichkeit, Unpersönlichkeit und Berechenbarkeit) zu ordnen und zu systematisieren gilt. Webers Bürokratiebegriff ist also als eine

> „Antwort auf die Frage […], wie der Herrschaftsstab im Falle legaler Herrschaft beschaffen sein müsse, um die wirksamste Herrschaftsausübung zu gewährleisten" (Mayntz 1971, 28),

zu verstehen. Dabei ist Bürokratie für Weber letztlich ein Ideal-Modell, eine Übersteigerung der Realität (Sagebiel/Pankofer 2015, Kruse/Barrelmeyer 2012, Sanders/Kianty 2006).

Nach dem Modell von Weber zeichnen sich bürokratische Systeme neben dem Berufsbeamtentum durch folgende Kriterien aus (Sanders/Kianty 2006, Kieser/Walgenbach 2007):

Arbeitsteilung, feste Zuständigkeiten, Weisungsbefugnis und Qualifikation der Beschäftigten: Ausgehend von einer arbeitsteiligen Festlegung der einzelnen Aufgaben bestehen für die Verrichtung der einzelnen (Teil-)Aufgaben klare und definierte Verantwortungsbereiche und Zuständigkeiten. Die Entscheidungs- und Weisungsbefugnisse sind personenunabhängig und generell festgelegt. Indem in Bürokratien nur Personen eingestellt werden, die aufgrund ihrer spezifischen Qualifikation in der Lage sind, die ihnen zugewiesenen Aufgaben zu übernehmen, soll die korrekte Erledigung der Aufgaben gewährleistet werden.

Amtshierarchie, organisatorische Regeln, Aktenmäßigkeit und schriftliche Fixierung und Kommunikation: Die Amtshierarchie umfasst ein festes System der Über- und Unterordnung, wobei die oberen Stellen die unteren Stellen beaufsichtigen und für die unteren Stellen bei Berufungen oder Beschwerden die Möglichkeit besteht, sich an die jeweils nächsthöhere Stelle zu wenden. Die Erledigung der Aufgaben auf der jeweiligen Stelle erfolgt nach festgelegten, schriftlich fixierten Regeln.

Eine Stelle ist in Organisationen die kleinste organisatorische Einheit (Kap. 3.4.3).

In diesen Regelungen sind die Handlungsziele, die zu ihrer Erreichung notwendigen Verfahren sowie die gleichfalls jeweils erforderlichen Kommunikationswege vorgegeben. Dabei werden alle Geschäftsvorgänge schriftlich in Akten erfasst und auch die Kommunikation zwischen den einzelnen Hierarchiestufen erfolgt auf dem Schriftweg.

Diese typischen Strukturmerkmale bürokratischer Organisationen verdeutlichen die mit einer bürokratischen Steuerung einhergehenden Vorteile: Arbeitsergebnisse werden (fast) wie bei einer Maschine kalkulierbar, da die einzelne ausführende Person nach vorgegebenen Regeln handelt, damit jederzeit ersetzbar ist und keinen Einfluss auf die Ausführung der ihrer Stelle zugeordneten jeweiligen Arbeitsaufgabe hat (Kieser/Walgenbach 2007). Gleichzeitig werden jedoch auch mögliche dysfunktionale Effekte deutlich, die sich ebenfalls in bürokratischen Organisationen entfalten können: Mit der Beschränkung des eigenverantwortlichen

Handelns auf die Wahrnehmung der jeweiligen Dienstaufgaben und damit auf ein Minimum, ist die Gefahr einer starren Bearbeitung ohne Berücksichtigung der Interessen und ggf. Besonderheiten des Einzelfalls verbunden. Daneben besteht auch die Gefahr, dass sich die Regeln, die als Mittel zum Zweck gedacht waren, verselbstständigen und zum Selbstzweck werden, sodass es zu einem Übermaß an Vorschriften kommt (Kieser 2014).

Sofern Webers Überlegungen für die Analyse aktueller struktureller Bedingungen in Organisationen genutzt werden, ist es wichtig, sich bewusst zu sein, dass Weber dem Phänomen ‚Bürokratie' neutral gegenüberstand. Bürokratie wurde von ihm als bestmögliche Organisationsform angesehen, war also nicht negativ konnotiert, wie es heute alltagssprachlich oft der Fall ist.

Überlegen Sie, welche Assoziationen und Erfahrungen Sie mit Bürokratie und bürokratischen Strukturen verbinden.
Auch in der Sozialen Arbeit finden sich an vielen Stellen Bürokratie und bürokratische Strukturen, beispielsweise in Behörden wie dem Jugendamt oder auch bei privaten Trägern. Welche Beispiele für bürokratische Strukturen haben Sie dort kennengelernt?
Welche positiven und welche negativen Effekte der Bürokratie konnten Sie in diesem Zusammenhang identifizieren?

Hammerschmidt, P., Weber, S., Seidenstücker, B. (2017): Soziale Arbeit – die Geschichte. Barbara Budrich, Opladen
Kruse, V; Barrelmeyer, U. (2012): Max Weber. Eine Einführung. UVK Verlagsgesellschaft GmbH, Konstanz
Weber, M. (1976): Wirtschaft und Gesellschaft, 5. Aufl. Mohr, Tübingen

Arbeitswissenschaftlicher Ansatz – Scientific Management

Zentrale Frage: Wie können mit Hilfe einer genaueren Abstimmung der einzelnen Arbeitsschritte die Produktionsergebnisse erhöht werden?

Parallel zu den Überlegungen zum Bürokratieansatz von Max Weber und befördert durch die Arbeiten, die Henry Ford (1863–1947) gleichfalls zu Beginn des 19. Jahrhunderts zur Weiterentwicklung der Fließbandproduktion durchgeführt hat, entstand im anglo-amerikanischen Raum der auch als Scientific Management bezeichnete arbeitswissenschaftliche Ansatz der Organisationstheorie.

Beim Scientific Management handelt es sich um eine ebenfalls rational motivierte Herangehensweise, die sich anknüpfend u. a. an die Arbeiten von Adam Smith (1723–1790) und Charles Babbage (1791–1871) zum Prinzip der Arbeitsteilung und den damit verbundenen Effekten mit der Analyse und Gestaltung von Produktionsprozessen in gewerblichen Organisationen auseinandersetzt. Vor dem Hintergrund der zunehmenden Massenproduktion Ende des 19. Jahrhunderts, stellte sich zunehmend und eindringlicher die Frage, wie mit Hilfe einer genaueren Abstimmung der einzelnen Arbeitsschritte die jeweiligen Produktionsergebnisse verbessert werden können. Hier setzte das Scientific Management an.

Ausgangspunkt des Scientific Management waren die Studien und Experimente, die der Ingenieur Frederick Winslow Taylor (1856–1915) zur Steigerung der Leistung und Effizienz in arbeitsteiligen Prozessen durchgeführt hat. Zentral war dabei seine Beobachtung, dass sich die ArbeiterInnen um die Arbeit zu drücken schienen. Diese Arbeitsverweigerung war, so Taylors Annahme, nicht nur in Motivationsdefiziten der ArbeiterInnen begründet, sondern schien durch mangelhafte Anreizstrukturen, Arbeitsgestaltung und -organisation zudem begünstigt zu werden(Sanders/Kianty 2006). Auf der Grundlage dieser Beobachtungen und Annahmen entwickelte Taylor seine Organisations- bzw. Managementprinzipien, die bis ins Jahr 2019 die Produktionsprozesse in Organisationen beeinflussen (Kieser/Walgenbach 2007, Vahs 2012):

- **Trennung von Hand- und Kopfarbeit:** Taylor war davon überzeugt, dass durch eine Trennung der Ausführung der Arbeit (der Handarbeit) von der Planung der Arbeit (der Kopfarbeit) erhebliche Leistungssteigerungen erzielt werden können. Daher sollten die Kenntnisse der ArbeiterInnen über die Produktionsprozesse nicht nur systematisch erfasst werden, sondern auch insgesamt auf das Management übergehen. Dazu wurden mit Hilfe kontrollierter Zeit- und Bewegungsstudien wissenschaftliche Werte ermittelt, auf deren Grundlage Vorgaben für ‚idealste' Bewegungsabläufe entwickelt wurden. Sie lösten die

bislang für die Ausführung der einzelnen Arbeitsschritte geltenden Faustregeln ab. Strukturell wurde diese Trennung der geistigen und körperlichen Arbeit durch das sogenannte *Funktionsmeistersystem* abgesichert, das dem Umstand Rechnung trug, dass es zu Beginn des 19. Jahrhunderts in den Vereinigten Staaten keine Meister gab, die in der Lage gewesen wären, alle bei der Produktion auftretenden Probleme zu lösen. Im Funktionsmeistersystem wurden die Gesamtaufgaben des Meisters auf acht Funktionsmeister aufgeteilt. Die Leitungsaufgaben wurden horizontal spezialisiert, so dass ein kurzfristiges Anlernen der StelleninhaberIn möglich wurde. Allerdings kam es dadurch auch zu einer Mehrfachunterstellung, d.h. jeder/jede ArbeiterIn konnte gleichzeitig bis zu acht Funktionsmeistern unterstellt sein.
Auf Taylors Funktionsmeistersystem geht das Mehrliniensystem zurück – eine mögliche Form des formalen Organisationsaufbaus, das in Kapitel 3.4.3 vertieft wird.

- **Pensum und Bonus:** Mit der Bestimmung und Vorgabe der optimalen Produktionsabläufe und der jeweils zu verwendenden optimalen Werkzeuge wurde auch das von den ArbeiterInnen zu bewältigende Tagespensum festgelegt. Bei Erreichung und Übertreffen dieses Pensums wurde ein Bonus gezahlt. Bei Unterschreitung des Tagespensums kam es zu Lohnabzügen.

- **Systematische Auswahl und Anpassung der ArbeiterInnen:** Schließlich sollten die jeweils geeignetsten ArbeiterInnen ausgewählt und ihr Arbeitsverhalten an die zu verrichtenden Arbeitsaufgaben angepasst werden.

Es wird deutlich, dass für das Scientific Management das Bild der Organisation – hier der Fabrik – als arbeitsteilige Maschine leitend ist. Die ArbeiterInnen bzw. die von ihnen zu verrichtenden Tätigkeiten werden routinisiert und dadurch zum mechanistischen Bestandteil des industriellen Fertigungsprozesses. Durch diese Fokussierung auf die optimalen Bedingungen für einen möglichst effizienten Arbeitsvollzug wurden human-soziale Dimensionen – insbesondere die sozialen Bedürfnisse der ArbeiterInnen – weitestgehend ausgeblendet.

Taylor, F. W. (1913): The Principles of Scientific Management. Harper, New York

Taylor, F. W. (1977): Die Grundsätze wissenschaftlicher Betriebsführung. Beltz, Weinheim (Nachdruck der autorisierten Ausgabe von München 1913)

Administrativer Ansatz

Zentrale Frage: Wie können immer größere und immer komplexere Betriebe (= Organisationen) geführt werden?

Ein weiterer Klassiker der Organisationstheorie ist der von dem französischen Bergbauingenieur Henri Fayol (1841–1925) entwickelte administrative Ansatz. Ausgehend von seinem erfahrungsbasierten Wissen als Ingenieur und Generaldirektor im Bergbau und in der Stahlindustrie legte Fayol in seinem 1919 veröffentlichen Werk „Administration Industrielle et Générale“ seine Überlegungen zu Fragen der Verwaltung und Führung von immer größer und komplexer werdenden Großunternehmen vor. Dabei entwickelte er vierzehn *Allgemeine Verwaltungsprinzipien* (Kieser / Walgenbach 2007):

1. Arbeitsteilung
2. Autorität
3. Disziplin
4. Einheit der Auftragserteilung
5. Einheit der Leitung
6. Unterordnung des Einzelinteresses unter das allgemeine Interesse
7. gerechte Entlohnung
8. Zentralisation
9. hierarchische Organisation
10. Ordnung
11. ausgleichende Gerechtigkeit
12. Firmentreue der MitarbeiterInnen
13. Initiative
14. Gemeinschaftsgeist

Mit der Orientierung an der Arbeitsteilung, der Autorität und der gerechten Entlohnung zeigen sich hier einerseits viele Übereinstimmungen mit dem Ansatz von Taylor. Andererseits kann jedoch mit dem Prinzip der Einheit der Auftragserteilung ein zentraler Unterschied zum Mehrlinienprinzip Taylors identifiziert werden: Bei Fayol kann *eine* untergeordnete Stelle immer nur von *einer* übergeordneten Instanz Weisungen erhalten.

Instanzen sind im Kontext der Organisationslehre Stellen, die mit Leitungs- und Weisungsbefugnissen gegenüber den ihnen nachgeordneten Stellen ausgestattet sind.

Dies zieht nach sich, dass im administrativen Ansatz Weisungen und Informationen nur zwischen den zwei hierarchisch jeweils direkt hintereinander liegenden Organisationseinheiten ausgetauscht werden können. Damit laufen alle Informationen und insbesondere die Weisungen von oben nach unten und daraus sich ableitende Informationen auf dem gleichen Weg, also von unten nach oben, wieder zurück. Die Einhaltung dieses als Dienstweg oder auch Instanzenzug bezeichneten Prinzips führt zu oftmals langen Kommunikationswegen und auch zu Informationsverlusten. Daher ist in Ausnahmefällen, beispielsweise zum Austausch von (zeitkritischen) wichtigen Informationen, eine Abweichung vom formal vorgegebenen Dienstweg möglich. Diese Kommunikation zwischen zwei Stellen der gleichen Hierarchieebene wird als *Fayolsche Brücke* bezeichnet. Sollte es zu einer solchen Kommunikation kommen, ist eine anschließende Information der jeweils übergeordneten Stellen erforderlich (Vahs 2012) (Einliniensystem in Kap. 3.4.3).

Als **Dienstweg** wird der in hierarchisch gegliederten Organisationen formal vorgeschriebene Weg für den Austausch von Informationen zwischen den einzelnen Stellen bezeichnet. Die Orientierung an der Einhaltung des Dienstweges bzw. Instanzenzuges ist nach wie vor insbesondere im Bereich der öffentlichen Verwaltung anzutreffen.

Auch Fayol ist also von dem Verständnis der Organisation als Maschine ausgegangen. Insgesamt waren diese allgemeinen Verwaltungsprinzipien, von Fayol als Orientierungshilfe verstanden, zur damaligen Zeit der erste Versuch, die Aufgaben, die mit der Führung eines Unternehmens verbunden sind, aus der Perspektive des Managements zu reflektieren. Auch im Jahr 2019 haben einige seiner Prinzipien im Kontext von Fragen des Aufbaus und der Strukturierung von Organisationen noch Bestand, wie Kapitel 3.4.3 zeigen wird.

Fayol, H. (1916): Administration Industrielle et Générale. Dunod, Paris

3.3.2 Neoklassische organisationstheoretische Ansätze

Während den klassischen organisationstheoretischen Ansätzen ein rationales, sich am Bild der Maschine orientierendes Organisationsverständnis zu Grunde liegt, in dem die Außenbezüge der Organisation vernachlässigt und soziale Phänomene von und unter den beteiligten Menschen als Störfaktoren betrachtet werden, greifen die neoklassischen organisationstheoretischen Ansätze diese bis dato vernachlässigten human-sozialen Dimensionen auf. Dabei waren für diese stärkere Beachtung des Faktors Mensch im Kontext der Organisationstheorie insbesondere der Human-Relations-Ansatz und die Anreiz-Beitrags-Theorie richtungsweisend.

Human-Relations-Ansatz

Zentrale Frage: Wie können Arbeitsleistungen gesteigert werden?

Als Katalysator für die Entwicklung des Human-Relations-Ansatzes werden die *Hawthorne-Experimente* betrachtet, die ab 1924 zunächst maßgeblich von dem Harvard-Professor Fritz J. Roethlisberger (1898–1974) und ab 1928 mit Unterstützung seines Kollegen George Elton Mayo (1880–1949) unter anderem in den Hawthorne-Werken der Western Electric Company durchgeführt worden sind. Anknüpfend an die Grundgedanken des Scientific Managements verfolgten die Hawthorne-Experimente ursprünglich das Ziel, die Zusammenhänge von Arbeitsplatzgestaltung und

Arbeitsleistung zu analysieren. So sollten die Einflussgrößen für eine hohe Produktivität erforscht werden. Die Forscher machten bei ihren insgesamt sechs Untersuchungsreihen, die sie mit in der Glühbirnenfertigung tätigen ArbeiterInnen durchführten, jedoch interessante und zunächst nicht erklärbare Beobachtungen. Zwar stieg wie erwartet die Arbeitsleistung in der Experimentalgruppe bei verbesserten Lichtverhältnissen. Unerwartet war jedoch die Beobachtung, dass die Arbeitsleistung der ArbeiterInnen in der Kontrollgruppe trotz gleichbleibender Lichtverhältnisse ebenfalls anstieg. Zudem stieg die Arbeitsleistung auch, wenn den ArbeiterInnen zwar gesagt wurde, dass die Lichtstärke erhöht werden würde, tatsächlich jedoch die Leuchten nur durch Leuchten in gleicher Stärke ersetzt wurden (für eine ausführlichere Beschreibung der Hawthorne-Experimente siehe Kieser 2014). Bei der Suche nach Erklärungen für dieses unerwartete Ergebnis, das auch als Hawthorne-Effekt bezeichnet wird, richtete sich der Fokus der Forschungsgruppe schließlich auf die mit den Experimenten verbundenen sozialen und zwischenmenschlichen Veränderungen. Nach weiteren Experimenten verdichteten sich die Beobachtungen der Forscher zu der Erkenntnis, dass das Verhalten der ArbeiterInnen und damit ihre Arbeitsleistung nicht nur von den objektiven Bedingungen (in dem Fall von den Lichtverhältnissen), sondern in einem nicht unwesentlichen Maße auch von sozial-emotionalen Faktoren, den *human relations*, beeinflusst werden (Vahs 2012, Kieser/Walgenbach 2007). Allein die Tatsache, dass die für die Experimente ausgewählten ArbeiterInnen durch die Forschergruppe eine erhöhte Aufmerksamkeit genossen, führte zu einer Leistungssteigerung, unabhängig von den objektiven Arbeitsbedingungen. Insgesamt haben die Hawthorne-Experimente entscheidend dazu beigetragen, dass psychischen Faktoren sowie der informalen Organisation und dem Betriebsklima im Kontext der Organisationsforschung von nun an eine größere Bedeutung zugemessen wurde.

Überlegen Sie, welche Bedeutung für Sie sozial-emotionale Faktoren in Ihren bisherigen Beschäftigungsverhältnissen hatten?

Anreiz-Beitrags-Theorie

Zentrale Frage: Wie kann die Existenz von Organisationen langfristig gesichert werden?

Eine weitere neue Perspektive wurde durch die Arbeiten des Managers und langjährigen Präsidenten der New Jersey Bell Telefone Laboratories Chester Irving Barnard (1886–1961) in die Organisationsentwicklung eingeführt. Anknüpfend an die Erkenntnisse des Human-Relation-Ansatzes stand im Mittelpunkt von Barnards Interesse die Frage, warum manche Organisationen schnell wieder zerfallen, andere wiederum lange Bestand haben. Ausgehend von der Perspektive auf Organisationen als offene und kooperative Systeme entwickelte Barnard als Antwort auf diese Frage die Anreiz-Beitrags-Theorie. Nach dieser Theorie gilt die Existenz einer Organisation dann als gesichert, wenn es ihr gelingt, eine ausgeglichene Beziehung zwischen den Anreizen, die sie ihren Mitarbeitenden anbietet (dabei können Anreize materieller Natur sein und beispielsweise die Höhe der Entlohnung betreffen, wichtig ist aber auch die Beachtung von immateriellen sozialen Anreizen wie beispielweise Stolz auf die eigene Arbeit) und den von den Mitarbeitenden geleisteten Beiträgen (z. B. Arbeitsleistung, aber auch die Bereitschaft zur Kooperation) herzustellen und aufrechtzuerhalten (Anreiz-Beitrags-Gleichgewicht)(Sanders / Kianty 2006).

Vor dem Hintergrund des **Fachkräftemangels** in der Sozialen Arbeit sollten die Erkenntnisse der Anreiz-Beitrags-Theorie wieder stärker berücksichtigt werden. Verweisen sie doch, wie auch der Human-Relations-Ansatz, darauf, dass finanzielle Anreize allein nicht ausschlaggebend für die Wahl der Organisation und den langfristigen Verbleib in dieser sind.

Barnard, C. (1938): The Functions of the Executive. Harvard University Press, Cambridge

3.3.3 Moderne organisationstheoretische Ansätze

Während die klassischen und neoklassischen organisationstheoretischen Ansätze noch vergleichsweise gut zu überblicken und zu systematisieren sind, wird das Feld der modernen Organisationstheorien immer heterogener und ausdifferenzierter. Für die Organisationen der Sozialen Arbeit sind insbesondere die verhaltenswissenschaftliche Entscheidungstheorie und die Ansätze, denen systemtheoretische Überlegungen zu Grunde liegen von Relevanz.

Verhaltenswissenschaftliche Entscheidungstheorie

Zentrale Fragen: Wie kann bei einer begrenzten Informationsverarbeitungskapazität der Organisationsmitglieder dennoch die Rationalität der Entscheidungen gewährleistet werden? Wie sind Entscheidungsprozesse in Organisationen strukturiert?

Anknüpfend an die Arbeiten von Chester I. Barnard zur Anreiz-Beitrags-Theorie entwickelten insbesondere Herbert A. Simon (1916–2001) und James G. March (1928–2018) in den 50er Jahren des 20. Jahrhunderts ihre verhaltenswissenschaftliche Entscheidungstheorie. Ausgangspunkt der Überlegungen von Simon und March waren Entscheidungsprozesse in Organisationen. Sie gingen davon aus, dass das Entscheidungsverhalten der Organisationsmitglieder beobachtet und hinsichtlich seiner Merkmale und Gründe empirisch analysiert werden könne. Von besonderem Interesse war dabei für Simon und March die Frage, wie Organisationen in einer unsicheren und sich wandelnden Umwelt ihren Fortbestand sichern können. Ein zentraler Punkt ihrer verhaltenswissenschaftlichen Entscheidungstheorie war zudem die Annahme, dass die Menschen nur über eine begrenzte Kapazität zur Informationsverarbeitung verfügen. Individuen könnten somit zwar grundsätzlich intentional rational handeln. Tatsächlich jedoch, so die Annahme, seien rationale Entscheidungen aufgrund eines unvollständigen Wissens, beispielsweise über die Konsequenzen des jeweiligen Handelns, aufgrund der Schwierigkeit zukünftige Ereignisse zu bewerten und der begrenzten Auswahl an Entscheidungsalternativen nur begrenzt möglich. Hinzu komme, so eine weitere Annahme, dass auch die Bereitschaft, sich in Organisationen zu engagieren begrenzt sei. Dieses Konzept der begrenzten Rationalität (bounded rationality) bildet den Kern der verhaltenswissenschaftlichen Entscheidungstheorie, die sich um die Frage dreht,

> „wie bei begrenzter Informationsverarbeitungskapazität der Individuen die Rationalität der in Organisationen gefällten Entscheidungen gewährleistet wird" (Kieser/Walgenbach 2007, 41).

Die verhaltenswissenschaftliche Entscheidungstheorie setzt sich also auch mit der Problemstellung auseinander, wie in Organisationen Komplexität und Unsicherheit reduziert und damit Entscheidungssituationen vereinfacht werden können, um rationales Handeln zu ermöglichen. Insbesondere die formale Organisation trägt zu dieser Vereinfachung von Entscheidungssituationen bei. Dabei sind folgende Maßnahmen wesentlich(Kieser/Walgenbach 2007):

1. *Arbeitsteilung*: Eine Aufteilung der komplexen Probleme in einzelne Teilprobleme und auf verschiedene Organisationsmitglieder reduziert den Druck, eine Vielzahl unterschiedlicher Anforderungen gleichzeitig bewältigen zu müssen.
2. Mit Hilfe von *standardisierten Verfahren und Programmen* wird den Organisationsmitgliedern vorgegeben, wie sie in bestimmten, regelmäßig wiederkehrenden Situationen zu handeln haben. Dadurch müssen insbesondere in Standardsituationen nicht mehr alle Entscheidungsalternativen durchdacht und hinsichtlich ihrer jeweils möglichen Konsequenzen abgewogen werden. Dies zieht eine deutliche Entlastung der Verantwortlichen nach sich.
3. Mit Hilfe von *Hierarchie* wird der Entscheidungsspielraum nachgeordneter Stellen eingeschränkt.
4. Durch eine *Kommunikation*, bei der die einzelnen StelleninhaberInnen nur die Informationen bekommen, die sie für ihren jeweiligen Entscheidungsbereich benötigen, soll die Komplexität und die Unsicherheit gleichfalls verringert werden.
5. Schließlich soll mit *Indoktrination*, verstanden als eine Beeinflussung der Organisationsmitglieder hinsichtlich der Organisationsziele, gewährleistet werden, dass die Organisationsmitglieder ihre aufgrund von spezifischen Detailkenntnissen

bestehenden Entscheidungsalternativen nicht in ihrem persönlichen Sinn, sondern im Interesse der Organisation und ihrer Ziele auswählen und gestalten.

Die verhaltenswissenschaftliche Entscheidungstheorie sieht Organisationen als offene Systeme, in denen ein Gleichgewicht zwischen den von der Organisation angebotenen Anreizen einerseits und den Beiträgen der Organisationsmitglieder andererseits herrschen sollte. Sie hat den organisationstheoretischen Diskurs nicht nur um die Perspektive der Umwelt bereichert, sondern insgesamt nachhaltig geprägt.

Systemtheoretische Ansätze

Zentrale Frage: Wie können Organisationen und das Verhalten von und in Organisationen aus systemtheoretischer Sicht erklärt und gestaltet werden?

Innerhalb der systemtheoretischen Perspektive auf Organisationen spiegeln sich die Entwicklung der Systemtheorie an sich wider.

> Die Betrachtung und Analyse von grundlegenden Strukturen, Prozessen und Merkmalen von Systemen (z. B. soziale, biologische, technische), wird als **Systemtheorie** bezeichnet. Mit Hilfe einer systemtheoretischen Betrachtung wird ein umfassenderes Verständnis der im jeweiligen System zu beobachtenden Phänomene möglich. Die Systemtheorie des Soziologen Niklas Luhmann (1927–1998) gilt als der bekannteste interdisziplinäre Theorieansatz. Ausgehend von der Soziologie hat diese Perspektive, in der Handlung und Kommunikation konstitutive Elemente von Systemen sind, u. a. auch in der Psychologie und der Organisationslehre eine große Relevanz.

Generell wird in der Organisationsforschung der Begriff des Systems bereits seit Anfang des 20. Jahrhunderts verwendet. Seitdem werden Organisationen auch als soziale Systeme verstanden. Die systematische Bezugnahme auf systemtheoretische Überlegungen erfolgt im Bereich der Organisationsforschung jedoch erst seit Mitte des 20. Jahrhunderts.

Für die Entwicklung einer systemtheoretischen Betrachtungsweise waren unterschiedliche Erkenntnisse impulsgebend. Einen Ausgangspunkt bilden die Arbeiten, die der österreichische Biologe Ludwig von Bertalanffy (1901–1972) im Kontext offener, da mit Umwelt agierender, biologischer Systeme durchgeführt hat. Die auf das System gerichtete Perspektive war hier hilfreich, um den Zusammenhang von Wachstums-, Anpassungs- und Selbstregulationsprozessen verstehen und erklären zu können. Ergänzt und erweitert wurden diese Erkenntnisse durch Überlegungen von u.a. Norbert Wiener (1894–1964), einem amerikanischen Mathematiker und Begründer der Kybernetik, zur Regelung und Steuerung der Kommunikation und des Informationsaustausches in komplexen Systemen.

Kybernetik (vom griechischen Wort kybernetes = Steuermann) ist die Wissenschaft von der Regelung und Steuerung und damit der zielgerichteten Beeinflussung einzelner Prozesse in komplexen, dynamischen und miteinander in Verbindung stehenden Systemen. Die Kybernetik versucht unterschiedliche Vorgänge in Systemen auf einen Regelkreis (= geschlossener und autonom funktionierender Wirkungskreis bzw. Steuerungsprozess) zu reduzieren, daher wird sie auch als die Lehre von den Regelkreisen bezeichnet.

Nach den Grundannahmen der Kybernetik liegen der Systemstruktur und dem Systemverhalten bestimmte Regelungsmechanismen und Rückkoppelungen zugrunde. Dies hat zur Folge, dass bestimmte Zustände erhalten bleiben und/oder systemexterne Ziele angestrebt werden können (Vahs 2012).

Das Prinzip des Regelkreises im Sinne der Kybernetik kann an einem **Heizungsthermostat** verdeutlicht werden: Bei der Regelung wird der Wert der Regelgröße (= Temperatur) als der Ist-Wert (= Wert der herrschenden Temperatur) mit dem Soll-Wert (= Wert der erwünschten Temperatur) verglichen. Bei einer Abweichung vom Soll-Wert bewirkt ein Regler eine Veränderung in Richtung des Soll-Wertes, also eine Temperaturerhöhung oder -minderung.

Insgesamt jedoch ist das Regelkreisschema der Kybernetik noch zu sehr an einer mechanistischen Perspektive orientiert, die der Komplexität von Organisationen und ihrer Dynamik nicht gerecht wird. Dennoch hat die Rezeption der Kybernetik im Kontext der theoretischen Auseinandersetzung mit Organisationen wichtige Entwicklungen angestoßen. So wurde nicht nur der Diskurs über das Verhältnis von Organisation und Umwelt fortgeführt. Darüber hinaus reifte auch die Erkenntnis, dass Umweltveränderungen nicht vorhersehbar sind, vielmehr aktuell registriert werden müssen, damit sie dann vom System über Rückkoppelungen ausgeglichen werden können. (Schreyögg 2016).

Eine besondere Relevanz für die Betrachtung von Organisation(en) und das Geschehen in ihnen hat die Systemtheorie mit den Arbeiten von Niklas Luhmann erhalten. Luhmann hat mit seiner soziologischen Systemtheorie einen umfassenden konzeptionellen Rahmen vorgelegt, in dem er auch Organisationen als umfassende soziale Systeme betrachtet. Für Luhmann ist Kommunikation die kleinste Einheit aller sozialen Systeme. Die umfangreichen Arbeiten Luhmanns in diesem Zusammenhang berücksichtigen u. a. die Erkenntnisse der Kybernetik und die Arbeiten der Neurobiologen Humberto Maturana (*1928) und Francisco J. Varela (1946–2001) im Kontext der Autopoiesis von Organismen. Darauf zurückgehend versteht die moderne Systemtheorie Organisationen als autopoietische soziale Systeme (Sanders / Kiantry 2006).

Der aus dem Griechischen stammende Begriff **Autopoiesis** bezeichnet den Prozess der Selbstherstellung und Selbsterhaltung von Lebewesen oder Systemen.

In dieser Perspektive erzeugen und reproduzieren sich Organisationen laufend selbst. Sie operieren selbstrefenziell (= selbstbezüglich) und grenzen sich gegen ihre Umwelt ab (Simon 2009).

Kühl, S. (2015) (Hrsg.): Schlüsselwerke der Organisationsforschung. Springer, Wiesbaden

Simon, F. B. (2009): Einführung in die systemische Organisationstheorie. Carl-Auer Verlag, Heidelberg

Welche Bedeutung haben Organisationstheorien für die Arbeit in und mit Organisationen?

3.4 Basiselemente von Organisationen

Nach dieser Auseinandersetzung mit den zentralen theoretischen Grundlagen von Organisation(en) stellt sich nun die Frage, wie die in der Praxis zu findenden Organisationen erfasst und verstanden werden können. Anknüpfend an die in Kapitel 3.1.2 entwickelte Definition kann von Basiselementen ausgegangen werden, die bei einer Beschreibung von Organisationen auf jeden Fall berücksichtigt werden sollten. Die Ausführungen zur Organisationstheorie haben zudem gezeigt, dass auch die nähere und weitere Umwelt einer Organisation und die Organisationskultur für ihr Verständnis elementar sind. Sie sollten daher in einem Set von Basiselementen ebenfalls berücksichtigt werden. Diese Basiselemente gehen auf ein von Scott und Davis (2007) entwickeltes Schema zurück, das aufgrund seiner umfassenden Perspektive vielfach aufgegriffen wurde (Merchel 2015; Preisendörfer 2011). Es soll auch hier als Grundlage für die weitere Auseinandersetzung mit Organisationen dienen (Abb. 2).

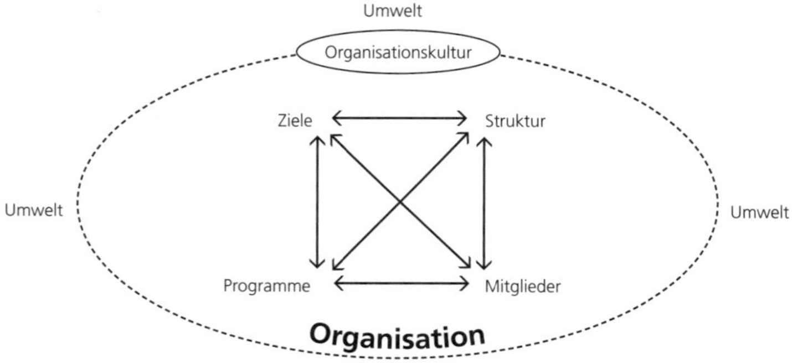

Abb. 2: Basiselemente von Organisationen (in Anlehnung an Merchel 2015)

Im Inneren der Abbildung sind die Basiselemente zu sehen, die zusammengenommen eine Organisation ausmachen. Sie sind der mehr oder weniger sichtbare und daher leicht zu erfassende Kern einer Organisation. Die Pfeile verdeutlichen das gegenseitige Wechselverhältnis, in dem diese einzelnen Basiselemente stehen. Veränderungen bei einem Basiselement wie beispielsweise der Struktur werden zu Auswirkungen bei den anderen Basiselementen führen, beispielsweise auf Seiten der Mitarbeitenden, da das Handeln der Mitarbeitenden zu einem nicht unwesentlichen Teil durch die Struktur bestimmt wird. Organisationsprogramme, verstanden als Instrumente, mit denen die Organisation die Erreichung ihrer Ziele unterstützt, sind in dem Schema von Scott und Davis nicht extra enthalten. Dies kann durch ihre grundsätzliche Nähe zur Ablauforganisation und damit zur Struktur erklärt werden. In Anlehnung an Merchel 2015 (der in diesem Zusammenhang von Handlungsprogrammen spricht), werden sie hier dennoch explizit aufgeführt, um ihre besondere Bedeutung im Kontext von Organisationen der Sozialen Arbeit zu betonen. Die Erkenntnis aus der systemtheoretischen Perspektive auf Organisationen, dass diese zumindest zu einer teilweisen Abgrenzung von ihrer Umwelt tendieren, symbolisiert die gestrichelte Linie, die den Kernbereich von Organisationen umschließt. Die Relevanz der Umwelt für die Existenz und den Fortbestand einer Organisation wird durch ihre Nähe zum Organisationskern dargestellt. Schließlich findet sich in dieser Darstellung auch die Bedeutung der Organisationskultur wieder. Diese ist schwer fassbar und beeinflusst gleichfalls alle anderen Basiselemente.

In den folgenden Unterkapiteln werden nun die allgemeinen Grundlagen der einzelnen Basiselemente vorgestellt und auf die Besonderheiten in der Sozialen Arbeit bezogen. Diese Auseinandersetzung bietet eine Orientierung für die Beschreibung und Analyse von Organisationen der Sozialen Arbeit und damit für die Reflexion des eigenen Handelns in Organisationen.

3.4.1 Organisationsziele

Der Begriff ‚Organisationsziele' kann irritieren, da dem Grunde nach nur Individuen Präferenzen und Ziele haben können (Abraham / Büschges 2009). Im Kontext der Auseinandersetzung mit den Zielen einer Organisation ist daher zu bedenken, dass

> „die Rede von Organisationszielen im Endergebnis immer eine Metapher [bleibt], und zwar eine Metapher, die in Anlehnung an individuelle Akteure gebildet wurde und [die] die Gefahr einer Personifizierung von Organisationen in sich birgt" (Preisendörfer 2011, 64).

Diese Diskussion verweist darauf, dass die Ziele einer Organisation immer in einem Zusammenhang mit den am Organisationsgeschehen beteiligten AkteurInnen zu sehen sind.

Die Auseinandersetzung mit den benannten Zielen einer Organisation und des eng damit verbundenen spezifischen Organisationszwecks ist für das Verständnis einer Organisation und des organisationalen Geschehens zentral. Mit Hilfe von Zielen treffen die Organisation bzw. die handelnden AkteurInnen der Organisation

> „Aussagen über angestrebte Zustände (Soll-Zustände), die durch die Auswahl und die Umsetzung geeigneter Handlungsalternativen erreicht werden sollen" (Vahs 2012, 12).

Dementsprechend übernehmen Ziele im Kontext von Organisationen insbesondere folgende (nach innen wie nach außen Wirkung entfaltende) Funktionen (Abraham / Büschges 2009; Preisendörfer 2011):

Nach *innen* gerichtet

- zeigen Organisationziele auf, was die Organisation aktuell und zukünftig erreichen will. Indem die Ziele die Organisationsleistungen bestimmen, haben sie für die Mitarbeitenden, Mitglieder und sonstigen am Geschehen einer Organisation Beteiligten eine Orientierungs- und Motivationsfunktion.
- bilden Organisationsziele einen Maßstab für die Bewertung der Leistungen. Je klarer die Ziele formuliert sind, desto größer ist die mit ihnen gleichzeitig verbundene Kontrollfunktion.
- eröffnen Organisationsziele darüber hinaus die Möglichkeit, anstehende Entscheidungen und ihre jeweiligen Konsequenzen vor dem Hintergrund der formulierten Ziele abzuwägen und zu treffen.

Nach *außen* gerichtet

- verdeutlichen Organisationsziele den unterschiedlichen KooperationspartnerInnen (Stakeholdern) im Umfeld der Organisation ihre spezifische Leistungsbereitschaft.

Als **Stakeholder** werden alle Personen, Personengruppen und Organisationen bezeichnet, die von den Aktivitäten der Organisation direkt oder indirekt betroffen sind und/oder die ein grundsätzliches Interesse an diesen Aktivitäten haben. Die Stakeholder einer Organisation der Sozialen Arbeit sind neben den Mitarbeitenden der Organisation (erwarten stabile Rahmenbedingungen für ihre Arbeit) beispielsweise die LeistungsadressatInnen (erwarten konkrete soziale Dienstleistungen), die Verantwortlichen der öffentlichen Träger (erwarten, dass sozialpolitische Zielsetzungen verwirklicht werden) und Aufsichtsbehörden (erwarten, dass gesetzliche Standards eingehalten werden)

Mit der Entwicklung von Organisationszielen ist zunächst die Herausforderung verbunden, tatsächlich Organisationsziele zu benennen.

Laura überlegt ein weiteres Praktikum bei einer Organisation zu machen, die Hilfen zur Überwindung besonderer Lebensverhältnisse und sozialer Schwierigkeiten gem. § 67 ff. SGB XII anbietet. Bei einem Gespräch über die Möglichkeiten des Praktikums und die Rahmenbedingungen fragt Laura die Leiterin der Einrichtung nach den mit der Arbeit verbundenen Zielen. „Unsere Angebote richten sich an wohnungslose bzw. von Wohnungslosigkeit bedrohte Menschen. Wir wollen verhindern, dass die Menschen, die zu uns kommen, dauerhaft wohnungslos bleiben bzw. werden." Als sie diese erste Antwort hört, fragt sich Laura, ob es sich dabei tatsächlich um Organisationsziele handelt.

Oftmals sind anstelle von Zielen eher der Organisationszweck und allgemeine Auftragsformulierungen zu finden:

> „Mit solchen Verweisen auf Aufträge, die entweder einen gesetzlichen und/oder einen spezifischen Finanzierungshintergrund haben, wird ein Organisationszweck angesprochen, ohne dass damit explizite und konkretisierende Zielvorstellungen der Organisation verbunden werden" (Merchel 2015, 116 f.).

Grundsätzlich sind Organisationszweck(e) und Ziel(e) einer Organisation eng miteinander verbunden. Organisationsziele konkretisieren und operationalisieren die meist allgemein formulierten Organisationszwecke.

„Um Wohnungslosigkeit dauerhaft zu vermeiden, haben wir unter anderem ein Beratungsangebot gleich hier im Haus" fährt die Einrichtungsleiterin fort. „Dort möchten wir alle wohnungslosen bzw. von Wohnungslosigkeit bedrohten Menschen, die zu uns kommen umgehend und niedrigschwellig hinsichtlich der bestehenden Unterstützungsangebote beraten. Im letzten halben Jahr sind täglich immer mehr Menschen zu uns gekommen. Daher haben wir unsere Beratungszeiten von vier auf sechs Stunden pro Tag ausgedehnt, damit auch wirklich jede/r unmittelbar beraten werden kann. Diese Beratung bieten wir nunmehr von Montags bis Freitags an. Gleichzeitig haben wir die Beobachtung gemacht, dass immer mehr berufstätige Menschen zu uns kommen. Deswegen bieten wir seit drei Monaten an einem Tag in der Woche auch eine Spätsprechstunde an. Diese wird gut angenommen." Als **Laura** dies von der Einrichtungsleiterin hört, wird ihr klar, dass der Organisationszweck, Verhinderung einer dauerhaften Wohnungslosigkeit, durch das Organisationsziel, auch berufstätigen Menschen ein Beratungsangebot zu machen, konkretisiert wird.

Der Sinn und Zweck einer Organisation wird – auch in der Sozialen Arbeit – häufig als Mission Statement (abgekürzt Mission) bezeichnet.

Das **Mission Statement** stellt die zentralen Aufgaben einer Organisation kurz und prägnant dar und unterstreicht damit die grundsätzliche Daseinsberechtigung der Organisation (Grunwald 2013c).

Ergänzt wird die Mission durch die Vision einer Organisation. Die Vision hat einen grundsätzlichen, richtungsweisenden Charakter, insbesondere auch für die angestrebte zukünftige Entwicklung der Organisation. Mission und Vision werden oftmals in einem Leitbild schriftlich konkretisiert.

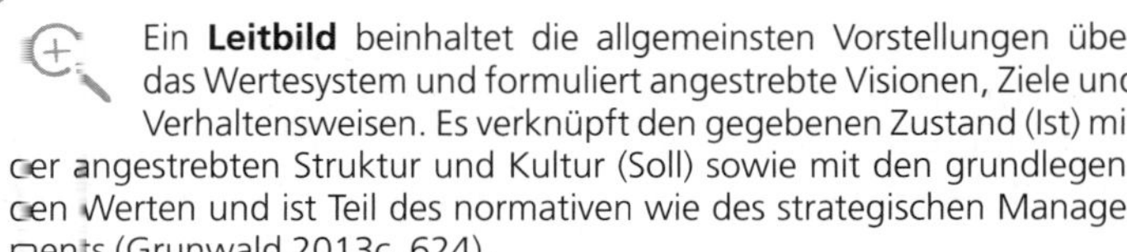

Ein **Leitbild** beinhaltet die allgemeinsten Vorstellungen über das Wertesystem und formuliert angestrebte Visionen, Ziele und Verhaltensweisen. Es verknüpft den gegebenen Zustand (Ist) mit der angestrebten Struktur und Kultur (Soll) sowie mit den grundlegenden Werten und ist Teil des normativen wie des strategischen Managements (Grunwald 2013c, 624).

So findet sich im **Leitbild** der Organisation der Wohnungslosenhilfe die Formulierung, dass alle Aktivitäten, die die Organisation zur Vermeidung der Wohnungslosigkeit unternimmt, von dem Anspruch geleitet werden, die Würde der Menschen zu schützen.

Neben dieser grundsätzlichen Unterscheidung von Vision, Mission Statement, Leitbild und Zielen ist eine hinreichende Konkretisierung der Organisationsziele eine weitere Herausforderung. Dabei ist es keine Seltenheit, dass in der Praxis die Ziele nicht operational, sondern unbestimmt formuliert sind. Solche „Zieldefekte“ (Vahs 2012, 528) zeigen sich insbesondere in einer mangelnden Beschreibung von Zielinhalt, Zielausmaß, Zeitbezug und sachlichem Geltungsbereich der Ziele. Ziele werden dadurch unscharf und können das mit ihnen verbundene Potenzial nicht vollumfänglich entfalten. Dieser Gefahr kann durch eine Orientierung an der SMART-Methode im Kontext der Zielformulierung entgegengewirkt werden.

Die **SMART-Methode der Zielformulierung** beinhaltet eine Orientierung an folgenden Kriterien:

- **S** = spezifisch, d. h. die Ziele müssen eindeutig formuliert sein
- **M** = messbar, d. h. es müssen Kriterien für die Messbarkeit in den Zielen enthalten sein
- **A** = attraktiv, d. h. die Ziele müssen erstrebenswert sein
- **R** = realistisch, d. h. sie müssen tatsächlich erreichbar sein
- **T** = terminiert, d. h. sie müssen auch einen zeitlichen Horizont enthalten

Vision und Mission bilden die langfristigen Oberziele und haben damit für die Organisation eine strategische Bedeutung. Daran anknüpfend sind die konkreten Handlungsfelder der Organisation und die mittelfristigen Zwischenziele festzulegen. Auf der operativen Ebene, dem „Alltagsgeschäft" sind diese dann mit Hilfe von vielen, im Regelfall kurzfristigen, Einzelzielen zu konkretisieren (Abb. 3).

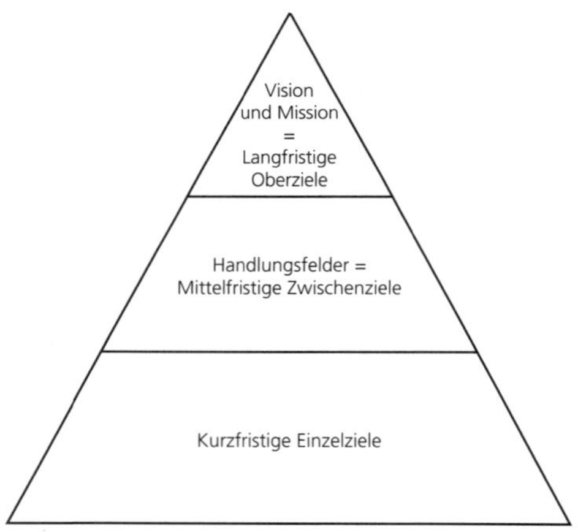

Abb. 3: Zielpyramide einer Organisation

Schließlich können in der Praxis von Organisationen oftmals mehrere, sich unter Umständen auch widersprechende Ziele existieren. Bei solchen Zielkonflikten muss entschieden werden, welche Zielsetzung unter welchen Bedingungen als vorrangig betrachtet bzw. welche zeitweilig oder dauerhaft vernachlässigt wird (Abraham/Büschges 2009). Gerade in der Praxis der Sozialen Arbeit konkurrieren beispielsweise oftmals fachlich-inhaltliche und wirtschaftliche Ziele miteinander. Auch von außen an die Organisationen herangetragene Ziele können zu Konflikten führen.

Für **StreetworkerInnen** ist der öffentliche Raum eine legitime und selbstverständliche Lebenswelt ihrer Zielgruppen. Auf der Basis von Arbeitsprinzipien wie Freiwilligkeit und Niedrigschwelligkeit setzen sich StreetworkerInnen dafür ein, dass der öffentliche Raum für alle nutzbar ist. In diesem Zusammenhang kommt es immer wieder zu Konflikten mit anderen NutzerInnengruppen des öffentlichen Raums.

Bei Zielkonflikten ist eine Prioritätensetzung erforderlich. Für die in diesem Zusammenhang notwendige Entscheidung eröffnen Vision und Mission der Organisation wichtige Orientierungen.

Führen Sie mit einem/einer SozialarbeiterIn ein Gespräch über seine/ihre Organisation. Welche der vorgenannten Instrumente (Vision, Mission Statement, Leitbild, Ziele) können Sie erkennen?

3.4.2 Organisationsprogramme

Organisationsprogramme sind Instrumente, mit denen Organisationen das Ziel verbinden, das Handeln ihrer Mitglieder auf die Umsetzung bzw. Erreichung ihrer Zwecke und Ziele auszurichten. Sie sind umfassend zu verstehen und können in der Sozialen Arbeit z.B. Konzeptionen, Leitlinien des fachlichen Handelns, Ausführungsvorschriften, Dienstanweisungen, aber auch nicht formalisierte Regelungen wie mündliche Absprachen und ähnliches umfassen. Grundsätzlich übernehmen Organisationsprogramme nach innen wie nach außen gerichtet eine koordinierende und Orientierung gebende Funktion (Kieser/Walgenbach 2007).

Auch Organisationen der Sozialen Arbeit müssen im Kontext ihrer Organisationsprogramme eine zentrale Herausforderung reflektieren und gestalten: das Verhältnis von generellen Regelungen (Starrheit) zu fallweisem Handeln (Flexibilität) (Vahs 2012). Mit Hilfe von generellen Regelungen sollen insbesondere solche Vorgänge und Abläufe organisiert und damit weitestgehend verbindlich vorgegeben werden, die immer wieder und gleichartig auftreten. Mit der Gleichförmigkeit der Bearbeitung wird eine Entlastung der Mitarbeitenden und eine Verminderung von Unsicherheitszonen verbunden. Dabei darf jedoch der Wunsch nach Organisation mit Hilfe genereller Regelungen nicht überhand nehmen. Vielmehr ist – grundsätzlich und insbesondere in der Sozialen Arbeit – eine Balance zwischen generellen und fallweisen Regelungen anzustreben.

Der Wirtschaftswissenschaftler und Begründer der modernen deutschen Betriebswirtschaftslehre Erich Gutenberg (1897–1984) hat in diesem Zusammenhang das *„Substitutionsprinzip der Organisation“* geprägt und auf die mit der Substitution (= dem Ersatz) von fallweisen Regelungen durch generelle Regelungen verbundenen Effekte aufmerksam gemacht (Gutenberg 1976). Die Kernaussage dieses Prinzips lautet:

> „Die Tendenz zur generellen Regelung nimmt mit abnehmender Variabilität betrieblicher Tätigkeiten zu" (Vahs 2012, 17).

Je regelmäßiger und gleichförmiger sich eine Tätigkeit wiederholt, desto sinnvoller ist also aus der Perspektive des Substitutionsprinzips die Entwicklung einer generellen Regelung, die die Bearbeitung der jeweiligen (Teil-)Aufgabe vorgibt. Es sollen nach diesem Prinzip fallweise Regelungen in Organisationen jedoch nur solange durch generelle Regelungen ersetzt werden, bis ein Optimum zwischen dem Erfolg organisatorischer Regelungen einerseits und dem organisatorischen Regelungsgrad andererseits erreicht ist, denn so hilfreich generelle Regelungen bei gleichförmigen Aufgaben sind, sie sind in jedem Fall und unbegrenzt sinnvoll. In diesem Kontext wird von einer *Überorganisation* gesprochen, wenn sehr differente Vorgänge mit Hilfe genereller Regelungen organisiert werden und es dadurch zu Einschränkungen in der Flexibilität der Bearbeitung kommt. Eine *Unterorganisation* liegt hingegen vor, wenn auch regelmäßig wiederkehrende Vorgänge immer wieder fallweise bearbeitet werden müssen und somit von jedem/jeder Einzelnen *das organisatorische Rad immer wieder neu erfunden werden muss*, da die Vorgehensweise nicht durch generelle Regelungen vorgegeben wird (Vahs 2012; Schreyögg 2016).

Die Gestaltung dieses Verhältnisses von generellen zu fallweisen Regelungen ist eine zentrale Herausforderung der Organisationen der Sozialen Arbeit. Diese stellt sich insbesondere im Kontext der Wahrnehmung von hoheitlichen Aufgaben, wie beispielsweise bei der Prüfung und Gewährung von bestehenden Rechtsansprüchen.

Hoheitliche Aufgaben sind Tätigkeiten, die ein öffentliches Gemeinwesen (Staat, Gemeinde, sonstige Körperschaft) kraft öffentlichen Rechts zu erfüllen hat.

Hier müssen mit Hilfe der Organisationsprogramme sowohl die objektive Rechtmäßigkeit und als auch die subjektive Einmaligkeit des jeweiligen Einzelfalls berücksichtigt werden können (Vogel 1966). Es bedarf also einerseits genereller Regelungen, die für die handelnden Fachkräfte Handlungssicherheit und für die Anspruchsberechtigten Verfahrenssicherheit gewährleisten. Andererseits müssen die Organisationsprogramme flexibel auf den Einzelfall reagieren können. Die damit verbundene paradoxe Herausforderung lautet:

> „Wir handeln zwar verlässlich in dieser und jener Weise, und darauf kann man sich verlassen – aber je nach Situation können und handeln wir auch manchmal anders" (Merchel 2015, 124).

Die Frage, wie sie ihre internen Verwaltungsabläufe organisieren und gestalten wollen ist für alle Organisationen der Sozialen Arbeit sensibel. Die Erbringung personenbezogener sozialer Dienstleistungen ist aufgrund ihrer beschriebenen Besonderheiten nur begrenzt formalisierbar. Dies ist insbesondere für die Organisationen der Leistungsverwaltung eine Herausforderung, da hier das Handeln der MitarbeiterInnen nicht in der gleichen Weise determiniert werden kann,

> „wie das Handeln eines Verwaltungsangehörigen in der Steuerverwaltung" (Ortmann 2012, 772).

Die im ersten Kapitel geschilderten **Erlebnisse von Daniel Blake** lassen sich auch mit Hilfe des Substitutionsprinzips der Organisation nach E. Gutenberg reflektieren. Die in dem Film dargestellte Bürokratisierung und letztlich weitestgehend entindividualisierte Vorgehensweise bei der Beantragung von Unterstützungsleistungen des staatlichen Sozialsystems kann vor dem Hintergrund des Substitutionsprinzips der Organisation ein Hinweis auf eine Überorganisation der Abläufe und Prozesse sein. Die generellen Regelungen bei der Beantragung von Sozialleistungen sind soweit ausgedehnt worden, dass für völlig unterschiedliche Situationen eine gleichförmige Bearbeitung vorgegeben ist und dadurch die Individualität des Einzelfalls, die besondere Lebenssituation von Daniel Blake, nicht mehr erfasst werden kann.

Denken Sie an eine Ihnen bekannte Organisation der Sozialen Arbeit. In welchen Dokumenten konkretisieren sich die Organisationsprogramme?
Welches Verhältnis von generellen zu fallweisen Regelungen haben Sie bislang kennengelernt? Reflektieren Sie auch die damit jeweils verbundenen Effekte auf das sozialarbeiterische Handeln.

3.4.3 Organisationsstruktur

Neben Vision, Mission, Zielen und Organisationsprogrammen benötigen Organisationen sinnvolle Strukturen, die die Arbeit auch absichern. Gerade bei der Gründung einer Organisation, aber auch für ihre Weiterentwicklung ist die formale Struktur ein zentraler Bezugspunkt des organisatorischen Handelns. Ergänzt wird diese formale Struktur durch informale Strukturen, die sich neben der vorgegebenen Struktur durch das Handeln der Organisationsmitglieder ausbilden.

Formale Organisationsstruktur

Eine zentrale Aufgabe formaler Organisationsstrukturen ist es, die Umsetzung der Organisationsziele und damit die Erreichung des Zwecks der Organisation und ihren Fortbestand strukturell und verbindlich abzusichern. Damit beinhaltet die Organisationsstruktur in ihrem Kern

> „die Gesamtheit der Vorgaben, wie die Organisation sein soll, und man spricht deshalb auch von der normativen Struktur. Die formale/normative Struktur umfasst Dinge wie Stellenbeschreibungen, Kompetenzregelungen, Verfahrens- und Verhaltensrichtlinien, Entlohnungspraktiken und vorgesehene Unter- bzw. Überordnungsverhältnisse. Sie erstreckt sich in erster Linie auf den Aufbau einer Organisation, in zweiter Linie auf organisationale Abläufe" (Preisendörfer 2011, 66).

Die besondere Bedeutung, die formale Strukturen für den Bestand und Erfolg von Organisationen haben, spiegelt sich in dieser Definition. Dementsprechend sollte die formale Organisationsstruktur insbesondere folgende Dimensionen und Fragen reflektieren und entsprechende Antworten darauf enthalten (Kieser/Walgenbach 2007):

1. **Aufgaben- und Arbeitsanalyse:** Welche (Teil-)Aufgaben lassen sich aus dem Organisationszweck und den Organisationszielen ableiten? Wie (nach Art und Umfang) können diese Aufgaben arbeitsteilig organisiert und einzelnen Stellen und Instanzen zugeordnet werden?
2. **Aufgaben- und Arbeitssynthese:** Wie können diese differenzierten und segmentierten Einzelaufgaben und -arbeiten wieder miteinander in Verbindung gebracht und koordiniert werden, damit sie sich zusammengenommen wieder zu einem sinnvollen Ganzen (der Umsetzung von Organisationszweck und Organisationszielen) fügen? Welche Abläufe sind dabei zeitlich und räumlich sinnvoll?

Die damit verbundene komplexe Aufgabe kann auf die einfache Formel: „**Wer macht was wie mit wem bis wann**?" gebracht werden.

3. **Konfiguration:** In welcher hierarchischen Ordnung (neben-, unter- oder übereinander?) sollen die einzelnen (Teil-)Aufgaben stehen? Welche Verantwortungsbereiche und Weisungsbefugnisse werden den einzelnen Stellen bzw. Instanzen zugeordnet? Wie soll der Aufbau der Organisation konfiguriert (= gestaltet) sein?
4. **Kompetenzverteilung:** Welche Kompetenzen und Entscheidungsbefugnisse sind mit den einzelnen Stellen und Instanzen verbunden?
5. **Formalisierung:** Wie werden mit Hilfe schriftlicher Fixierungen (= Formalisierungen) die Abläufe und die Kommunikation der Organisationsmitglieder untereinander dauerhaft und verlässlich gewährleistet?

Die Beantwortung dieser Fragestellungen führt im Ergebnis zur Aufbau- und Ablauforganisation eines Unternehmens.

Die **Aufbauorganisation** ist das hierarchische Gerüst einer Organisation. Dort ist festgelegt, in welche Teileinheiten die Organisation gegliedert ist und welche Aufgaben in einer Organisation von welcher Stelle in welcher Abteilung übernommen werden. Die **Ablauforganisation** wiederum zielt auf die optimale Gestaltung der für die einzelnen Aufgaben erforderlichen Arbeiten und Prozesse, sie strukturiert die Bearbeitung.

Dabei bildete lange Zeit in der klassischen Organisationslehre das von Erich Kosiol entwickelte Analyse-Synthese-Konzept den Bezugspunkt für die Gestaltung von Aufbau und Ablauf in Organisationen. Nach diesem Konzept wird die Gesamtaufgabe gedanklich in ihre Einzelteile zerlegt. An diesen Analyseergebnissen orientieren sich dann die Aufgabensynthese und die Strukturbildung. Der Arbeitsablauf, also welche einzelnen Arbeitsschritte für die Erfüllung der jeweiligen Aufgabe erforderlich sind und in welcher zeitlichen, räumlichen und personellen Verbindung diese Schritte stehen, wurde als Fortführung der Aufgabenanalyse gesehen und damit als nachrangig betrachtet (Vahs 2012). Diese Vorgehensweise führte zu einer starken Unterscheidung zwischen dem Aufbau einer Organisation einerseits und dem Ablauf ihrer Aufgaben andererseits und damit zu einer Dominanz der Aufbauorganisation über die Ablauforganisation. Diese dichotome (= zweiteilige) Trennung hat sich jedoch aufgrund des wechselseitigen Verhältnisses von Aufbau und Ablauf, auch als Struktur und Prozess bezeichnet, als wenig sinnvoll erwiesen. Beide Elemente formaler Strukturbildung müssen sich, ähnlich wie der instrumentale und institutionelle Organisationsbegriff, stark aufeinander beziehen, wenn sie die intendierten Effekte entfalten wollen:

> „Eine Aufbauorganisation bleibt ein hohles Gebilde, wenn die dadurch hervorgerufene Differenzierung der Aufgabenerledigung nicht durch kalkulierbare Abläufe und Kooperationsverpflichtungen ergänzt wird, und eine Ablauforganisation ist ohne eine strukturelle Zuordnung von Aufgaben und Organisationsmitgliedern […] kaum denkbar" (Merchel 2015, 129).

Diese Trennung wird daher zu Gunsten einer Orientierung auf einzelne Prozesse mehr und mehr aufgegeben. In der Prozessorganisation wird die Gesamtaufgabe in einzelne Prozesse zerlegt, die für ihre Erstellung notwendig sind. Diese bilden dann wiederum den Ausgangspunkt für die Bildung von entsprechenden Stellen und Instanzen (Preisendörfer 2011; Schreyögg 2016).

Ein **Prozess** meint die zielgerichtete Erstellung einer Leistung/eines Produkts durch eine Abfolge von logisch zusammenhängenden Aktivitäten. Die Tätigkeitsabfolge ist mit einem Anfangs- und Endpunkt versehen. In der **Prozessorganisation** orientiert sich die Gestaltung der Organisation an ihren wesentlichen Geschäftsprozessen. Dabei werden die spezifischen Erfordernisse eines effizienten Ablaufs der einzelnen betrieblichen Prozesse berücksichtigt.

Nicht zuletzt deswegen wird der Begriff der Ablauforganisation immer mehr durch die Begrifflichkeit Prozessorganisation oder -management ersetzt. Im Kern ist damit jedoch das Gleiche gemeint: Die effiziente Regelung und damit Steuerung einzelner Abläufe und Prozesse. Dies ist nun insofern für die Soziale Arbeit von Bedeutung, da auch sie sich, nicht zuletzt aufgrund ihrer Produktionsspezifika (Kap. 2), ebenfalls durch eine ausgeprägte Prozessorientierung auszeichnet.

In der Kinder- und Jugendhilfe ist die **Aufnahme eines Kindes** in eine stationäre Wohngruppe gem. § 34 SGB VIII ein Schlüsselprozess, der zentralen Einfluss auf den Verlauf der Unterbringung und damit auf den Erfolg dieser Hilfe zur Erziehung hat. Ausgangspunkt für den Prozessbeginn ist die Aufnahmeanfrage, die in der Regel von Seiten der Fachkraft des Jugendamtes gestellt wird. Daran anschließend sind für eine mögliche Aufnahme des Kindes in der Gruppe weitere Prozessschritte und Teilentscheidungen erforderlich, wie Gespräch(e) mit dem Jugendamt und die Entscheidung, ob die Wohngruppe grundsätzlich ein passendes Angebot für das Kind und seine Familie sein könnte, Kennenlernen des Kindes und seiner Eltern, Besuch des Kindes/der Eltern in der Gruppe etc. Den Endpunkt des Aufnahmeprozesses bilden die tatsächliche Aufnahme des Kindes in der Gruppe und die damit verbundenen administrativen Arbeiten, wie beispielsweise statistische Erfassung, Anlegen des Berichtswesens usw. Dabei sollten zu jedem einzelnen Schritt auch die jeweiligen Verantwortlichen (z. B. Fachkraft des Jugendamtes, Fachkraft der Einrichtung, Eltern) definiert werden.

Der Ablauf eines Prozesses kann in einem Flussdiagramm grafisch dargestellt werden (Abb. 4). Daneben sind auch Dienstanweisungen, Ausführungsvorschriften oder Geschäftsordnungen als Teile der Organisationsprogramme mögliche Bestandteile der Ablauforganisation.

Ein **Flussdiagramm** ist die grafische Darstellung der einzelnen Teilelemente eines Arbeitsprozesses und seiner Beteiligten.

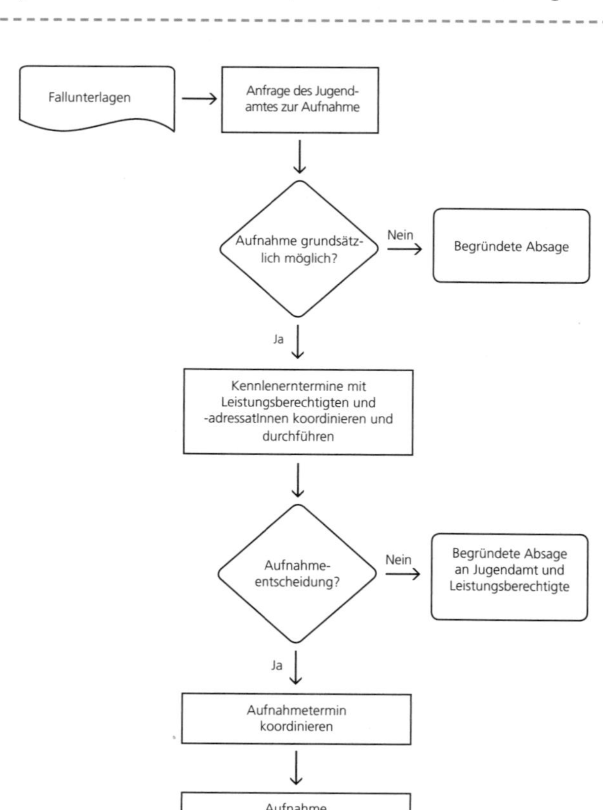

Abb. 4: Flussdiagramm: Aufnahmeprozess in einer stationären Einrichtung in der Kinder- und Jugendhilfe

Nach bzw. neben der Identifikation und Koordination der einzelnen Aufgaben und Prozesse bedarf es der Entwicklung einer hierarchischen Ordnung, die die einzelnen Aufgaben neben-, über- oder unterordnet. Damit ist auch die Festlegung der jeweiligen Verantwortungsbereiche und Weisungsbefugnisse sowie ihre stellenspezifische Zuweisung verbunden. Oftmals, aber nicht immer, wird die Konfiguration in einem Organisationsschaubild, dem Organigramm, dargestellt.

Die Darstellung der äußeren Form des Stellengefüges (= Konfiguration) in einer Grafik wird als **Organigramm** bezeichnet. Es bildet den hierarchischen Aufbau einer Organisation ab.

In der Konfiguration wird damit das Leitungs- und Führungssystem einer Organisation abgebildet. Dieses Leitungssystem

> „verbindet die arbeitsteilig gebildeten Stellen mit den jeweils übergeordneten Leitungsstellen mittels sogenannter **Linien [hervorgehoben im Original],** die von oben nach unten den Anordnungsweg und von unten nach oben den Mitteilungs- oder Meldeweg bilden, oder anders ausgedrückt: Eine ‚höhere' Stelle kann einer ‚niedrigen' Stelle Weisungen erteilen" (Vahs 2012, 113).

Dabei kann zwischen Einlinien-, Mehrlinien-, Stablinien- und Matrixsystemen als mögliche Organisationstypen unterschieden werden.

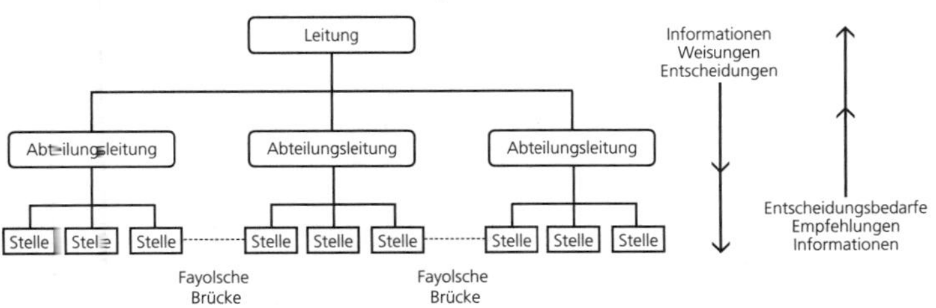

Abb. 5: Einliniensystem

Einliniensystem: Abbildung 5 zeigt ein Einliniensystem, mit dem auf Henri Fayol zurückgehenden Prinzip der Einheit von Auftragserteilung und Leitung (Administrativer Ansatz in Kap. 3.3.1). Nach diesem Prinzip erhält die nachgeordnete Stelle Anweisungen ausschließlich von der ihr direkt vorgesetzten Stelle, auf dem sogenannten Dienstweg. Auch bei der Kommunikation ist die Einhaltung der Linie die einzige formal vorgesehene Möglichkeit. Lediglich in Ausnahmefällen ist über die Fayolsche Brücke die Kommunikation auf direktem Weg formal möglich.

Laura erinnert sich an eine Situation in ihrem Praxissemester. Ihre Anleiterin hat eine gute Freundin, die ebenfalls im Allgemeinen Sozialen Dienst des Jugendamtes arbeitet. Beide arbeiten jedoch in unterschiedlichen Teams und mit unterschiedlichen Vorgesetzten. Laura hat beobachtet, dass sich die beiden gerade bei fachlichen Fragen immer wieder austauschen und im Vorfeld einer Entscheidung gegenseitig beraten, ohne dass ihre jeweiligen Vorgesetzten in diesen Informationsaustausch einbezogen werden (Fayolsche Brücke).

Die Vorteile eines Einliniensystems liegen insbesondere in der klaren Zuordnung der Aufgaben, Verantwortungsbereiche und Kompetenzen sowie in einer eindeutigen Regelung der Über- und Unterstellungsverhältnisse. Demgegenüber stehen als Nachteile eine Konzentration von Verantwortung und Macht bei den Leitungsstellen und insbesondere bei der Leitungsspitze. Dies birgt die Gefahr, dass die einzelnen Leitungsstellen, die die Aufgaben der ihnen unterstellten Stellen beherrschen müssen, mit Hilfe von Überorganisation versuchen, die damit verbundene Komplexität zu reduzieren. Die langen Weisungs- und Kommunikationswege im Einliniensystem bergen zudem die Gefahr von Zeitverlust und Informationsfilterung (Vahs 2012).

Mehrliniensystem: Das Mehrliniensystem, das auf das Funktionsmeistersystem von Frederic W. Taylor (Arbeitswissenschaftlicher Ansatz in Kap. 3.3.1) zurückgeht, zeichnet sich durch eine Mehrfachunterstellung der einzelnen Stellen aus (Abb. 6). Bei auftretenden Problemen und Fragestellungen können sich die einzelnen Stellen direkt an die ihnen übergeordneten und fachlich ausgewiesenen Instanzen wenden. Dementsprechend erhält eine nachge-

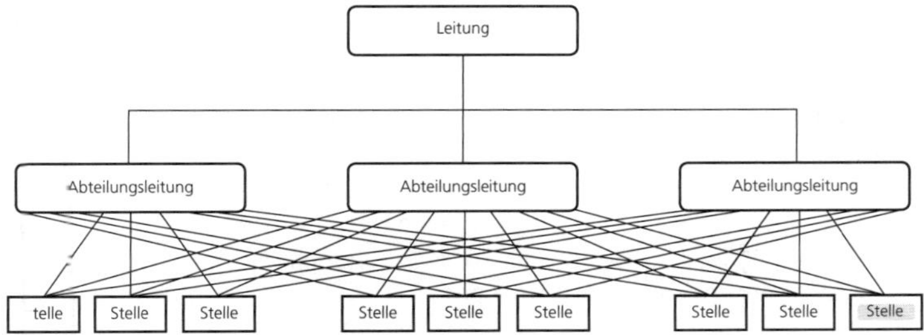

Abb. 6 : Mehrliniensystem

ordnete Stelle von mehreren ihr vorgesetzten Leitungsstellen Anweisungen. Dadurch sollen eine höchstmögliche Spezialisierung und kürzere Kommunikationswege gewährleistet werden. Das Fayolsche Prinzip des einheitlichen Weges wird durch eine Orientierung am kürzesten Weg ersetzt. Die Leitungsspitzen werden im Mehrliniensystem entlastet und es kommt zu einer geringeren hierarchischen Distanz. Gleichzeitig jedoch besteht im Mehrliniensystem insbesondere die Gefahr von widersprüchlichen Anweisungen und Kompetenzkonflikten.

Stabliniensystem: Eine Erweiterung des Einliniensystems ist das Stabliniensystem. In diesem System sind zur Entlastung der Linieninstanzen Stabsstellen eingerichtet (Abb. 7). Diese Stabsstellen, oft auch einfach als Stäbe bezeichnet, unterstützen die Leitungsinstanzen bei der Wahrnehmung ihrer Aufgaben. Der Stab bereitet die ihm zugewiesenen Aufgaben für die Leitungsinstanz auf und

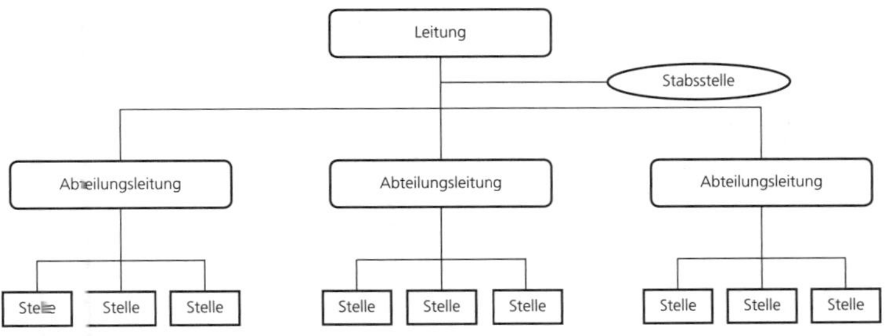

Abb. 7 : Stabliniensystem

Entscheidungen vor, ohne diese jedoch selber zu treffen. Dabei sind die Stabsstellen oftmals den obersten Leitungsinstanzen (= Zentralstäbe) zugeordnet und unterstützen diese bei der Erfüllung ihrer Aufgaben, indem sie Aufgaben auch für die nachgeordneten Stellen wahrnehmen.

Im Kontext der Kinder- und Jugendhilfe ist die Aufgabe der **Jugendhilfeplanung** gem. § 80 SGB VIII, innerhalb des Jugendamtes oftmals einer Stabsstelle zugewiesen. Die in dieser Stabsstelle tätigen Fachkräfte haben die Aufgabe, die für die Jugendhilfeplanung erforderlichen partizipativen Planungsprozesse zu initiieren, sodass der Jugendhilfeausschuss als Teil des Jugendamtes (Kap. 4.5.4) dieser Aufgabe nachkommen kann.

Grundsätzlich können Stabsstellen allen Leitungsinstanzen zugeordnet werden. Insgesamt versucht das Stabliniensystem die Vorteile von Einlinien- und Mehrliniensystem miteinander zu verbinden. Stabsstellen ermöglichen eine Spezialisierung auf einzelne Aufgaben und entlasten dadurch die Leitungsstellen. Gegenüber den Linienstellen sind sie nicht weisungsbefugt. Lediglich im Kontext von Zentralstäben und weiteren Stäben nachgeordneter Instanzen kann eine *Stabshierarchie* möglich sein (Vahs 2012). Neben der entlastenden Funktion, die mit der Einrichtung von Stäben für die Leitungsstellen verbunden ist, kann es durch die Wissenskonzentration bei den Stäben auch zu einer informellen Machtkonzentration kommen.

Matrixsystem: Bei einem Matrixsystem handelt es sich um eine besondere Form des Mehrliniensystems. In einem Matrixsystem ist die Leitungsinstanz aufgeteilt, d.h. die nachgeordnete Stelle (= Matrixschnittstelle) erhält von zwei ihr jeweils übergeordneten und dabei gleichberechtigten Instanzen (= Matrixstellen) Anweisungen. Dabei sind sämtliche Leitungsinstanzen der Matrix direkt der obersten Instanz (= Matrixleitung) unterstellt (Abb. 8).

In der Praxis der Sozialen Arbeit finden sich überwiegend Einliniensysteme bzw. bei größeren Organisationen Stabliniensysteme. Neben der Frage, nach ihrer Leitungs- und Führungsstruktur muss sich die Organisation auch mit ihrer inhaltlichen Strukturierung unterhalb der Geschäftsleitung, also auf der zweiten Hierarchie-

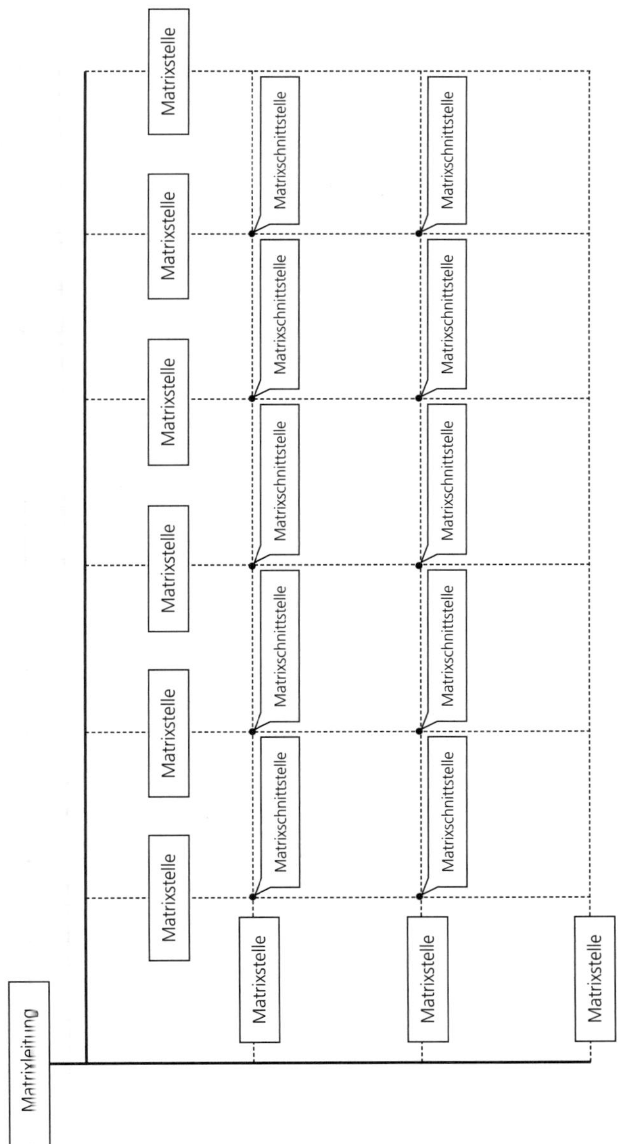

Abb. 8 : Matrixsystem

ebene auseinandersetzen. Dabei stellt sich die Frage, ob eine funktionale Struktur (*Spezialisierung auf Verrichtungen*) oder eine divisionale Struktur *(Spezialisierung auf Produkte/Dienstleistungen, Regionen oder Kundengruppen)* gewählt wird.

In einer **funktionalen Struktur (Spezialisierung auf Verrichtungen)** sind alle gleichen Tätigkeiten zusammengefasst. In einer **divisionalen Struktur (Spezialisierung auf Produkte/ Dienstleistungen, Regionen oder Kundengruppen)** sind alle Tätigkeiten zusammengefasst, die sich auf einzelne Produkte/Dienstleistungen, Regionen oder Kundengruppen beziehen. Beide Spezialisierungsformen können sich sowohl auf einzelne Stellen als auch auf größere organisatorische Einheiten wie beispielsweise Abteilungen oder Bereiche beziehen.

Im Kontext der Organisationen der Sozialen Arbeit finden sich – anders als bei gewerblichen Unternehmen – oftmals divisionale Strukturen, bei denen die Strukturierung der Organisation durch eine produkt- bzw. regionenspezifische Zusammenfassung der Angebote erfolgt.

In der Organisation, in der **Laura** ihr Vorpraktikum absolviert hat, sind alle Angebote des stationären Bereiches gem. § 34 SGB VIII in einer Abteilung zusammengefasst. Neben dieser Abteilung hat die Organisation noch zwei weitere, in denen die ambulanten und teilstationären Angebote der Kinder- und Jugendhilfe zusammengefasst sind. Die Organisation hat sich für eine an Produkten orientierte divisonale Struktur entschieden. Ein Kommilitone von Laura, der ebenfalls in einer Einrichtung der Kinder- und Jugendhilfe sein Vorpraktikum absolviert hat, hat folgende – auf den ersten Blick andere – Struktur vorgefunden: In dieser Organisation sind die ambulanten, teilstationären und stationären Angebote der Kinder- und Jugendhilfe, die die Organisation in einem bestimmten Stadtbezirk anbietet, in einem Bereich zusammengefasst. Auch hier handelt es sich um eine divisionale Struktur, jedoch mit einer Orientierung an Regionen.

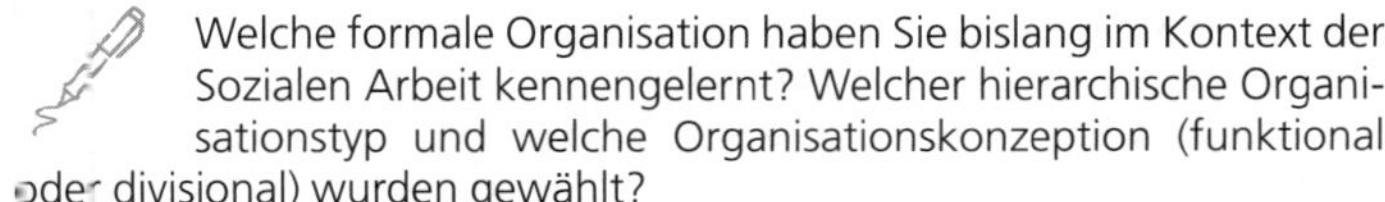

Welche formale Organisation haben Sie bislang im Kontext der Sozialen Arbeit kennengelernt? Welcher hierarchische Organisationstyp und welche Organisationskonzeption (funktional oder divisional) wurden gewählt?
Sofern Sie sich nicht explizit mit der formalen Organisation Ihrer bisherigen Praxiseinrichtung(en) vertraut gemacht haben, nehmen Sie sich vor, sich bei Ihrem nächsten „Praxiseinsatz" gezielt mit der formalen Organisation auseinanderzusetzen.

Kieser, A., Walgenbach, P. (2007): Die Beschreibung formaler Organisationsstrukturen. In: Kieser, A., Walgenbach, P. (Hrsg.): Organisation. 5. Aufl. Schäffer-Poeschel, Stuttgart, 71–206

Informale Organisationsstruktur

Neben den formalen Organisationsstrukturen wirken in einer Organisation auch informale Strukturen. Diese sind gleichfalls für den Fortbestand und Erfolg von Organisationen wichtig, nicht zuletzt weil „ein voll formalisiertes System [alleine] gar nicht lebensfähig [wäre]" (Luhmann 1995, 27). Seit den Hawthorne-Experimenten(Human-Relations-Ansatz in Kap. 3.3.2) ist diese Erkenntnis Teil der Organisationsforschung. Dabei bezieht sich die informale Organisation (oft wird übrigens anstatt von formaler und informaler Organisation auch von formeller und informeller Organisation gesprochen) im Gegensatz zur formalen Organisation auf die gerade nicht festgeschriebenen Regeln, Kommunikationswege und Hierarchien, die in einer Organisation durch das individuelle Handeln der AkteurInnen in und neben der formal vorgegebenen Struktur selbst erzeugt werden.

Mit **informaler Organisation** werden alle nicht festgeschriebenen Regeln, Kommunikationswege und -räume, Hierarchien und Gruppierungen in Organisationen bezeichnet, die das Handeln der MitarbeiterInnen über die in der Aufbau- und Ablauforganisation festgeschriebenen Regeln und Vorgaben hinaus ebenfalls leiten und beeinflussen und durch diese selbst erzeugt und aufrecht gehalten werden.

So hat **Laura** während ihres Vorpraktikums in der stationären Wohngruppe beispielsweise in Bezug auf die Dienstplanung sowohl formale als auch informale Regelungen beobachten können. Formal war für die Dienstplanung vorgegeben, dass nur die Dienstplanwünsche berücksichtigt werden können, die bis zum 3. des Vormonates angemeldet worden sind. Zudem sollten die Planungen insgesamt bis zum 15. des Vormonats für den Folgemonat abgeschlossen sein. Daneben bestand im Team jedoch auch die informale Praxis, dass der zum 15. des Vormonats erstellte Dienstplan als vorläufig anzusehen ist und Wünsche auch nach dem 3. des Vormonats nicht nur angemeldet, sondern meist auch – aufgrund der Flexibilität der Teammitglieder – weit nach diesem vorgegebenen Datum realisiert werden können. Auch bei der Teambesprechung hat sie in der Kommunikation zwischen den Teammitgliedern einige unausgesprochene und damit gleichsam informale Übereinkünfte beobachten können, beispielsweise in Bezug auf die Äußerung von Kritik.

Nachdem die informale Organisation lange Zeit als in Konkurrenz zur formalen Organisation stehend angesehen wurde, hat sich zunehmend das allgemeine Verständnis durchgesetzt, dass sich formale und informale Organisationsstrukturen gegenseitig beeinflussen und mit Hilfe der informalen Organisation die oftmals beklagte mangelnde Flexibilität der formalen Strukturen kompensiert werden kann (Schreyögg 2016). Diese Bedeutung, die informale Strukturen für die Organisationen der Sozialen Arbeit haben, fasst Merchel wie folgt zusammen:

> „Gerade Organisationen Sozialer Arbeit, deren primäre Aufgabe in einer direkten Auseinandersetzung mit Personen und deren wechselnden Problemen liegen, müssen ein hohes Maß an Spielraum für Vorgehen und Entscheidungen bei den Mitarbeitern auf den unteren Ebenen belassen, also dort ‚wo die eigentliche Arbeit gemacht wird'. Hier bieten informelle Regeln eine Orientierung für die Mitarbeiter, damit nicht alles völlig dem Zufall überlassen bleibt. Informelle Strukturen und Regeln haben auch die Funktion einer Anpassungsleistung der Organisationsmitglieder an situativ gegebene Ungewissheiten" (Merchel 2015, 132).

Dabei benötigen Organisationen der Sozialen Arbeit neben einem angemessenen Verhältnis von Routine und Flexibilität auch informale Strukturen, um das angesprochene Spannungsfeld zwischen

Verfahrenssicherheit durch Organisation und Erfassung der subjektiven Einmaligkeit durch Flexibilität gestalten zu können.

So ist eine in den zentralen Abläufen vorstrukturierte **Hilfeplanung gem. § 36 SGB VIII** eine wesentliche Voraussetzung für einen erfolgreichen Hilfeprozess. Dadurch wird der Prozess der Hilfeplanung bis zu einem gewissen Maße unabhängig von der zuständigen Fachkraft. Diese Ablaufvorgaben müssen jedoch andererseits flexibel genug sein, dass die individuelle Situation der Familie, beispielsweise in Bezug auf Zeit, Ort und Tempo, berücksichtigt werden kann.

Informale Organisationsstrukturen können daher nicht unberücksichtigt bleiben. In Anlehnung an Vahs (2012) können neben der informalen Kommunikation, den informalen Gruppen und den informalen Leitungen noch informale Normen und der soziale Status als mögliche Erscheinungsformen informaler Organisationsstrukturen unterschieden werden. In informalen Normen spiegeln sich die Verhaltenserwartungen, die informale Gruppierungen an ihre Mitglieder richten. Darüber hinaus spielt auch der soziale Status der Organisationsmitglieder, der neben formalen Kriterien wie hierarchischem Rang auch durch informale Merkmale wie Alter, Ausbildung oder soziale Herkunft geprägt wird, im Kontext formaler Organisation eine Rolle.

Welche informalen Organisationsstrukturen haben Sie bislang beobachten können?
Welche Funktionen haben diese informalen Strukturen für die Organisation übernommen?

Ortmann, G. (2003): Regel und Ausnahme: Paradoxien sozialer Ordnung. Suhrkamp Verlag, Frankfurt

3.4.4 Organisationsmitglieder

Als Organisationsmitglieder werden zunächst die Personen bezeichnet, die in Organisationen handeln, sich auf die Organisationsziele verpflichtet haben und dadurch ihren Beitrag zur Umsetzung der Organisationsziele leisten. Organisationsmitglieder sind für den Erfolg der Organisation zentral. Ihr Handeln soll durch die Organisationsprogramme und die formalen Strukturen auf die Umsetzung der Organisationsziele ausgerichtet werden.

In Organisationen der Sozialen Arbeit können verschiedene Mitgliedsgruppen identifiziert werden (Merchel 2015). Zunächst diejenigen, die aufgrund der Rechtsform der Organisation (Kap. 4.3) bestimmte Aufgaben wahrnehmen, wie z.B. Vorstandsmitglieder, Geschäftsführung oder Aufsichtsratsmitglieder. Weiter kann grob zwischen pädagogischem und nicht-pädagogischem Personal unterschieden werden. Innerhalb dieser verschiedenen Gruppen von Organisationsmitgliedern kann sowohl zwischen leitenden und ausführenden Positionen als auch zwischen haupt- und ehrenamtlich tätigen Personen differenziert werden. Schließlich ist noch zu fragen, wie es sich mit den AdressatInnen der unterschiedlichen Angebote der Sozialen Arbeit verhält, ob diese auch zu den Mitgliedern einer Organisation gezählt werden können. In diesem Zusammenhang hat sich in der Organisationsforschung die Stakeholder-Perspektive etabliert, die ihren Blick auf all diejenigen Gruppen richten, die ein Interesse an den Aktivitäten und dem Fortbestand der Organisation haben (Kap. 3.4.1). Auf diesem Wege wird eine Unterscheidung in Organisationsmitglieder im engeren Sinne (z.B. Vorstand, Geschäftsführung, Mitarbeitende) und im weiteren Sinne (z.B. LeistungsadressatInnen) möglich.

Betrachten Sie die Organisationsmitglieder einer Ihnen bekannten Organisation. Welche Differenzierungen (z.B. Professionsunterschiede, Haupt- und Ehrenamt, Alter, Geschlecht) können Sie identifizieren?

3.4.5 Organisationskultur

Grundgedanke von Organisationskultur ist es, dass sich in Organisationen eigene Vorstellungs- und Orientierungsmuster entwickeln, die sich nachhaltig und gleichzeitig normierend auf das Verhalten der Organisationsmitglieder auswirken.
Organisationskultur ist

> „die Gesamtheit gemeinsam geteilter Grundannahmen, Werthaltungen, Normen und Orientierungsmuster, die von den Menschen in einer Organisation zur Bewältigung der Probleme der äußeren Anpassung und der inneren Integration entwickelt wurden und die sich nach gemeinsamer Überzeugung so bewährt haben, dass sie an neue Mitglieder weiterzugeben sind, damit diese in der richtigen Weise wahrnehmen, denken, fühlen und handeln" (Neubauer 2003, 22).

Die Kultur einer Organisation unterstützt die Anpassung an externe Anforderungen. Daneben hat die Organisationskultur nach innen gerichtet eine integrierende, beziehungs- und identitätsstiftende Funktion. Damit bietet die Organisationskultur den Mitgliedern einer Organisation einen anerkannten Handlungsrahmen und bewährte Verhaltensmuster für den Alltag. Organisationskultur ergänzt die informalen Regelungen und Strukturen einer Organisation.

> Die Betrachtung, mit welchem Verständnis die Mitglieder einer Organisation auf **Beschwerden** reagieren, ermöglicht wesentliche Rückschlüsse auf die in der jeweiligen Organisation im Umgang mit Kritik und Fehlern herrschende Kultur. Werden Beschwerden als willkommene Rückmeldung von Außenstehenden oder als auf jeden Fall zu vermeidende Kritik angesehen? Beide Varianten haben Auswirkungen auf das Handeln der Fachkräfte und werden nicht unwesentlich die Reaktionen bestimmen, die die Fachkräfte zeigen.

Während die vorangegangenen Basiselemente, mit Ausnahme der informalen Strukturen, alle mehr oder weniger offensichtlich und explizit und damit unmittelbar erfahrbar sind, werden mit dem Begriff Organisationskultur insbesondere die in Organisationen gleichfalls wirkenden impliziten kulturellen Realitäten erfasst. Für das Verständnis von Aufbau und Struktur einer Organisationskultur kann das von Edgar Schein entwickelte Drei-Ebenen-Modell, das zwischen Basisannahmen, Normen/Standards und dem Symbolsystem unterscheidet, genutzt werden (Schein 1995). Basisannahmen sind dabei die unterste und damit abstrakteste Ebene der Organisationskultur. Das sind die grundlegenden, oft unbewussten Orientierungsmuster und Weltanschauungen, die die Wahrnehmungen und Handlungen der Menschen in Organisationen beeinflussen. Auf der mittleren Ebene werden diese Basisannahmen durch Normen und Standards konkretisiert. Sie sind teils unbewusst und teils bewusst. Diese Normen und Standards spiegeln sich, sofern sie bewusst sind, oftmals in der Vision, der Mission und im Leitbild der Organisation wider. Auf der letzten Ebene, dem Symbolsystem, schlagen sich beide Ebenen in Symbolen, Verhaltensweisen, Ritualen, Mythen etc. nieder. Damit ist das Symbolsystem zwar der sichtbarste Teil einer Organisationskultur. Es kann jedoch nur im Zusammenhang mit den zugrundliegenden Basisannahmen, Normen und Standards verstanden werden und ist somit interpretationsbedürftig (Sackmann 2017).

So beruht die Soziale Arbeit, die der **Deutsche Caritasverband** als Dachverband und die Diözesan-Caritasverbände als seine Mitglieder (Kap. 4.6.1) leisten, u. a. auf tätiger Nächstenliebe. Dementsprechend findet sich in der Präambel des Leitbildes des Deutschen Caritasverbandes die Basisannahme, dass die Hinwendung zu den Hilfebedürftigen und die Solidarität mit ihnen praktizierte Nächstenliebe ist. Beides, so weiter, ist für ChristInnen Aufgabe und Verpflichtung zugleich. Auf der Ebene der Normen und Standards konkretisiert sich diese Grundannahme der Arbeit u. a. in der geltenden Grundordnung des kirchlichen Dienstes im Rahmen kirchlicher Arbeitsverhältnisse. Ein Beispiel für ein mögliches Symbol in diesem Zusammenhang ist das Kreuz, dass in Einrichtungen des Caritasverbandes zu finden ist.

Analysieren Sie anhand der drei Ebenen des Modells nach E. Schein die Organisationskultur(en), die Sie bislang kennengelernt haben. Welche Auswirkungen der einzelnen Kulturelemente auf Ihr Handeln konnten Sie feststellen?

3.4.5 Organisationsumwelt

Schließlich spielt auch die Umwelt einer Organisation für den Fortbestand und die Entwicklung einer Organisation eine wichtige Rolle.

Unter **Organisationsumwelt** können zunächst ganz allgemein alle Prozesse, Ereignisse, Organisation und AkteurInnen gefasst werden, die sich außerhalb der jeweiligen Organisationsgrenzen befinden. Tatsächlich von Interesse für eine Organisation sind jedoch nur die Dinge in ihrer Umwelt, die sich auf ihren inneren Kern auswirken (können) und erst dadurch für eine tatsächliche Relevanz für die Organisation entfalten (Merchel 2015).

Dabei hat:

> „jede Organisation [...] ihre jeweils eigene und spezifische Umwelt. Und: Jede Organisation konstruiert sich ihre Umwelt" (Merchel 2015, 240).

Die hier angesprochene Konstruktion der eigenen Umwelt berücksichtigt, dass Organisationen mitentscheiden, welche Prozesse, Ereignisse, Organisation und AkteurInnen in ihrer Umwelt für sie tatsächlich relevant werden. Ausschlaggebend sind dabei insbesondere der jeweilige Zweck und die jeweiligen Ziele einer Organisation.

Für die Organisation **Pflege e. V.,** deren Zweck in der Betreuung und Versorgung pflegebedürftiger Menschen liegt und die u. a. langfristig das Ziel verfolgt, ambulante, teilstationäre und stationäre Pflegeangebote zu gewährleisten und zu entwickeln, sind die Entwicklungen in ihrer Umwelt, die außerhalb ihres eigentlichen Kerns liegen und z. B. die Kinder- und Jugendhilfe betreffen, von keiner größeren Relevanz.

Grundsätzlich kann die Umwelt einer Organisation in drei Ebenen differenziert werden (Puch 1994; Merchel 2015): die Ebene der gesellschaftlichen Rahmenbedingungen, die Ebene, auf der die Organisation in (Austausch-)Beziehungen mit anderen Organisationen steht und die Ebene der tatsächlichen und potenziellen LeistungsadressatInnen.

Für **Pflege e. V.** sind auf der Ebene der gesellschaftlichen Rahmenbedingungen die gesetzlichen Entwicklungen, wie beispielsweise der seit dem 01.01.2017 in der Pflegeversicherung geltende neue Pflegebedürftigkeitsbegriff für die Weiterentwicklung der Angebote relevant. Aber auch der Diskurs, wie Pflege und die damit verbundenen Herausforderungen gesellschaftlich bewertet werden, ist eine Umweltbedingung und muss für die Lobbyarbeit und Positionierung von Pflege e. V. aufmerksam beobachtet werden. Die Ebene der (Austausch-)Beziehungen mit anderen Organisationen bezieht sich insbesondere auf die Kontakte, die Pflege e. V. mit anderen Organisationen im Kontext des Pflegebereichs hat, wie beispielsweise andere Organisationen mit ähnlichen Angeboten, aber auch mit dem Sozialamt, der Pflegeversicherung und der Krankenkasse. Auf der dritten Ebene sind einerseits als tatsächliche LeistungsadressatInnen die bereits in den Angeboten betreuten Menschen angesprochen. Andererseits sind aber gerade auch für den Fortbestand von Pflege e. V. auch die Bedürfnisse und Interessen der potenziellen LeistungsadressatInnen nicht zu vernachlässigen.

Analysieren Sie die relevante Umwelt einer Ihnen bekannten Organisation der Sozialen Arbeit anhand der drei Ebenen. Wer sind auf diesen Ebenen für die Organisation wichtige AkteurInnen und wie nehmen diese die Organisation wahr?

4 Die Praxis: Organisationen in der Sozialen Arbeit

Dieses Kapitel klärt zunächst zentrale Begrifflichkeiten, die im Kontext der Organisationen der Sozialen Arbeit verwendet werden. Daran anknüpfend werden die Aufgaben der unterschiedlichen Trägertypen und ihr Verhältnis zueinander beschrieben. Häufige Rechtsformen der Organisationen der Sozialen Arbeit werden wie der steuerrechtliche Tatbestand der Gemeinnützigkeit ebenfalls grundsätzlich dargestellt. Darauf aufbauend erfolgt die Vorstellung der öffentlichen, gemeinnützigen und gewerblichen Träger der Sozialen Arbeit. Insgesamt beziehen sich diese Ausführungen auf Deutschland. In Österreich und der Schweiz sind die Strukturen und Rahmenbedingungen in ihrem Kern oftmals ähnlich. Da gleichwohl auch Unterschiede vorhanden sind, wird für Detailfragen, beispielsweise in Bezug auf die Ausgestaltung der Rechtsformen oder der konkreten im Feld tätigen Organisationen, eine eigenständige Betrachtung empfohlen.

Vor Beginn des Seminars zur Praxisbegleitung unterhalten sich **Laura** und ihre KommilitonInnen über ihre Praxisstellen. Laura berichtet, dass sie das Praxissemester beim ASD des Jugendamtes ihrer Heimatstadt absolviert. „Wie gefällt es Dir beim öffentlichen Träger?" fragt ihr Kommilitone Frank, der sein Praxissemester in der Organisation absolviert, in der er bereits während des Vorpraktikums gearbeitet hat. „Es macht mir großen Spaß und ich lerne eine Menge. Als Leistungsträger ist ja meine Heimatstadt grundsätzlich für alle Leistungen der Kinder- und Jugendhilfe zuständig. Wir haben eine ganze Menge zu tun, meine Heimatstadt ist ja auch Gewährleistungsträger. Dein privater Träger hat als Leistungserbringer etwas andere Aufgaben, für euch ist das Jugendamt oft nur der Kostenträger eurer Einrichtung", antwortet Laura. Jugendamt, öffentlicher Träger, privater Träger, Leistungsträger, Gewährleistungsträger, Leistungserbringer, Kostenträger, Einrichtung, Frank ist von den vielen Begriffen verwirrt und fragt sich: Wer trägt hier was?

Welche der in dem Beispiel genannten Begriffe kennen Sie? Wie würden Sie diese Begriffe erklären und voneinander abgrenzen?

4.1 Wer trägt hier was? Zentrale Begriffe und Strukturen der Organisationen in der Sozialen Arbeit

In der Praxis der Sozialen Arbeit finden sich eine Vielzahl von Organisationen, die sich sowohl hinsichtlich ihrer Handlungsfelder, Zielgruppen und konkreten Angebote als auch in ihrer strukturellen Aufgaben- und Verantwortungszuweisung, rechtlichen Verfasstheit und organisatorischen Struktur unterscheiden. Hier bedarf es systematisierender Überlegungen, um diese Vielfalt verständlicher zu machen.

Wird der Organisationstyp als Ausgangspunkt genommen, kann diese Vielfalt zunächst wie folgt unterschieden werden (Bommes/Scherr 2012):

Soziale Arbeit

1. im Kontext wohlfahrtsstaatlicher Leistungsverwaltung, z.B. im Jugendamt, Gesundheitsamt, Sozialamt;
2. in eigenständigen Organisationen der Sozialen Arbeit, z.B. der Kinder- und Jugendhilfe, der Drogenhilfe oder der Eingliederungshilfe;
3. als berufliche Tätigkeit in Organisationen, die primär andere Ziele verfolgen, z.B. Krankenhäuser, Justizvollzugsanstalten, Schulen oder auch Wirtschaftsunternehmen. Hier ist Soziale Arbeit in die jeweiligen Aufgaben und Funktionen dieser Organisationen eingelagert. Die spezifischen Ziele der Organisation, wie z.B. Diagnostik, Therapie und Pflege im Krankenhaus, der Vollzug der Strafe in der Justizvollzugsanstalt oder die industrielle oder gewerbliche Produktion werden durch Soziale Arbeit und die jeweils mit ihr verbundenen Ziele – z.B. die psychosoziale Betreuung der PatientInnen im Krankenhaus, im Justizvollzug die Resozialisierung oder die betriebliche Sozialberatung in Unternehmen der Wirtschaft – ergänzt. Dabei

verantworten die Organisationen mit primär anderen Aufgaben die Soziale Arbeit nicht immer unbedingt selbst. Auch eigenständige Organisationen der Sozialen Arbeit werden in Organisationen mit primär anderen Aufgaben tätig. So wird z.B. das Angebot der Schulsozialarbeit nicht nur in Verantwortung von Schulen, sondern auch am Ort der Schule durch eigenständige Organisationen der Kinder- und Jugendhilfe realisiert.

Im Weiteren werden die grundlegenden Strukturen im Kontext der Organisationen wohlfahrtsstaatlicher Leistungsverwaltung einerseits und der eigenständigen Organisationen der Sozialen Arbeit andererseits fokussiert. Die Organisationen, in deren Kontext Soziale Arbeit ergänzend tätig wird, sind nicht Gegenstand der weiteren Ausführungen. Es wäre kaum möglich, die hier bestehende Vielfalt abzubilden.

Doch die Unterscheidung in Organisationen der wohlfahrtsstaatlichen Leistungsverwaltung einerseits und eigenständige Organisationen andererseits reicht alleine zur Orientierung nicht aus. Ein und dieselbe Organisation – wie beispielsweise im Eingangsszenario das Jugendamt – kann in Abhängigkeit zur jeweils fokussierten Aufgabe und Funktion unterschiedlich benannt werden.

Um hier nicht den Überblick zu verlieren, gilt es in einem weiteren Schritt die zentralen Begriffe und die mit ihnen verbundenen Funktionen und strukturellen Grundlagen zu klären, um so die unterschiedlichen Begrifflichkeiten besser einordnen und voneinander abzugrenzen zu können.

Den Ausgangspunkt bildet dabei der Begriff „Träger". Alle Organisationen, die sich in unterschiedlicher Weise, z.B. ausführend, fördernd oder finanzierend, mit Sozialer Arbeit befassen, können grundsätzlich als „Träger der Sozialen Arbeit" bezeichnet werden (Bieker 2011). In der Praxis der Sozialen Arbeit wird daher anstelle von Organisationen der Sozialen Arbeit oft nur von dem „Träger" oder den „Trägern" gesprochen.

Der Träger ist in der Sozialen Arbeit die jeweils verantwortliche Rechtsperson. Träger verantworten fachlich, finanziell und personell die vielfältigen personenbezogenen sozialen Dienstleistungen der Sozialen Arbeit und organisieren sie, beispielsweise in Behörden, wie dem Jugend- oder Sozialamt, sozialen Diensten wie dem ASD oder in Einrichtungen der Kinder- und Jugendhilfe, wie z.B. Familienzentren oder Wohngruppen (Nikles 2008). Die jeweiligen

Träger sind also für den ordnungsgemäßen Betrieb verantwortlich, der Träger ist der Anbieter oder auch Betreiber.

> In der Sozialen Arbeit steht **Träger** als Oberbegriff umfassend für differente Rechts- und Organisationsformen, die in den unterschiedlichsten Handlungsfeldern personenbezogene Dienstleistungen der Sozialen Arbeit erbringen und anbieten. Die Träger verantworten die Erbringung der Dienstleistungen rechtlich, fachlich, finanziell und personell.

In Ergänzung, aber auch im Unterschied zum Trägerbegriff, beziehen sich die Begriffe Behörde (Kap. 1.1), Einrichtung und soziale Dienste auf die organisatorische Zusammenfassung von konkreten Angeboten und Leistungen, die von einem Träger in den unterschiedlichen Handlungsfeldern der Sozialen Arbeit angeboten werden. Diese Angebote und Leistungen können ambulant (z.B. Beratungsstellen oder Jugendzentren), teilstationär (z.B. Tagesgruppen) oder stationär (z.B. Jugendwohngemeinschaften) sein. Behörden werden oftmals auch als Ämter bezeichnet. Der Begriff Einrichtung wiederum wird genutzt, wenn man sich auf an einen Ort gebundene bzw. von dort ausgehende personenbezogene soziale Dienstleistungen bezieht.

In der Kinder- und Jugendhilfe bedarf der Träger einer Einrichtung, in der Kinder oder Jugendliche ganztägig oder einen Teil des Tages betreut werden oder Unterkunft erhalten, wie es beispielsweise bei Kindertagesstätten oder stationären Angeboten der Hilfen zur Erziehung der Fall ist, gem. §45 SGB VIII für den Betrieb der Einrichtung einer **Erlaubnis**. Hintergrund dieser Voraussetzung ist die besondere Verpflichtung der Kinder- und Jugendhilfe, Kinder und Jugendliche die über längere Zeit außerhalb des Elternhauses untergebracht sind oder betreut werden, in einem besonderen Maße zu schützen. Daher ist diese sogenannte Betriebserlaubnis nur dann zu erteilen, wenn das Wohl der Kinder und Jugendlichen in der Einrichtung gewährleistet ist. Dies ist gem. §45 Abs. 2 SGB VIII dann anzunehmen, wenn die dem Zweck und der Konzeption der Einrichtung entsprechenden räumlichen, fachlichen, wirtschaftlichen und personellen Voraussetzungen für den Betrieb der Einrichtung erfüllt sind. Daneben muss die gesellschaftliche und sprachliche Integration und ein gesundheitsförderndes Lebensumfeld in der Einrichtung unterstützt werden und die gesundheitliche Vorsorge und die medizinische Betreuung der Kinder und Jugendlichen darf nicht erschwert werden. Eine weitere Voraussetzung für die Erteilung einer Betriebserlaubnis ist es, dass zur Sicherung der Rechte der Kinder und Jugendlichen in den Einrichtungen geeignete Verfahren der Beteiligung sowie Möglichkeiten der Beschwerde Anwendung finden. Die Betriebserlaubnis muss vor der Inbetriebnahme einer Einrichtung bzw. eines Einrichtungsteils vorliegen. Sie ist vom Träger der Einrichtung gem. § 87a Abs. 2 SGB VIII beim überörtlichen Träger oder bei der nach Landesrecht bestimmten Behörde zu beantragen. Damit die Voraussetzungen für die Erteilung der Betriebserlaubnis von den zuständigen Stellen geprüft werden können, hat der Träger der Einrichtung gem. § 45 Abs. 3 SGB VIII mit dem Antrag die schriftliche Konzeption der Einrichtung vorzulegen, Auskunft über Maßnahmen der Qualitätsentwicklung und -sicherung zu geben und nachzuweisen, dass das Personal der Einrichtung fachlich, aufgabenspezifisch und persönlich geeignet ist, die Konzeption umzusetzen. Mit dieser Erfordernis ist verbunden, dass sich der Träger der Einrichtung die aufgabenspezifischen Ausbildungsnachweise sowie Führungszeugnisse nach § 30 Abs. 5 und § 30a Abs. 1 Bundeszentralregistergesetz vorlegen lässt, diese vor Einstellung prüft sowie diese in regelmäßigen Abständen erneut überprüft. Dadurch soll das gem. § 72 SGB VIII geltende Fachkräftegebot gewährleistet und der gem. § 72a SGB VIII bestehende Tätigkeitsausschluss einschlägig vorbestrafter Personen sichergestellt werden. Das Merkmal der Einschlägigkeit bezieht sich auf die in § 72a SGB VIII explizit genannten Straftatbestände, die die Verletzung der Fürsorge- und Erziehungspflicht, Straftaten gegen die sexuelle Selbstbestimmung, Misshandlungen von Schutzbefohlenen und Straftaten gegen die persönliche Freiheit beinhalten. Auch mit dieser Regelung wird dem besonderen Schutzbedürfnis der Kinder und Jugendlichen in Einrichtungen Rechnung getragen. Nach den Erfordernissen des Einzelfalls erfolgt an Ort und Stelle eine Überprüfung, ob die Voraussetzungen für die Erteilung der Erlaubnis weiter bestehen.

Diese räumlichen Voraussetzungen einer Einrichtung sind für soziale Dienste nicht zwingend erforderlich. Sie können, wie beispielsweise im Rahmen von aufsuchender Beratung, auch außerhalb von Einrichtungen angeboten werden. Die Bandbreite der

Angebote und Leistungen, die von den Behörden-, Einrichtungs- und Dienstbegriffen erfasst werden, erstreckt sich über alle Handlungsfelder und Zielgruppen der Sozialen Arbeit. Dabei kann ein Träger mehrere Behörden, Einrichtungen und/oder soziale Dienste verantworten.

In der Organisation, in der **Frank** bislang seine Praktika absolviert hat, sind die 60 Plätze im stationären Bereich der Hilfen zur Erziehung nicht alle an einem Ort organisiert. Vielmehr hat der Träger seine stationären Angebote in insgesamt vier Einrichtungen auf das Stadtgebiet aufgeteilt. Alle Einrichtungen arbeiten bezogen auf den Sozialraum und beinhalten neben den stationären Angeboten auch ambulante und teilstationäre Hilfen zur Erziehung sowie eine Kindertageseinrichtung, Angebote der Familienbildung und spezielle bedarfsorientierte Beratungsangebote. Daneben ist der Träger auch für drei Jugendfreizeiteinrichtungen verantwortlich, die sich an weiteren Standorten im Stadtgebiet befinden.

Mit den Begriffen Amt, **Einrichtung** und **sozialer Dienst** ist in der Sozialen Arbeit die organisatorische Zusammenfassung von inhaltlich sich nahestehenden personenbezogenen sozialen Dienstleistungen, oftmals an einem festen Ort, gemeint.

Der in Kapitel 3 entwickelte institutionale Organisationsbegriff kann sowohl auf den Träger als Ganzes mit seinen oftmals mehreren Einzeleinrichtungen bzw. sozialen Diensten, als auch auf eine einzelne Einrichtung oder einen einzelnen sozialen Dienst des Trägers bezogen werden. Eine pauschale Aussage zur Reichweite und den Grenzen des Organisationsbegriffs in diesem Zusammenhang, ob also auch eine Einrichtung eines Trägers für sich genommen als eine Organisation betrachtet werden kann, kann jedoch nicht getroffen werden (Merchel 2015). Diese Frage ist in erster Linie vor dem Hintergrund des jeweiligen Maßes an Eigenständigkeit der fokussierten Einrichtung oder des sozialen Dienstes in Bezug auf die Struktur- und Prozessgestaltung zu beantworten. Zudem spielen auch die Größe der Einrichtung oder des sozialen Dienstes eine Rolle. Bei großen Einrichtungen mit weiteren dezentralen Einrichtungsteilen ist die Wahrscheinlichkeit, dass sich hier unabhängig vom Träger selbstständige Einheiten entwickeln, die wiederum für sich genommen als Organisation (Kap. 3.1.2) zu verstehen sind, größer als in kleineren Einrichtungen.

4.1.1 Leistungsträger

Leistungsträger – öffentlicher Träger – Gewährleistungsträger – Kostenträger

Von diesem allgemeinen und umfassenden Trägerbegriff, der sich auf alle Organisationen bezieht, die personenbezogene soziale Dienstleistungen der Sozialen Arbeit anbieten, ist der im Sozialrecht verwendete Begriff des Leistungsträgers abzugrenzen. Aus sozialrechtlicher Perspektive sind gem. § 12 SGB I für die jeweiligen Sozialleistungen (Kap. 1) die in den §§ 18–29 SGB I genannten Körperschaften, Anstalten und Behörden zuständig, also Leistungsträger. Damit bezieht sich der Begriff des Leistungsträgers ausschließlich auf öffentliche Rechtsträger (Bieker 2011), d. h. Leistungsträger sind immer öffentliche Träger. Der jeweils zuständige Leistungsträger, wie beispielsweise für die Leistungen der Kinder- und Jugendhilfe die Kreise, kreisfreien Städte und je nach Landesrecht auch die kreisangehörigen Gemeinden, ist gem. § 17 Abs. 1 SGB I hoheitlich (Kap. 3.4.2) dazu verpflichtet, dass die Berechtigten in seinem Zuständigkeitsbereich die ihnen zustehenden Sozialleistungen, wie z. B. Hilfen zur Erziehung gem. §§ 27 ff. SGB VIII, in zeitgemäßer Weise, umfassend und zügig erhalten. Dadurch haben Entscheidungen der Leistungsträger einen doppelten Charakter:

> „Sie sind zugleich Entscheidungen einer jeweiligen Organisation, also z. B. des Sozialamtes, der sie zugerechnet werden, und des Staates, sofern solche Organisationen Hilfeentscheidungen als Teil des Staates und damit als hoheitliche Entscheidungen treffen" (Bommes/Scherr 2012, 193).

Leistungsträger müssen gem. § 17 Abs. 1 SGB I auch dafür Sorge tragen, dass die für die Erbringung der Sozialleistungen erforderlichen Einrichtungen und sozialen Dienste rechtzeitig und ausreichend zur Verfügung stehen. In diesem Zusammenhang wird auch von der Gewährleistungsverpflichtung der Leistungsträger gesprochen. Die Leistungsträger werden daher auch Gewährleistungsträger genannt.

Schließlich sind die Leistungsträger auch für die Finanzierung der Sozialleistungen verantwortlich, zu denen sie gesetzlich verpflichtet sind. In dieser Perspektive sind sie der Kostenträger der jeweiligen Sozialleistungen (Kap. 5).

Leistungsträger als **öffentliche Träger** sind die für die Sozialleistungen jeweils zuständigen Körperschaften, Anstalten und Behörden (vgl. §§ 18–29 SGB I). Als **Gewährleistungsträger** haben sie in Bezug auf ihren jeweiligen Zuständigkeitsbereich die Gesamtverantwortung sowohl für die Gewährung der jeweiligen Leistungsansprüche als auch für die tatsächliche Verfügbarkeit der dazu erforderlichen Einrichtungen und sozialen Dienste. Darüber hinaus sind sie als **Kostenträger** für die Finanzierung der jeweiligen Sozialleistungen verantwortlich.

So ist die Heimatstadt von **Laura** der öffentliche Träger der Jugendhilfe. Aus der Perspektive des Sozialrechts ist sie gem. §§ 12, 27 SGB I der für die Leistungen des SGB VIII, also die Kinder- und Jugendhilfe zuständige Leistungsträger. Als öffentlicher Träger der Jugendhilfe hat die Stadt auch die Gesamtverantwortung dafür, dass die Leistungen des SGB VIII entsprechend des Bedarfs zur Verfügung gestellt werden, aus dieser Perspektive ist sie der Gewährleistungsträger. Daneben ist sie als Kostenträger zumindest für eine anteilige Finanzierung der Leistungen verantwortlich. Zur Erfüllung ihrer Aufgaben in der Kinder- und Jugendhilfe nach dem SGB VIII hat die Stadt ein Jugendamt errichtet. Dieses wird oftmals direkt als der öffentliche Träger bezeichnet, wenngleich dies tatsächlich die Heimatstadt von Laura ist.

4.1.2 Leistungserbringer

Leistungserbringer – öffentlicher und privater (gemeinnütziger und gewerblicher) Träger

Die Organisationen, die die personenbezogenen sozialen Dienstleistungen erbringen, werden als Leistungserbringer bezeichnet.

Leistungserbringer der Sozialen Arbeit können sich sowohl in öffentlicher als auch in nicht-öffentlicher Trägerschaft befinden.

Die umfassende Verantwortung, die die Leistungsträger als öffentliche Träger bei der Gewährung und der Finanzierung der ihnen übertragenen Sozialleistungen haben, zieht also nicht die Konsequenz nach sich, dass diese Leistungen auch zwingend von ihnen selbst zu erbringen sind. Öffentliche Träger können zwar auch Leistungserbringer sein, wie beispielsweise bei einem Jugendzentrum in städtischer Trägerschaft. In der Regel sind jedoch private Organisationen der Sozialen Arbeit die Leistungserbringer. Darüber hinaus werden auch selbstständige SozialarbeiterInnen, die beispielsweise in der Einzelfallhilfe tätig sind, als Leistungserbringer bezeichnet.

Synonym zu Leistungserbringern wird im Sozialrecht teilweise auch von Leistungsanbietern gesprochen. In der Eingliederungshilfe beispielsweise, im SGB IX, findet sich seit dem 01.01.2018 neben dem Begriff des Leistungserbringers auch der des „anderen Leistungsanbieters". Diese anderen Leistungsanbieter sind ebenfalls Leistungserbringer der Eingliederungshilfe. Der Begriff der anderen Leistungserbringer wurde mit dem Gesetz zur Stärkung der Teilhabe und Selbstbestimmung von Menschen mit Behinderungen (BTHG) eingeführt und soll Alternativen zu den Werkstätten für Menschen mit Behinderungen schaffen. Seit diesem Zeitpunkt können Menschen mit Behinderungen, die Anspruch auf Leistungen im Eingangsverfahren, im Berufsbildungsbereich und im Arbeitsbereich gem. §§ 57,58 SGB IX haben, diese nicht nur bei einer Werkstatt für Menschen mit Behinderungen, sondern auch bei einem anderen Leistungsanbieter in Anspruch nehmen. Dabei können grundsätzlich alle Träger, die die fachlichen Voraussetzungen erfüllen, andere Leistungsanbieter sein. Es ist keine Beschränkung auf bestimmte Firmen oder eine Auswahl von Trägern vorgesehen.

Leistungserbringer ist der Sammelbegriff für Organisationen in öffentlicher und nicht-öffentlicher Trägerschaft sowie selbstständig tätige Einzelpersonen, die die rechtlich vorgesehenen personenbezogenen sozialen Dienstleistungen der Sozialen Arbeit erbringen bzw. anbieten.

Organisationen in nicht-öffentlicher Trägerschaft können zunächst einmal als private Träger bezeichnet werden. Private Träger sind anders als die öffentlichen Träger nicht zur Erfüllung staatlicher Leistungen verpflichtet. Sie können ihre Tätigkeitsfelder grundsätzlich selbst bestimmen (Bauer et al. 2012). Innerhalb der großen und heterogenen Gruppe der privaten Träger ist in gemeinnützig und nicht-gemeinnützig (= gewerblich) tätige Träger zu unterscheiden.

Als **gemeinnützig** werden Tätigkeiten bezeichnet, die dem Gemeinwohl dienen. Mit der Anerkennung der Gemeinnützigkeit im Sinne des Steuerrechts sind steuerliche Vergünstigungen verbunden (Kap. 4.4).

Die privaten Träger werden oft auch als freie Träger bezeichnet. Dabei wird jedoch die Frage nach der Reichweite des Begriffs des freien Trägers, wer also freier Träger ist, unterschiedlich beantwortet (Bieker 2011). Oft werden die Begriffe freie und private Träger synonym verwendet, sodass sich in dem Fall beide Begriffe gleichermaßen auf die Gesamtheit der gemeinnützigen und gewerblichen Träger beziehen. Teilweise dient der Begriff freier Träger zur Abgrenzung von den gewerblichen Trägern und wird nur auf die gemeinnützigen Träger bezogen.

Auch in den Sozialgesetzbüchern sind unterschiedliche Begrifflichkeiten zu finden. So differenziert das SGB I in § 17 Abs. 3 in gemeinnützige und freie Einrichtungen und Organisationen. Diese Differenzierung findet sich auch im SGB IX. Das SGB XI hingegen unterscheidet in § 11 Abs. 2 in freigemeinnützige Träger einerseits und private Träger andererseits. Das SGB VIII wiederum spricht in § 3 Abs. 2 generell von Trägern der freien Jugendhilfe. Diese können grundsätzlich sowohl gemeinnützige als auch gewerbliche Träger sein. Ein „anerkannter Träger der freien Jugendhilfe“ wiederum kann jedoch nur ein Träger werden, der gemeinnützig tätig ist.

Die Bezeichnung **anerkannter Träger der freien Kinder- und Jugendhilfe** ist ein besonderer Trägerbegriff der Kinder- und Jugendhilfe. Die Anerkennung als Träger der freien Kinder- und Jugendhilfe ist keine Voraussetzung für das Tätigwerden von Trägern der freien Kinder- und Jugendhilfe. Mit ihr ist jedoch ein bevorzugter Status im Rahmen der partnerschaftlichen Zusammenarbeit mit der öffentlichen Kinder- und Jugendhilfe verbunden. So können nur anerkannte Träger der freien Kinder- und Jugendhilfe Mitglied im Jugendhilfeausschuss werden, eine auf Dauer angelegte finanzielle Förderung (Kap. 5.2.1) erhalten und an anderen Aufgaben der Kinder- und Jugendhilfe sowie an der Jugendhilfeplanung beteiligt werden (Wiesner 2015).

Aufgrund dieser unterschiedlichen Verwendung des Begriffs freie Träger verwendet dieses Lehrbuch für die Gesamtheit der nichtöffentlichen Träger den Oberbegriff private Träger. Bei der weiteren Differenzierung zwischen gemeinnützigem Träger einerseits und gewerblichem Träger andererseits (Abb. 9) werden die freien Träger zu der Gruppe der gemeinnützigen Träger gezählt.

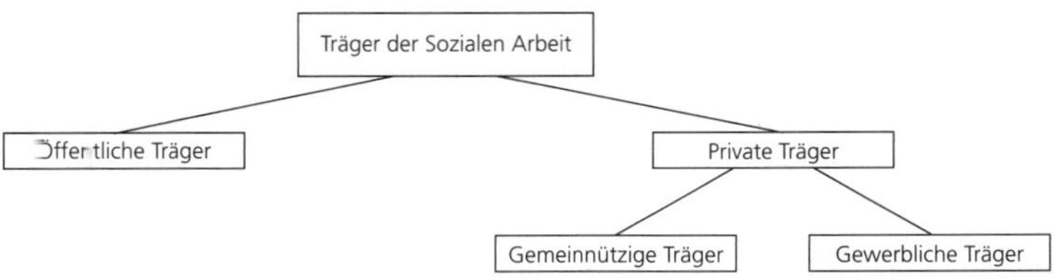

Abb 9.: Trägerstrukturen in der Sozialen Arbeit

Die Leistungserbringer in privater Trägerschaft beschränken ihre Aktivitäten jedoch nicht nur auf die aus dem Sozialrecht abzuleitenden personenbezogenen sozialen Dienstleistungen. Sie erbringen auch Leistungen der Sozialen Arbeit, die in der Perspektive des Sozialrechts nicht vorgesehen sind, da weder ein Leistungsanspruch noch eine Gewährleistungsverpflichtung besteht. In diesem Fall erbringen sie aus individuell gewählten Gründen und Motiven Angebote und Leistungen der Sozialen Arbeit, beispielsweise weil sie diese als Bedürfnisse ihrer Zielgruppen wahrnehmen und entsprechend ihrer Leitbilder und ihrer Ziele (Kap. 3.4.1) die jeweiligen Angebote als wichtig erachten.

4.2 Verhältnis von öffentlichen und privaten Trägern

Vor einer genaueren Betrachtung der öffentlichen und privaten Träger ist zunächst das Verhältnis zwischen diesen beiden Trägertypen näher zu bestimmen.

Öffentliche Träger als Leistungsträger sollen mit privaten Trägern als Leistungserbringer zusammenarbeiten und auf eine wirksame Ergänzung der Angebote hinwirken. Dabei sind die privaten Träger in der Bestimmung der Zielsetzung und Durchführung ihrer Angebote grundsätzlich selbstständig, vgl. § 17 Abs. 3 SGB I.

Darüber hinaus werden das Verhältnis und die Zusammenarbeit zwischen öffentlichen und privaten Trägern durch die Vorgabe bestimmt, dass die öffentlichen Träger den privaten Trägern bei der Erbringung der einzelnen Sozialleistungen den Vorrang geben und selbst nur nachrangig tätig werden sollen. Sofern also ein privater Träger zur Erbringung der Sozialleistung bereit ist, soll der öffentliche Träger in Bezug auf die Entwicklung und das Vorhalten eigener Angebote zurückhaltend sein. Diese Vorrangstellung privater Träger gegenüber den öffentlichen Trägern wird als das Prinzip der Subsidiarität bezeichnet. Durch das Subsidiaritätsprinzip soll insbesondere gesellschaftliches Engagement gefördert, eine Übermacht öffentlicher Träger verhindert und die Wahlmöglichkeit der AdressatInnen zwischen unterschiedlichen Angeboten gestärkt werden (Bieker 2011).

> Das **Subsidiaritätsprinzip** (von subsidiär = zurücktreten oder nachrangig sein) bezeichnet ein gesellschaftliches Ordnungsprinzip, nach dem gesellschaftliche oder staatliche Aufgaben nach Möglichkeit von der jeweils unteren Ebene oder kleineren Gruppe übernommen werden sollen. Im Bereich der Sozialen Arbeit bezieht sich das Subsidiaritätsprinzip auf die Nachrangigkeit der öffentlichen Träger gegenüber den nicht-öffentlichen (= privaten) Trägern.

Grundsätzlich werden mit Subsidiarität die Entfaltung der individuellen Fähigkeiten, Selbstbestimmung und Selbstverantwortung angesprochen. Dabei fußt Subsidiarität als ein gesellschaftliches Ordnungsprinzip einerseits auf der liberalen Gesellschaftsauffassung zu Beginn des 19. Jahrhunderts und andererseits auf den

Gedanken der katholischen Soziallehre. In der Perspektive des Liberalismus hat der Staat primär die Aufgabe, die Grundprinzipien des bürgerlichen Zusammenlebens zu schützen und die Freiheiten seiner BürgerInnen zu sichern. Ansonsten hat er sich jedoch jeder Einmischung in die Privatsphäre der BürgerInnen zu enthalten. Erst wenn der/die Einzelne nicht mehr in der Lage ist, sich selbst zu helfen, soll es zu staatlichem Handeln kommen. Die katholische Soziallehre betrachtet das staatliche Handeln ebenfalls als nachrangig (= subsidiär). Grundgedanke ist auch hier, dass die Angelegenheiten, die das Individuum aus eigener Kraft bzw. mit Hilfe von Familie, Verwandtschaft, Gemeinwesen bewältigen kann, nicht staatlicher Tätigkeit zugewiesen werden sollen.

Übertragen auf die Soziale Arbeit bedeutet die Orientierung an diesen Prinzipien, dass der Staat nicht selbst tätig werden soll, wenn die erforderlichen Leistungen und Angebote auch durch nicht-staatliche AkteurInnen erbracht werden bzw. grundsätzlich werden könnten. Der Staat hat dabei also auch die Aufgabe, nichtstaatliche AkteurInnen zur Übernahme der Aufgaben und Entwicklung von eigenen Angeboten anzuregen.

Das Subsidiaritätsprinzip ist in den einzelnen Sozialgesetzbüchern unterschiedlich ausgeformt. In der Kinder- und Jugendhilfe beispielsweise soll gem. §4 Abs. 2 SGB VIII die öffentliche Jugendhilfe von eigenen Maßnahmen absehen, soweit geeignete Einrichtungen, Dienste und Veranstaltungen von „anerkannten Trägern der freien Jugendhilfe" betrieben oder rechtzeitig geschaffen werden können. Da gem. §75 SGB VIII nur gemeinnützige Träger anerkannte Träger der Kinder- und Jugendhilfe sein können (Kap. 4.1.2), bezieht sich die Vorrangstellung der privaten Träger hier nur auf den gemeinnützigen Trägertypus und nicht auf die gewerblichen Träger, die es auch in der Kinder- und Jugendhilfe gibt (Kap. 4.6). In anderen Sozialleistungsbereichen, beispielsweise im Pflegeversicherungsrecht oder in der Grundsicherung für Arbeitssuchende, bezieht sich diese Vorrangstellung gegenüber den öffentlichen Trägern auch auf die gewerblichen Träger (Bieker 2011).

4.3 Rechtsformen öffentlicher und privater Träger

Die Vielfalt der Träger der Sozialen Arbeit spiegelt sich auch in den möglichen Rechtsformen wider.

Die rechtliche Organisationsform einer Organisation wird als **Rechtsform** bezeichnet.

Dabei sind grundsätzlich die Rechtsformen des öffentlichen Rechts und die des Privatrechts zu unterscheiden.

Öffentliches Recht ist die Sammelbezeichnung für die Rechtsnormen, die die Rechtsverhältnisse zwischen Staat und seinen BürgerInnen betreffen. Im Unterschied dazu regelt das **Privatrecht** das Verhältnis von BürgerInnen zu BürgerInnen.

Abbildung 10 gibt einen Überblick über die wichtigsten rechtsfähigen öffentlich-rechtlichen und privatrechtlichen Rechtsformen der Träger der Sozialen Arbeit.

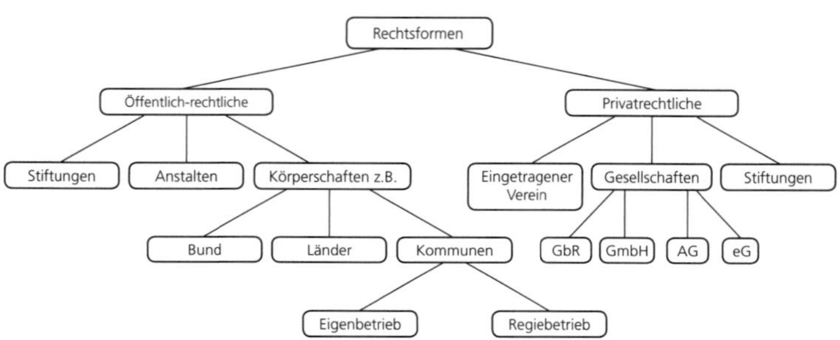

Abb. 10: Wichtige rechtsfähige öffentlich-rechtliche und privatrechtliche Rechtsformen der Träger der Sozialen Arbeit

Rechtsfähigkeit bedeutet, dass die Organisation als Trägerin von Rechten und Pflichten selbstständig am Rechtsverkehr teilnehmen kann. In diesem Zusammenhang wird auch von **juristischen Personen** gesprochen (Schick 2014).

Schick, S. (2014): Rechts- und Organisationsformen. In: Arnold, U., Grunwald, K., Maelicke, B. (Hrsg.): Lehrbuch der Sozialwirtschaft. 4. Aufl. Nomos, Baden-Baden, 546–586

Im Folgenden werden die wichtigsten rechtsfähigen öffentlich-rechtlichen sowie privatrechtlichen Rechtsformen der Sozialen Arbeit vorgestellt.

4.3.1 Öffentlich-rechtliche Rechtsformen

Öffentlich-rechtliche Rechtsformen beziehen sich in erster Linie auf die öffentlichen Träger und damit auf die Organisationen der Sozialen Arbeit im Kontext der wohlfahrtstaatlichen Leistungsverwaltung. Die Körperschaft des öffentlichen Rechts, die Stiftung des öffentlichen Rechts und die Anstalt des öffentlichen Rechts sind hier die möglichen öffentlich-rechtlichen Rechtsformen.

Körperschaft des öffentlichen Rechts

Eine **Körperschaft des öffentlichen Rechts (KöR)** ist eine durch einen Hoheitsakt (z. B. Gesetz) geschaffene mitgliedschaftlich (= durch einen Zusammenschluss von Personen) verfasste rechtsfähige Organisation. Sie dient öffentlichen Zwecken und ist meist mit hoheitlichen Befugnissen ausgestattet.

Je nach Zuständigkeitsbereich und Mitgliedschaft lassen sich unterschiedliche Formen der Körperschaft des öffentlichen Rechts unterscheiden. Für die Praxis der Sozialen Arbeit sind als eine mögliche Form der Körperschaft des öffentlichen Rechts insbesondere die Gebietskörperschaften auf der Ebene von Bund, Ländern und Kommunen (Kap. 4.5) von Interesse.

Die **Gebietskörperschaft** als eine Körperschaft des öffentlichen Rechts bezieht sich auf einen bestimmten räumlich abgegrenzten Teil des Staatsgebietes.

Gebietskörperschaften der kommunalen Ebene verantworten in Abhängigkeit zu den konkreten landesrechtlichen Regelungen beispielsweise das Jugendamt oder das Sozialamt, d.h. sie sind der Träger des Jugend- oder des Sozialamtes. Diese Ämter sind unmittelbarer Bestandteil der Gesamtverwaltung der jeweiligen Gebietskörperschaft, beispielsweise der Stadt oder des Landkreises und werden durch diese gesteuert.

Daneben sind insbesondere auf kommunaler Ebene im Kontext von Einrichtungen der Sozialen Arbeit Regiebetriebe und Eigenbetriebe als mögliche Organisationsformen für kommunale unternehmerische Aktivitäten zu finden.

Regiebetrieb und **Eigenbetrieb** sind besondere öffentlich-rechtliche Organisationsformen für kommunale Unternehmensaktivitäten. Auf der Grundlage der Gemeindeordnungen bzw. Kreisordnungen der Bundesländer dienen sie einer wirtschaftlich orientierten Erfüllung öffentlicher Aufgaben.

Regiebetriebe sind unmittelbarer Bestandteil der Kommunalverwaltung und damit rechtlich, organisatorisch und wirtschaftlich unselbstständig. Sie besitzen weder eigene Organe noch ein eigenes Rechnungswesen.

Für juristische Personen und Personenvereinigungen handeln im rechtlichen Sinne ihre jeweiligen **Organe**.

Teilweise werden Kindertagesstätten, die in öffentlicher Trägerschaft verantwortet werden, in Form des Regiebetriebes realisiert. Aber auch kommunale Krankenhäuser oder kommunale Pflegeeinrichtungen werden in Form des Regiebetriebes betrieben.

Eigenbetriebe sind rechtlich ebenfalls ein Teil der Kommunalverwaltung, organisatorisch sind sie jedoch verselbstständigt. Wirtschaftlich sind Eigenbetriebe als Sondervermögen zu betrachten, das gesondert vom übrigen kommunalen Haushalt zu verwalten und auszuweisen ist. Dementsprechend verfügen Eigenbetriebe neben einer eigenen Buchhaltung auch über eine eigenständige Wirtschafts-, Erfolgs-, Finanz- und Vermögensplanung (Schick 2014). Wiederum sind es im Bereich der Sozialen Arbeit oftmals Kindertagesstätten, die von den Kommunen in Form eines Eigenbetriebes betrieben werden.

Im Stadtstaat Berlin werden seit dem 1.1.2006 in fünf **Eigenbetrieben** der Bezirke und des Landes Berlin die rund 280 Kindertageseinrichtungen, die sich in öffentlicher Trägerschaft befinden, betrieben.

Die genauen Einzelheiten zur Errichtung kommunaler Regie- und Eigenbetriebe regeln die Gemeinde- bzw. Kreisordnungen der Länder. In diesen Ordnungen wird auch geregelt, ob und unter welchen Bedingungen für die Kommune die Möglichkeit besteht, ihr Unternehmen in einer privatrechtlichen Organisationsform (Kap. 4.3.2) zu führen.

Im Kontext der Körperschaft des öffentlichen Rechts ist auch auf die Sonderstellung, die die Kirchen im öffentlichen Bereich haben, hinzuweisen. Die Anerkennung ihres karitativen-diakonischen Handelns als einen eigenen öffentlichen Auftrag hat dazu geführt, dass Religions- und Weltanschauungsgemeinschaften gem. Art. 140 GG, der u.a. Bezug nimmt zu § 137 (3) Weimarer Reichsverfassung, Körperschaften des öffentlichen Rechts sein können bzw. unter den dort genannten Voraussetzungen die Verleihung dieses Status beantragen können. Damit haben Kirchen in der Rechtsform der Körperschaft des öffentlichen Rechts eine beachtliche Eigenständigkeit und Unabhängigkeit, die sich unter anderem in der Möglichkeit des Steuereinzugs und in Abweichungen im Dienst- und Arbeitsrecht ausdrückt (Falterbaum 2009).

> „Dieses Selbstverständnis ändert aber nichts an einer klaren Unterscheidung zwischen den öffentlich-rechtlichen Aufgaben staatlicher Organe und den Befugnissen der Kirchen. So sind diese zwar öffentlich-rechtliche Körperschaften, aber solche ‚kirchlichen Rechts' und erfüllen vollständig andere Aufgaben als öffentlich-rechtliche Körperschaften ‚staatlichen Rechts'" (Falterbaum 2009, 138).

Kirchliche bzw. der Kirche nahestehende Organisationen der Sozialen Arbeit können unmittelbarer Teil der jeweiligen Kirche oder auch privat-rechtlich organisiert sein (Kap. 4.3.2).

Stiftungen des öffentlichen Rechts

Eine weitere öffentlich-rechtliche Rechtsform ist die der Stiftung des öffentlichen Rechts. Unter dem Oberbegriff Stiftung werden viele unterschiedliche öffentlich-rechtliche und privat-rechtliche Rechtsformen und Typen zusammengefasst.

Eine **Stiftung** ist grundsätzlich eine Organisation, die mit Hilfe eines Vermögens bestimmte, vom Stifter/von der Stifterin festgelegte Zwecke verfolgt. Das Vermögen ist diesen Zwecken dauerhaft gewidmet. Stiftungen können in öffentlich-rechtlicher und privatrechtlicher Form errichtet werden, sowie rechtsfähig als auch nicht rechtsfähig (= unselbstständig) sein.

Grundsätzlich leisten Stiftungen, auch die im privatrechtlichen Bereich (Kap. 4.3.2), einen wesentlichen Beitrag für die Gestaltung des Gemeinwesens. Zentrale Wesensmerkmale jeder Stiftung, also auch einer öffentlich-rechtlichen Stiftung, sind der Stiftungszweck, das Stiftungsvermögen und die Stiftungsorganisation.

Eine Stiftung des öffentlichen Rechts entsteht durch einen verwaltungsrechtlichen Hoheitsakt oder per Gesetz und dient der Erfüllung öffentlicher Zwecke. Landesstiftungsgesetze bestimmen oftmals auch für die Stiftungen des öffentlichen Rechts die genauen rechtlichen Rahmenbedingungen.

Stiftungen des öffentlichen Rechts im Kontext der Sozialen Arbeit gehen oftmals auf ein Engagement im Kontext der (Armen-)Fürsorge zurück. Im Bereich der Kinder- und Jugendhilfe haben sich z. B. viele Waisenhäuser ausgehend von ihren ursprünglichen Stiftungszwecken (Unterbringung, Verpflegung und Erziehung armer Waisenkinder) zu differenzierten Organisationen der Kinder-und Jugendhilfe entwickelt.

Anstalten des öffentlichen Rechts

Die dritte öffentlich-rechtliche Rechtsform ist die Anstalt des öffentlichen Rechts.

Anstalten des öffentlichen Rechts sind Kraft öffentlichen Rechts gegründete Organisationen in Verantwortung der öffentlichen Verwaltung. Sie sind mit eigenem Personal und Sachmitteln versehen und dienen der Erfüllung öffentlicher Aufgaben (Schick 2014).

Anstalten des öffentlichen Rechts sind im Gegensatz zu Körperschaften nicht mitgliedschaftlich verfasst, sondern sind dadurch gekennzeichnet, dass sie BenutzerInnen haben. Beispielsweise sind die öffentlich-rechtlichen Rundfunkanstalten in den meisten Fällen Anstalten des öffentlichen Rechts. Im Bereich der Sozialen Arbeit ist die Anstalt insbesondere bei der Gruppe der Organisationen zu finden, die primär andere Aufgaben haben (Kap. 4.1). So ist z. B. bei Krankenhäusern in öffentlicher Trägerschaft die Anstalt des öffentlichen Rechts eine mögliche Rechtsform des Krankenhausträgers.

4.3.2 Privatrechtliche Rechtsformen

Für private Träger der Sozialen Arbeit gibt es in Bezug auf die Wahl der konkreten privatrechtlichen Rechtsform keine gesetzlichen Vorgaben. Sie können ihre konkrete Rechtsform frei wählen, bei der Gründung muss sie jedoch feststehen. Insbesondere der eingetragene Verein (e.V.), die Stiftung und die Gesellschaft, in ihren Unterformen Personengesellschaft und Kapitalgesellschaft, sind für die Soziale Arbeit relevante rechtsfähige Rechtsformen. Dabei sind nachträgliche Änderungen, beispielsweise von dem eingetragenen Verein (e.V.) in eine (gemeinnützige) Gesellschaft mit beschränkter Haftung (g)GmbH möglich und geschehen in der Praxis der Sozialen Arbeit auch des Öfteren. Die Wahl der konkreten Rechtsform hat insbesondere Auswirkungen auf die bei der Gründung bestehenden Voraussetzungen, die Haftung und auf die steuerliche Betrachtung der Organisation.

Eingetragener Verein (e. V.)

Das Recht des Vereins ist in den §§ 21–79 Bürgerliches Gesetzbuch (BGB) geregelt.

> „Ein **Verein** ist ein auf eine gewisse Dauer angelegter, körperschaftlich organisierter Zusammenschluss einer Anzahl von Personen, die ein gemeinschaftliches Ziel verfolgen" (Schick 2014, 562).

§ 21 BGB bestimmt, dass ein Verein, dessen Zweck auf einen nicht wirtschaftlichen Geschäftsbetrieb gerichtet ist, Rechtsfähigkeit durch Eintragung in das Vereinsregister des zuständigen Amtsgerichts erlangt. Entsprechend dieser spezifischen Zwecksetzung des nichtwirtschaftlichen Vereins wird in diesem Zusammenhang auch von einem Idealverein gesprochen. Für die Träger der Sozialen Arbeit ist der nicht wirtschaftliche, eingetragene Verein (e.V.) nach wie vor eine zentrale Rechtsform (Schellhorn 2012). Der Aufwand für die Gründung eines Vereins ist vergleichsweise gering. Es bedarf keines Mindestkapitals. Gem. § 56 BGB sind für die Eintragung in das Vereinsregister und damit für die Rechtsfähigkeit des Vereins sieben Vereinsmitglieder erforderlich. Daneben bedarf es einer Satzung des Vereins. In dieser Vereinssatzung muss gem. § 57 Abs. 1 BGB der Zweck, der Name und der Sitz des Vereins sowie die Tatsache, dass der Verein in das Vereinsregister eingetragen werden soll, enthalten sein. Darüber hinaus sollte die Vereinssatzung gem. § 58 BGB Bestimmungen über den Ein- und Austritt der Mitglieder, ob und welche Mitgliedsbeiträge zu leisten sind, die Bildung des Vereinsvorstands, die Voraussetzung für die Einberufung der Mitgliederversammlung, die Form der Berufung und die Beurkundung der Beschlüsse enthalten.

Wesentliche Organe des eingetragenen Vereins (e.V.) sind der Vorstand und die Mitgliederversammlung. Die Mitgliederversammlung ist das oberste Organ des Vereins und bestimmt das Vereinsgeschehen. Die Mitgliederversammlung ist gem. § 32 BGB grundsätzlich für alle Vereinsangelegenheiten zuständig und kann dem Vorstand auch Weisungen erteilen. Die umfangreichen grundsätzlichen Regelungen, die das BGB für die Zuständigkeit und Willensbildung der Mitgliederversammlung enthält, können jedoch durch die Satzung abweichend geregelt werden. Satzungsänderungen und die Auflösung des Vereins liegen jedoch zwingend in der Zuständigkeit der Mitgliederversammlung. Nach außen wiederum vertritt gem. § 26 BGB der Vorstand den Verein. Neben dem Vorstand kann gem. § 30 BGB ein besonderer Vertreter (= GeschäftsführerIn) für gewisse Geschäfte bestellt werden. Gerade bei größeren Vereinen sind die GeschäftsführerInnen besondere Vertreter im Sinne des § 30 BGB. Die Finanzierung des Vereins erfolgt durch die Mitgliedsbeiträge und die Einnahmen aus der Vereinstätigkeit (Schick 2014).

Ausgehend von einem Seminar, zum Thema Digitalisierung in der Kinder- und Jugendhilfe, hat sich **Laura** im Verlauf ihres Studiums mit sechs weiteren KommilitonInnen zum Verein „Digitale Angebote in der Jugendarbeit" zusammengeschlossen. Nach einiger Zeit hat der Vorstand des bis dato nicht rechtsfähigen Vereins die Eintragung des Vereins in das Vereinsregister der Heimatstadt von Laura beantragt. Als Zweck des Vereins wurde in der Vereinssatzung die Förderung der Kinder- und Jugendhilfe angegeben. Dieses Ziel soll insbesondere durch die Entwicklung und Durchführung von Angeboten, Schulungen und Fachtagungen für Jugendliche und Fachkräfte rund um die Themen Digitalisierung und Jugendarbeit erreicht werden. Der Verein finanziert sich aus den Mitgliedsbeiträgen der Mitglieder, durch Spenden und Zuwendungen anderer Stellen. Als Vereinsorgane wurden die Mitgliederversammlung, der Vorstand und ein Beirat bestimmt. Dieser Beirat, in dem ExpertInnen der Digitalisierung und der Jugendarbeit vertreten sind, soll die Arbeit des Vereins kritisch-konstruktiv begleiten und weiterentwickeln.

Recherchieren und diskutieren Sie die Satzungen von eingetragenen Vereinen aus unterschiedlichen Feldern der Sozialen Arbeit.

Rechtsfähige Stiftung

Neben dem Verein ist für private Träger der Sozialen Arbeit die rechtsfähige Stiftung eine weitere, ebenfalls häufige Rechtsform. In Deutschland gibt es über 21.000 rechtsfähige Stiftungen des bürgerlichen Rechts (Bundesverband Deutscher Stiftungen e.V.

2017). Diese Stiftungen sind jedoch nicht alle in der Sozialen Arbeit tätig. Stiftungen sind auch in vielen anderen Bereichen anzutreffen, wie beispielsweise Umwelt, Medizin oder Forschung.

Eine der häufigsten Formen im Kontext privat-rechtlicher Stiftungen ist die der Stiftung des bürgerlichen Rechts. Die allgemeinen gesetzlichen Grundlagen finden sich in den §§ 80 ff. BGB. Das Bundesrecht regelt u.a. die grundsätzlichen für die Errichtung einer Stiftung bestehenden Voraussetzungen. In den Stiftungsgesetzen der jeweiligen Bundesländer sind die Verfahren zur Anerkennung und Beaufsichtigung der Stiftungen durch die Stiftungsbehörden geregelt. Die Stiftungsbehörden sind in den Bundesländern regelmäßig bei den Regierungspräsidien verortet. Die Wesensmerkmale (Stiftungszweck, Stiftungsvermögen, Stiftungsorganisation) einer Stiftung des bürgerlichen Rechts sind mit denen der Stiftung des öffentlichen Rechts gleich. Der Zweck einer rechtsfähigen Stiftung des bürgerlichen Rechts wird durch den / die StifterIn bestimmt und ist auf Dauer angelegt. Dabei kann der Stiftungszweck frei gewählt werden. 95 Prozent der Stiftungen in Deutschland arbeiten ausschließlich gemeinnützig (Bundesverband Deutscher Stiftungen e.V. 2017). Gleichwohl können Stiftungen auch privaten Zwecken dienen (Schick 2014). Beispielsweise sind Familienstiftungen, die als Zweck die Förderung der Angehörigen einer bestimmten Familie verfolgen, privatnützige Stiftungen.

Die Höhe des für die Errichtung einer Stiftung erforderlichen Stiftungsvermögens ist in Deutschland weder im BGB noch in den Landesstiftungsgesetzen gesetzlich vorgeschrieben. Damit der Stiftungszweck dauerhaft erfüllt werden kann, muss das Vermögen ausreichend hoch sein, sodass es auch einen entsprechend ausreichenden Ertrag generieren kann, der wiederum dem Stiftungszweck zu Gute kommen soll. Die zuständigen Stiftungsbehörden prüfen diese Relation von Mittel und Zweck, ob also das Stiftungsvermögen hinsichtlich seiner Art und seines Umfanges geeignet ist, den Stiftungszweck aus den normalerweise zu erzielenden Erträgen dauerhaft zu sichern. Dabei wird in der Regel ein Stiftungsvermögen von mindestens 50.000 Euro als ausreichend anerkannt.

Mit der Stiftungsorganisation wird sichergestellt, dass der Stiftungszweck verwirklicht und das Stiftungsvermögen verwaltet werden können. Stiftungen haben als Organ gem. §§ 86, 26 BGB mindestens einen Vorstand. Weitere Organe werden gesetzlich nicht vorgegeben. Viele Stiftungen haben jedoch ein weiteres Organ, in der Regel einen Stiftungsrat oder ein Kuratorium (Schick 2014).

Daneben ist es unter bestimmten Voraussetzungen auch für Kommunen und Kirchen möglich, eine kommunale bzw. kirchliche Stiftung bürgerlichen Rechts zu errichten. Der Zweck kommunaler Stiftungen des bürgerlichen Rechts muss überwiegend zum Aufgabengebiet einer kommunalen Gebietskörperschaft gehören. Bei der Errichtung von kommunalen Stiftungen des bürgerlichen Rechts sind neben den bundes- und landesgesetzlichen Regelungen auch die Kommunalverfassung bzw. Gemeindeordnung des jeweiligen Bundeslandes zu beachten. Kirchliche Stiftungen des bürgerlichen Rechts verfolgen kirchliche Aufgaben und Zwecke und stehen in einer organisatorischen Verbindung zur Kirche. Die Aufsicht einer kirchlichen Stiftung des bürgerlichen Rechts erfolgt durch kirchliche Stiftungsaufsichtsbehörden (Schick 2014).

Viele Informationen rund um das Thema Stiftung erhalten Sie auf der Website des Bundesverbandes Deutscher Stiftungen: www.stiftungen.org

Recherchieren Sie Stiftungen in unterschiedlichen Feldern der Sozialen Arbeit. Sie können dazu die Website www.stiftungssuche.de, ein Angebot des Bundesverbandes Deutscher Stiftungen, zur Hilfe nehmen. Wie ist in den Satzungen der von Ihnen ausgewählten Stiftungen der Stiftungszweck beschrieben, welche Projekte und/oder Personen werden gefördert?

Gesellschaft mit beschränkter Haftung (GmbH)

Innerhalb der Kapitalgesellschaften ist es in erster Linie die Gesellschaft mit beschränkter Haftung (GmbH), die die privaten Träger der Sozialen Arbeit als Rechtsform wählen. Neben dem eingetragenen Verein und der rechtsfähigen Stiftung ist dies eine weitere häufige Rechtsform der Sozialen Arbeit.

Eine **Gesellschaft mit beschränkter Haftung** (GmbH) ist eine Form der Kapitalgesellschaft, in der sich ein oder mehrere GesellschafterInnen zu einem bestimmten Zweck vereinigt haben.

Die Form der GmbH wird im Wesentlichen durch das „Gesetz betreffend die Gesellschaften mit beschränkter Haftung (GmbHG)" geregelt. Gem. § 1 GmbHG ist die Errichtung von Gesellschaften mit beschränkter Haftung zu jedem gesetzlich zulässigen Zweck möglich. Damit steht diese Rechtsform auch den Trägern der Sozialen Arbeit offen und wird auch in diesem Bereich zunehmend gewählt (Beyer 2017). Für die Errichtung einer GmbH ist, anders als beim Verein, Kapital erforderlich. Dieses sogenannte Stammkapital, also das Eigenkapital einer GmbH, muss gem. § 5 Abs. 1 GmbHG mindestens 25.000 Euro betragen. Es kann jedoch auch mehr Stammkapital als diese Mindestsumme gewählt werden. Das Stammkapital kann in Bar- und Sacheinlagen von den GesellschafterInnen geleistet werden. Die Höhe der Stammeinlagen der einzelnen GesellschafterInnen richtet sich nach der Höhe ihrer im Gesellschaftervertrag vereinbarten Geschäftsanteile an der GmbH. Die Haftung der GesellschafterInnen ist auf dieses Gesellschaftsvermögen beschränkt. Bei der erforderlichen Eintragung der GmbH in das Handelsregister müssen Bareinlagen in Höhe von insgesamt mindestens 12.500 Euro erfolgen.

Eine GmbH muss als Organe zwingend eine Geschäftsführung und eine Gesellschafterversammlung haben. Die Geschäftsführung ist für die laufenden Geschäfte der GmbH und die Gesellschafterversammlung für ihre Grundsatzentscheidungen zuständig. Die Einrichtung eines Aufsichtsrates als ein die Arbeit der GmbH überwachendes Organ ist nicht grundsätzlich gesetzlich vorgeschrieben. Ein Aufsichtsrat ist erst zwingend zu bilden, wenn die GmbH mehr als 500 ArbeitnehmerInnen beschäftigt, davor ist seine Einrichtung fakultativ.

Mit der Gründung einer GmbH ist grundsätzlich die Absicht einer wirtschaftlichen Tätigkeit verbunden. Dies kann in der Sozialen Arbeit beispielsweise dann der Fall sein, wenn wirtschaftliche Tätigkeiten ausgegliedert werden sollen oder wenn mit der Sozialen Arbeit eine Gewinnerzielungsabsicht verbunden ist.

Daneben finden sich in der Sozialen Arbeit häufig GmbHs im

Status der Gemeinnützigkeit. In diesen Fällen wird die GmbH durch ein vorangestelltes kleines g ergänzt: gGmbH, dies bedeutet gemeinnützige Gesellschaft mit beschränkter Haftung. Eine gGmbH ist in ihrer Rechtsform identisch mit der GmbH. § 4 Satz 2 GmbHG legt lediglich fest, dass in den Fällen, in denen die Gesellschaft ausschließlich und unmittelbar steuerbegünstigte Zwecke nach den §§ 51–68 der Abgabenordnung verfolgt, die Abkürzung gGmbH lauten kann. Demnach gelten auch für die gGmbH die Vorschriften des GmbHG sowie darüber hinaus die steuerrechtlichen Vorschriften für Gemeinnützigkeit. Bei der gGmbH gibt es daher grundsätzlich keine Ausschüttung von Gewinnen an die Gesellschafter und das Vermögen der gGmbH ist für einen gemeinnützigen Zweck gebunden (Schick 2014).

Seit einigen Jahren ist es zudem möglich, mit einem deutlich geringeren Stammkapital (mindestens 1 Euro) eine Unternehmergesellschaft (haftungsbeschränkt)(UG haftungsbeschränkt) zu gründen.

Eine **Unternehmergesellschaft (haftungsbeschränkt)** (UG haftungsbeschränkt) ist eine Variante der GmbH und wird auch als kleine Schwester der GmbH bezeichnet.

Mit der Etablierung der Unternehmergesellschaft (haftungsbeschränkt) als Variante der GmbH sind die Voraussetzungen für die Errichtung einer Kapitalgesellschaft mit Haftungsbeschränkung gesenkt worden. Auch eine UG (haftungsbeschränkt) kann bei Erfüllung der Voraussetzungen der Abgabenordung den Status der Gemeinnützigkeit und die damit verbundenen Steuervergünstigungen erhalten. Gesetzlich ist vorgesehen, dass die Gewinne einer UG (haftungsbeschränkt) nicht in voller Höhe ausgeschüttet bzw. unmittelbar dem gemeinnützigen Zweck wieder zugeführt werden dürfen. Vielmehr müssen 25 % des Jahresgewinns jeweils jährlich dem Stammkapital zugeführt werden. Sobald das Stammkapital 25.000 Euro beträgt, erfolgt die Umwandlung in eine GmbH bzw. gGmbH.

Aktiengesellschaft (AG)

Träger der Sozialen Arbeit können auch als Aktiengesellschaft (AG) errichtet werden. Diese Rechtsform ist jedoch im Zusammenhang mit eigenständigen privaten Organisationen der Sozialen Arbeit bislang selten. Sie ist eher bei Organisationen zu finden, in denen Soziale Arbeit auch eine Rolle spielt, die aber primär einen anderen Zweck verfolgen, wie beispielsweise Krankenhäuser oder Pflegeeinrichtungen.

Eine **Aktiengesellschaft (AG)** ist eine Kapitalgesellschaft, deren Anteile (= Aktien) von den GesellschafterInnen (= AktionärInnen) gehalten werden.

Gesetzliche Grundlage von Aktiengesellschaften ist das Aktiengesetz (AktG). Für die Errichtung einer Aktiengesellschaft sind als Grundkapital mindestens 50.000 Euro erforderlich. Gesetzlich vorgeschriebene Organe einer Aktiengesellschaft sind der für die laufenden Geschäfte zuständige Vorstand, der Aufsichtsrat, der den Vorstand überwacht und die Hauptversammlung, in der die AktionärInnen der Aktiengesellschaft versammelt sind. Die Hauptversammlung einer Aktiengesellschaft hat keine direkten Mitspracherechte an der Unternehmensführung oder Weisungsrechte gegenüber Vorstand und Aufsichtsrat (Schick 2014). Auch eine Aktiengesellschaft kann den Status der Gemeinnützigkeit erlangen, dann wird von der gemeinnützigen Aktiengesellschaft, der gAG, gesprochen.

Eingetragene Genossenschaft (eG)

Eine im Bereich der eigenständigen Organisationen Sozialer Arbeit ebenfalls selten anzutreffende Rechtsform ist die der eingetragenen Genossenschaft. Genossenschaften werden insbesondere durch das „Gesetz betreffend die Erwerbs- und Wirtschaftsgenossenschaften (Genossenschaftsgesetz – GenG)“ geregelt.

Eine **eingetragene Genossenschaft (eG)** ist gem. § 1 Genossenschaftsgesetz – GenG eine Gesellschaft von nicht geschlossener Mitgliederzahl, deren Zweck darauf gerichtet ist, den Erwerb oder die Wirtschaft ihrer Mitglieder oder deren soziale oder kulturelle Belange durch gemeinschaftlichen Geschäftsbetrieb zu fördern.

Die gemeinschaftliche Orientierung auf ein Ziel und das gemeinsame Wirtschaften sind Kerngedanken von Genossenschaften. Dazu muss eine eingetragene Genossenschaft gem. § 4 Genossenschaftsgesetz – GenG aus mindestens drei Mitgliedern bestehen. Es ist kein festes Stammkapital vorgeschrieben, in der Satzung kann jedoch ein Mindestkapital festgesetzt werden. Dieser Genossenschaftsanteil ist dann von den Mitgliedern der Genossenschaft zu entrichten.

Eine Genossenschaft hat mit der Generalversammlung, die aus allen Mitgliedern besteht, dem Aufsichtsrat und dem Vorstand drei Organe. Bei Genossenschaften gilt das Selbstverwaltungsprinzip, das heißt in die Organe der Genossenschaft können nur ihre Mitglieder gewählt werden.

Im Kontext organisierter bürgerschaftlicher und unternehmerischer Selbsthilfe ist die Sozialgenossenschaft eine mögliche genossenschaftliche Organisationsform, die zunehmend an Bedeutung gewinnt. Eine Sozialgenossenschaft bietet sich an, wenn zur Lösung sozialer Bedürfnisse und Problemlagen ein Projekt entwickelt und ins Leben gerufen werden soll, bei dem die erforderlichen Investitionen nicht von einem alleine aufgebracht werden können, so dass das gemeinschaftliche wirtschaften mehrerer (Genossenschaftsmitglieder) erforderlich wird (Bayerisches Staatsministerium für Arbeit und Soziales, Familie und Integration o.J.). Damit enthalten Sozialgenossenschaften ein enormes gesellschaftliches Innovations- und Entwicklungspotenzial.

Recherchieren Sie im Bereich der Genossenschaften. Welche Beispiele für Sozialgenossenschaften können Sie finden? Diskutieren und reflektieren Sie die durch die Sozialgenossenschaften übernommenen Aufgaben.

Gesellschaft bürgerlichen Rechts (GbR)

Bei den Personengesellschaften ist insbesondere die Gesellschaft bürgerlichen Rechts (GbR) für die Soziale Arbeit relevant.

Eine **Gesellschaft bürgerlichen Rechts** (GbR) ist ein Zusammenschluss von mehreren Personen zu einem gemeinsamen Zweck.

Die rechtlichen Grundlagen für die GbR sind in den §§ 705 ff. BGB geregelt. Der gemeinsame Zweck, zu dem sich mindestens zwei Personen zusammenschließen, kann auch im Bereich der Sozialen Arbeit liegen. Die Anforderungen für die Gründung einer GbR sind gering, es ist kein Mindestkapital erforderlich und die Gründung kann formlos erfolgen. Allerdings haften die Gesellschafter mit ihrem eigenen Privatvermögen, sofern im Gesellschaftervertrag keine Haftungsbegrenzung auf das Vermögen der Gesellschaft vereinbart wurde (Schick 2014). Im Gegensatz zu Vereinen, Stiftungen und Gesellschaften können Personengesellschaften und damit auch die GbR nicht den Status der Gemeinnützigkeit des Steuerrechts erhalten. Die damit verbundenen steuerlichen Vorteile bleiben ihnen verwehrt.

Recherchieren Sie weitere konkrete Träger der Sozialen Arbeit in den unterschiedlichen Rechtsformen des öffentlichen Rechts und des Privatrechts.

4.4 Gemeinnützigkeit in der Sozialen Arbeit

Bei den meisten beschriebenen privat-rechtlichen Rechtsformen ist es möglich, nach der Gründung die Anerkennung als gemeinnützig im Sinne der Abgabenordnung (AO) zu beantragen. Mit dieser Anerkennung sind steuerliche Vergünstigungen verbunden. Grundsätzlich werden Körperschaften gemäß § 51 Abs. 1 AO Steuervergünstigungen gewährt, wenn diese ausschließlich und unmittelbar gemeinnützige, mildtätige oder kirchliche Zwecke (steuerbegünstigte Zwecke) verfolgen. Dabei bezieht das Steuerrecht mit dem Begriff der Körperschaft gemäß § 51 Abs. 1 AO umfassend insbesondere auch privat-rechtliche Kapitalgesellschaften (GmbH, eingetragener Verein und Stiftung) ein (Beyer 2017). Personengesellschaften wie die GbR werden jedoch davon nicht erfasst, so dass diese keine Steuervergünstigungen erhalten.

Private Träger der Sozialen Arbeit können **Steuervergünstigungen** erhalten, wenn sie **gemeinnützige, mildtätige oder kirchliche Zwecke** (steuerbegünstigte Zwecke) verfolgen. Mit der Anerkennung steuerbegünstigter Zwecke sind für diese privaten Träger der Sozialen Arbeit aus Sicht der Abgabenordnung eine Reihe unmittelbarer und mittelbarer steuerrechtlicher Vergünstigungen verbunden.

Oft werden mildtätige und kirchliche Zwecke als Teilbereiche der steuerbegünstigten Zwecke etwas unscharf unter dem Oberbegriff der Gemeinnützigkeit zusammengefasst. Es wird allgemein von gemeinnützigen Trägern gesprochen, auch wenn diese in der Perspektive des Steuerrechts eigentlich mildtätige oder kirchliche Zwecke verfolgen (Beyer 2017).

Unmittelbare steuerliche Begünstigungen bestehen für die gemeinnützigen Körperschaften z.B. durch Befreiung von der Körperschafts- und der Gewerbesteuer sowie durch Steuerermäßigungen, z.B. im Bereich der Umsatzsteuer. Eine mittelbare Begünstigung besteht durch die Anerkennung der Gemeinnützigkeit in der Berechtigung zum Empfang von Zuwendungen (Mitgliedsbeiträge und Spenden), die zu einer Minderung der Steuerlast der gebenden, selbst steuerpflichtigen Person führen (Kap. 5.3.1).

Die Anerkennung der steuerbegünstigten Zwecke erfolgt durch das Finanzamt entsprechend der Voraussetzungen der §§ 51–68 AO. Gemeinnützige Zwecke werden demnach gem. § 52 Abs. 1 AO verfolgt, wenn die Tätigkeit darauf gerichtet ist, die Allgemeinheit auf materiellem, geistigem oder sittlichem Gebiet selbstlos zu fördern. Was in diesem Zusammenhang der Förderung der Allgemeinheit dient, führt die Abgabenordnung detailliert aus und benennt unter anderem in § 52 Abs. 2 Nr. 4 AO die Förderung der Jugend- und Altenhilfe. Für die Soziale Arbeit und ihre Organisationen ist jedoch § 52 Abs. 2 Nr. 9 AO besonders wichtig, da dort bestimmt ist, dass

> „die Förderung des Wohlfahrtswesens, insbesondere die Zwecke der amtlich anerkannten Verbände der freien Wohlfahrtspflege […], ihrer Unterverbände und ihrer angeschlossenen Einrichtungen und Anstalten"

der Förderung der Allgemeinheit dient. Mildtätige Zwecke, wie sie beispielsweise Tafeln verfolgen, werden unter den Voraussetzungen des § 53 AO anerkannt und beziehen sich auf die selbstlose Unterstützung von Personen (Beyer 2017).

Diese anerkannten steuerbegünstigten Zwecke muss die Organisation ausschließlich, unmittelbar und selbstlos, also nicht zu gewerblichen und sonstigen Erwerbszwecken verfolgen (§§ 55–57 AO).

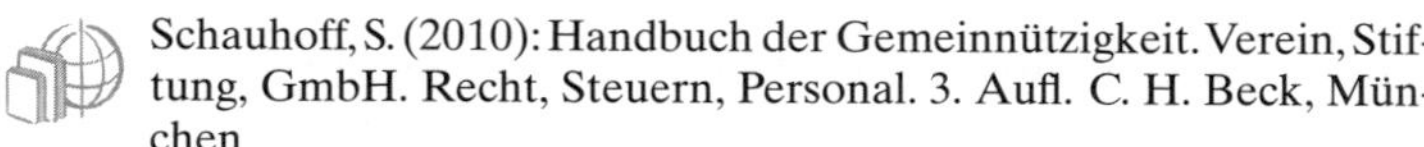

Schauhoff, S. (2010): Handbuch der Gemeinnützigkeit. Verein, Stiftung, GmbH. Recht, Steuern, Personal. 3. Aufl. C. H. Beck, München

Schick, S. (2012): Rechtliche und steuerliche Grundlagen der Sozialwirtschaft. Nomos, Baden-Baden

4.5 Öffentliche Träger

Öffentliche Träger sind auf Bundes-, Landes- und kommunaler Ebene für die Soziale Arbeit relevant. Diese Ebenen unterscheiden sich jedoch in den Zuständigkeiten der jeweiligen öffentlichen Träger, ihren damit verbundenen Befugnissen und Aufgaben sowie auch in der Frage des Angebots eigener Einrichtungen und sozialer Dienste der Sozialen Arbeit.

4.5.1 Bundesebene

Im Rahmen der Gesetzgebungszuständigkeiten von Bund und Ländern hat der **Bund** für den Bereich der öffentlichen Fürsorge die Befugnis zur Gesetzgebung, sofern dies zur Herstellung gleichwertiger Lebensverhältnisse im Bund erforderlich ist (Artikel 72, 74 Nr. 7 GG). Demnach besitzt der Bund im Rahmen der konkurrierenden Gesetzgebung zwischen Bund und Ländern eine auf grundlegende und generelle Regelungen ausgerichtete Gesetzgebungskompetenz, die insbesondere in der Sozial- und in der Kinder- und Jugendhilfe zum Tragen kommt (Nikles 2008).

Die **konkurrierende Gesetzgebung** umfasst die Bereiche, in denen weder der Bund noch die Länder über eine ausschließliche Gesetzgebungszuständigkeit verfügen.

Dabei sind insbesondere die für Jugend und Soziales zuständigen Ministerien relevant.

Auf Bundesebene jedoch werden, abgesehen von den Angeboten der betrieblichen Sozialen Arbeit für die MitarbeiterInnen der Bundesbehörden, keine eigenen Einrichtungen und Dienste der Sozialen Arbeit betrieben. Dennoch ist diese Ebene auch für die Praxis der Sozialen Arbeit wesentlich. Neben der skizzierten Befugnis zur Gesetzgebung trägt der Bund in den unterschiedlichen Ministerien durch finanzielle Förderungen, beispielsweise von Modellprojekten, Forschungen und bundeszentralen Verbänden und Einrichtungen maßgeblich zur Weiterentwicklung von Theorie und Praxis Sozialer Arbeit bei.

Organisationen und Strukturen in der Sozialen Arbeit auf einen Blick:

Deutsches Jugendinstitut e.V.: Das Deutsche Jugendinstitut e.V. (DJI) ist in Deutschland das größte außeruniversitäre und nicht staatliche sozialwissenschaftliche Institut für Forschung und Entwicklung in den Bereichen Kindheit, Jugend und Familie und den darauf bezogenen Politik- und Praxisbereichen. Es wurde 1963 gegründet und hat seinen Sitz in München sowie eine Außenstelle in Halle. Das DJI erhält eine institutionelle Förderung durch das Bundesministerium für Familie, Senioren, Frauen und Jugend (BMFSFJ) sowie aus Mitteln der Bundesländer. Darüber hinaus werden für die Durchführung der Forschungsprojekte Drittmittel eingeworben. Zentrale Forschungsergebnisse und weitere Informationen zu den innerhalb des DJI bearbeiteten Themen finden sich auf der Homepage (www.dji.de).

4.5.2 Landesebene

Die **Länder** haben, solange der Bund von seinem Recht zur Gesetzgebung nicht Gebrauch macht, gem. Artikel 70 GG das originäre Recht zur Gesetzgebung. Sie sind somit, wie der Bund, ebenfalls für die (verfahrens)rechtlichen Rahmenbedingungen der Sozialen Arbeit von besonderer Bedeutung. Daneben fördern auch die Länder durch ihre Ministerien länderspezifische Modellprojekte, Forschungsvorhaben und Verbände der Sozialen Arbeit. In den Ländern sind hierfür, wie auch auf der Bundesebene, insbesondere die für Jugend und Soziales zuständigen Ministerien relevant.

Organisationen und Strukturen in der Sozialen Arbeit auf einen Blick:

FachministerInnenkonferenzen: In den Konferenzen der FachministerInnen arbeiten die 16 Bundesländer im Rahmen ihrer jeweiligen Zuständigkeiten zusammen. Dadurch sollen die Unterschiede in den Ländern möglichst gering gehalten werden und die Lebensbedingungen für alle BürgerInnen gleich sein. Auch wenn die Beschlüsse der FachministerInnenkonferenzen keine unmittelbare Rechtswirkung enthalten, können sie als Empfehlungen politische Bindungskraft entfalten. Für die Soziale Arbeit sind insbesondere die Jugend- und FamilienministerInnenkonferenz (JFMK) und die Konferenz der Ministerinnen und Minister, Senatorinnen und Senatoren für Arbeit und Soziales (ASMK) von Relevanz. Im Rahmen ihrer mindestens einmal im Jahr und unter wechselndem Vorsitz stattfindenden Konferenzen beraten und beschließen die Mitglieder von JFMK bzw. ASMK über grundsätzliche und aktuelle Angelegenheiten der Kinder-, Jugend- und Familienpolitik bzw. der Arbeits- und Sozialpolitik. Vorbereitet werden die Sitzungen der JFMK durch die Arbeitsgemeinschaft der Obersten Landesjugend- und Familienbehörden (AGJF). Die ASMK wiederum wird durch die Amtschefinnen und Amtschefs der Ministerien und Senatsverwaltungen (ACK der ASMK) vorbereitet. Neben der JFMK und der ASMK können, in Abhängigkeit von den jeweils behandelten Themen, auch weitere FachministerInnenkonferenzen wie die IntegrationsministerInnenkonferenz (IntMK) oder die JustizministerInnenkonferenz (JUMIKO) für die Soziale Arbeit relevant sein.

Recherchieren Sie, welches Land aktuell den Vorsitz der JFMK und der ASMK hat. Diskutieren Sie die Themen, die aktuell auf den Tagesordnungen der Konferenzen stehen bzw. in der Vergangenheit standen und die jeweiligen Beschlüsse. Wie schätzen Sie die Auswirkungen für die Theorie und Praxis der Sozialen Arbeit und ihrer Zielgruppen ein?

Darüber hinaus haben die Länder für die unmittelbare Soziale Arbeit vor Ort beratende, koordinierende und anregende Funktionen. Die Länder sind zudem anders als der Bund auch Träger von eigenen Einrichtungen und Diensten der Sozialen Arbeit, beispielsweise von Angeboten im Bereich des Strafvollzugs bzw. der Straffälligenhilfe.

4.5.3 Kommunale Ebene

Die **kommunale Ebene** schließlich ist für die Sicherstellung der face-to-face-Arbeit verantwortlich. Soziale Arbeit gehört zum Kernbestand öffentlicher Aufgaben und fällt damit unter das verfassungsrechtlich geschützte Selbstverwaltungsrecht der Kommunen (Nikles 2008). Die Kommunen sind damit für die Sicherstellung der Sozialen Arbeit vor Ort verantwortlich.

Organisationen und Strukturen in der Sozialen Arbeit auf einen Blick:

Deutscher Städtetag, Deutscher Landkreistag, Deutscher Städte- und Gemeindebund, Bundesvereinigung der kommunalen Spitzenverbände: Die Förderung der grundgesetzlich verbürgten Garantie der kommunalen Selbstverwaltung und die Vertretung der Interessen der Kommunen werden auf Bundesebene durch den Deutschen Städtetag (DST), den Deutschen Landkreistag (DLT) und den Deutschen Städte- und Gemeindebund (DStGB) wahrgenommen. Diese drei Verbände werden als die kommunalen Spitzenverbände bezeichnet. Alle drei sind föderal organisiert, d. h. in ihnen haben sich ihre jeweiligen Mitglieder zu einem Verbund zusammengeschlossen. Sie stellen die Beteiligung der Kommunen beispielsweise an Gesetzgebungsprozessen auf Bundesebene entsprechend der gemeinsamen Geschäftsordnung der

Bundesministerien (GGO) sicher. Daneben beraten diese Verbände ihre Mitglieder und stellen in unterschiedlichen Gremien den themenbezogenen Erfahrungsaustausch her. Für die Soziale Arbeit sind beispielsweise der Fachausschuss Soziales, Jugend und Familie des Deutschen Städtetages, der Ausschuss für Jugend, Soziales und Organisation des Deutschen Städte- und Gemeindebundes und der Sozialausschuss des Deutschen Landkreistages wichtige Gremien innerhalb der Kommunalen Spitzenverbände. Um gemeinsame Stellungnahmen zu übergreifenden Problemen und Herausforderungen zu ermöglichen haben sich DST, DLT und DStGB in der Bundesvereinigung der kommunalen Spitzenverbände zusammengeschlossen. Dabei sind insbesondere die Sozial- und die Kinder- und Jugendhilfe die kommunal zu gestaltenden Bereiche. Die in diesem Zusammenhang angesprochenen Kommunen, die als öffentliche Träger das Sozial- und das Jugendamt errichten, werden auf der kommunalen Ebene auch als örtliche öffentliche Träger der Sozial- bzw. Jugendhilfe (anstelle von Kinder- und Jugendhilfe spricht das SGB VIII hier nur von Jugendhilfe) bezeichnet. Neben diesen örtlichen öffentlichen Trägern gibt es noch die überörtlichen öffentlichen Träger der Sozialbzw. Jugendhilfe. Überörtliche öffentliche Träger der Sozial- bzw. Jugendhilfe haben gegenüber den örtlichen öffentlichen Trägern insbesondere eine beratende, fördernde, anregende und planende Zuständigkeit und Funktion. Daneben sind sie im Bereich der Sozialhilfe für Aufgaben mit überregionaler Bedeutung verantwortlich.

Das jeweilige Landesrecht bestimmt, wer überörtlicher öffentlicher Träger der Sozial- bzw. Jugendhilfe ist und die jeweiligen Aufgaben wahrnimmt. Es können das Land selbst oder auch die höheren Kommunalverbände, wie beispielsweise die Landschaftsverbände in Nordrhein-Westfalen, sein. Die überörtlichen öffentlichen Träger errichten in der Jugendhilfe ein Landesjugendamt und in der Sozialhilfe ein Landessozialamt.

In der öffentlichen Kinder- und Jugendhilfe und in der Sozialhilfe wird zwischen den Aufgaben der örtlichen und der überörtlichen Ebene unterschieden. In diesem Zusammenhang wird auch von **örtlichen** und **überörtlichen öffentlichen Trägern** gesprochen. Die örtliche Trägerschaft ist gesetzlich normiert: Örtliche Träger der Sozialhilfe sind gem. § 3 Abs. 2 SGB XII die kreisfreien Städte und Kreise, sofern nicht durch Landesrecht etwas anderes bestimmt wurde. In der Kinder- und Jugendhilfe wird gem. § 69 Abs. 1 SGB VIII durch Landesrecht bestimmt, wer örtlicher Träger der öffentlichen Jugendhilfe ist. Auch wer überörtlicher Träger der Sozialhilfe bzw. der öffentlichen Jugendhilfe ist, wird durch Landesrecht bestimmt.

Durch diese Unterteilung, die die Kinder- und Jugendhilfe sowie die Sozialhilfe zwischen der örtlichen und überörtlichen Ebene und ihren Aufgaben machen, kann in den Ländern die Zuständigkeit unterschiedlich geregelt sein. Recherchieren Sie, wer in einem Bundesland Ihrer Wahl örtlicher bzw. überörtlicher Träger der Sozialhilfe und der öffentlichen Jugendhilfe ist. Nutzen Sie dabei neben dem SGB XII und dem SGB VIII als Bundesgesetze auch die Ausführungsgesetze, die von den Bundesländern zur Ausführung des SGB XII bzw. des SGB VIII erlassen worden sind.

Organisationen und Strukturen in der Sozialen Arbeit auf einen Blick:

Bundesarbeitsgemeinschaften der überörtlichen Träger: Die 17 Landesjugendämter, die im Bundesgebiet die Aufgaben des überörtlichen Trägers wahrnehmen (Nordrhein-Westfalen hat aufgrund seiner Struktur mit den beiden Landschaftsverbänden zwei Landesjugendämter), haben sich in der Bundesarbeitsgemeinschaft der Landesjugendämter (BAG Landesjugendämter) zusammengeschlossen. Die BAG Landesjugendämter verfolgt insbesondere die Ziele, den fachlichen Standard in der Kinder- und Jugendhilfe zu sichern und weiterzuentwickeln und zu einer bundeseinheitlichen Ausgestaltung der Angebote und Leistungen der Kinder- und Jugendhilfe beizutragen. Dazu entwickelt die BAG Landesjugendämter gemeinsame Verfahrensweisen und Grundsätze für die Kinder- und Jugendhilfe in Bund, Ländern und Kommunen, nimmt zu Gesetzentwürfen Stellung und erarbeitet Empfehlungen und Arbeitshilfen für die Praxis. Diese Stellungnahmen, Empfehlungen und Arbeitshilfen sowie weitere interessante Informationen rund um die Themen der Kinder- und Jugendhilfe finden sich auf der Homepage der BAG Landesjugendämter (www.bagljae.de).

Im Bereich der Sozialhilfe ist die Bundesarbeitsgemeinschaft der überörtlichen Träger der Sozialhilfe (BAGüS) der Zusammenschluss der überörtlichen Träger. Ausgehend von dem Ziel der gleichberechtigten gesellschaftlichen Teilhabe von Menschen mit Behinderungen und der Unterstützung von Menschen mit Pflegebedarf entwickelt auch die BAGüS Empfehlungen zur Umsetzung der Sozialgesetze, nimmt ebenfalls zu Gesetzentwürfen Stellung und stellt ihr Wissen den zuständigen Gremien auf Bundes-, Landes- und kommunaler Ebene zur Verfügung. Auch hier finden sich alle Informationen auf der Internetseite der BAGüS (www.bagues.de).

Die öffentlichen Träger der Sozial- und Jugendhilfe haben auf der örtlichen Ebene eine bereits angesprochene Doppelfunktion. Als Leistungsträger richten sich wie in Kapitel 4.1 beschrieben einerseits die Leistungsansprüche der Leistungsberechtigten an sie. Andererseits können die öffentlichen Träger auf kommunaler Ebene selbst Träger von Einrichtungen und sozialen Diensten und damit gleichzeitig Leistungserbringer sein (Abb. 11).

Gemäß § 24 SGB VIII hat ein Kind ab Vollendung des ersten Lebensjahres einen **Rechtsanspruch auf frühkindliche Förderung in einer Tageseinrichtung oder in der Kindertagespflege.** Dieser Rechtsanspruch richtet sich an den örtlichen öffentlichen Träger der Jugendhilfe, die Kommune. Die Kommune ist der Leistungsträger und hat die Gesamtverantwortung für die Gewährleistung eines dem Bedarf entsprechenden Angebots. Organisatorisch sind die damit verbundenen Aufgaben dem Jugendamt zugewiesen. Die Kommune kann in organisatorischer Verantwortung des Jugendamtes Kindertageseinrichtungen in eigener Trägerschaft betreiben und somit auch Leistungserbringer sein.

Auf der überörtlichen Ebene findet sich diese Doppelfunktion der öffentlichen Träger nicht in der gleichen Intensität. Im Bereich der Kinder- und Jugendhilfe haben die überörtlichen öffentlichen Träger in erster Linie Beratungs-, Planungs- und Anregungsaufgaben. Auch im Bereich der Sozialhilfe sind die öffentlichen Träger auf der überörtlichen Ebene nur in besonderen Situationen Träger von Einrichtungen und sozialen Diensten und damit Leistungserbringer (Merchel 2008).

Abb. 11: Doppelfunktion der öffentlichen Träger auf örtlicher Ebene

Nach dieser weiten Perspektive auf die öffentlichen Träger auf Bundes-, Landes- und kommunaler Ebene, soll nun das Jugendamt vertiefend vorgestellt werden. Aufgrund seiner zweigliedrigen Organisationsstruktur und seiner Aufgaben stellt das Jugendamt innerhalb der Kommunalverwaltung eine Ausnahme dar. Neben dem Jugendamt spielen auf kommunaler Ebene natürlich auch weitere Behörden wie beispielsweise das Sozialamt oder das Gesundheitsamt für die Soziale Arbeit eine Rolle. Diese sind jedoch im Gegensatz zum Jugendamt keine zweigliedrigen Behörden.

4.5.4 Im Fokus: Das Jugendamt

Das Jugendamt wie wir es heute erleben kann auf eine lange Geschichte zurückblicken. Bereits bevor die Einrichtung 1922 durch das Reichsgesetz für Jugendwohlfahrt (RJWG) flächendeckend vorgesehen war, errichteten beispielsweise Hamburg (1910) und Lübeck (1913) Jugendämter. Mit der Etablierung der Jugendämter war das Ziel verbunden, die heterogenen Aufgaben und zersplitterten organisatorischen und rechtlichen Zuständigkeiten im Bereich der Jugendwohlfahrt in einer öffentlichen Einrichtung zu bündeln. Um den sozialpädagogischen Auftrag des Jugendamtes strukturell abzusichern waren bereits damals fachliche Prinzipien für die Arbeit in den Jugendämtern leitend, die in ihrer Weiterentwicklung auch im Jahr 2019 noch gelten. Dies sind beispielsweise die umfassende Zuständigkeit einer Fachkraft, die kollegiale Entscheidungsfindung oder begleitende Supervision (Müller 1994; Merchel/Reismann 2004; Wiesner 2015, §69 Rz 23). Bis ins Jahr 2019 ist die umfassende Zuständigkeit für alle Fragen rund um das Aufwachsen und die Entwicklung junger Menschen und deren Familien ein zentrales Merkmal der Arbeit in allen Jugendämtern in Deutschland.

Gries, J., Ringler, D. (2005): Jugendamt und Jugendhilfe in der Bundesrepublik Deutschland. Geschichte, Analysen und Materialien mit den Ausführungsgesetzen der Bundesländer. Schneider Verlag, Baltmannsweiler

Müller, C. W. (1994). JugendAmt. Geschichte und Aufgabe einer reformpädagogischen Einrichtung. Beltz, Weinheim

Im Jahr 2019 existieren deutschlandweit in den Kreisen und kreisfreien Städten rund 560 Jugendämter (teilweise als Kreisjugendämter oder Stadtjugendämter bezeichnet). Die genaue Anzahl der Jugendämter schwankt, da wie beschrieben die rechtlichen Regelungen zur Errichtung eines örtlichen Jugendamtes in den Ländern differieren. Unter bestimmten Voraussetzungen, die u.a. die Mindestanzahl der EinwohnerInnen betreffen, besteht z.B. in Nordrhein-Westfalen auch für kreisangehörige Städte die Möglichkeit, ein eigenes Jugendamt zu errichten. Daher gibt es allein in Nordrhein-Westfalen derzeit 186 Jugendämter (Landschaftsverband Rheinland 2018; Landschaftsverband Westfalen-Lippe 2018). Nicht alle Kommunen wählen die Bezeichnung Jugendamt. Alternativen sind beispielsweise Amt für Kinder, Jugend und Familie in Bonn, Fachbereich Jugend und Familie im Kreis Schleswig-Flensburg oder Fachdienst Jugend im Landkreis Wittenberg. Egal ob Amt, Fachbereich oder Dienst, gemeinsam ist diesen kommunalen sozialpädagogischen Fachbehörden, dass ihnen vom örtlichen öffentlichen Träger der Kinder- und Jugendhilfe die umfassende Zuständigkeit und Verantwortung für die vielfältigen Aufgaben und Leistungen der Kinder- und Jugendhilfe organisatorisch zugewiesen worden ist.

Organisationen und Strukturen in der Sozialen Arbeit auf einen Blick:

Deutsches Institut für Jugendhilfe und Familienrecht e.V. (DIJuf): Für die Jugendämter ist das Deutsche Institut für Jugendhilfe und Familienrecht e.V. (DIJuF) mit Sitz in Heidelberg ein zentrales Forum für Fachfragen und Austausch rund um die Themen Kinder- und Jugendhilfe und Familienrecht. Daher sind fast alle kommunalen Träger der öffentlichen Jugendhilfe für ihre Jugendämter Mitglied im DIJuF. Das DIJuF unterstützt die Arbeit der Jugendämter in Deutschland durch gutachterliche Stellungnahmen, Publikationen und Fachveranstaltungen. Eine weitere

Serviceleistung die das DIJuF seinen Mitgliedern anbietet ist die Hilfe bei der grenzüberschreitenden Geltendmachung und Vollstreckung von Kindesunterhaltsansprüchen. Die monatlich erscheinende juristische Fachzeitschrift „DAS JUGENDAMT – JAmt“ wird vom DIJuf verantwortet und enthält neben Fachbeiträgen aus Wissenschaft und Praxis auch die vom DIJuF erstellten Rechtsgutachten, beispielsweise zu Fragen der Zuständigkeit in der Kinder- und Jugendhilfe. Auf dem Internetauftritt des DIJuF finden sich umfangreiche Informationen zur Arbeit der Jugendämter (www.dijuf.de).

Die Aufgaben des Jugendamtes sind im SGB VIII bundesgesetzlich einheitlich geregelt. Den Ausgangspunkt bildet dabei das in § 1 Abs 1 SGB VIII formulierte Recht eines jeden jungen Menschen auf Förderung seiner Entwicklung und auf Erziehung zu einer eigenverantwortlichen und gemeinschaftsfähigen Persönlichkeit. Diese Pflege und Erziehung der Kinder ist das verfassungsrechtlich geschützte natürliche Recht der Eltern und die zuvörderst ihnen obliegende Pflicht. Die staatliche Gemeinschaft wacht im Sinne ihres staatlichen Wächteramtes über die Betätigung der Eltern (Art. 6 GG, § 1 Abs. 2 SGB VIII).

Die verfassungsrechtliche Garantie, Kindern und Jugendlichen im Falle einer Gefährdung Schutz und Hilfe zuteil werden zu lassen, wird als **staatliches Wächteramt** bezeichnet.

Aus diesem Recht auf Förderung und auf Erziehung einerseits und dem staatlichen Wächteramt andererseits leiten sich, wie in Kapitel 1.1 skizziert, die in § 1 Abs. 3 SGB VIII formulierten Aufträge der Kinder- und Jugendhilfe ab. Diese Aufträge reichen von alltagsbezogenen Angeboten für Kinder und Jugendliche über Beratung und Unterstützung der Eltern und anderer Erziehungsberechtigter bei der Erziehung ihrer Kinder bis hin zum Schutz der Kinder und Jugendlichen vor Gefahren für ihr Wohl. Für all diese Aufgaben und die sich daraus ableitenden Leistungen trägt der örtliche öffentliche Träger, vertreten durch das Jugendamt, als Leistungs- und Gewährleistungsträger die Gesamtverantwortung. Dabei sind die Aufgaben die das Jugendamt im Kontext des staatlichen Wächteramtes hat keine Sozialleistungen im Sinne der § 1 ff. SGB I (Wiesner 2015 § 2 Rz 3).

In § 2 SGB VIII werden die Leistungen und anderen Aufgaben der Kinder- und Jugendhilfe genannt. Im Einzelnen sind das folgende Leistungen:

- Angebote der Jugendarbeit, der Jugendsozialarbeit, des erzieherischen Jugendschutzes wie z.B. Jugendfreizeiteinrichtungen, Projekte für benachteiligte Jugendliche, Straßensozialarbeit;
- Angebote zur Förderung der Erziehung in der Familie wie z.B. Angebote der Familienbildung, Angebote der Beratung in allgemeinen Fragen der Erziehung, Angebote der Familienfreizeit und Familienerholung, Beratung in Fragen der Partnerschaft, Trennung und Scheidung;
- Angebote zur Förderung von Kindern in Tageseinrichtungen und in Tagespflege;
- Hilfe zur Erziehung und Hilfe für seelisch behinderte Kinder und Jugendliche wie z.B. Erziehungsberatung, ambulante Hilfen wie sozialpädagogische Familienhilfe oder Erziehungsbeistandschaft, teilstationäre und stationäre Gruppenangebote, heilpädagogische Angebote;
- Hilfe für junge Volljährige.

Andere Aufgaben, die neben den oben genannten Sozialleistungen ebenfalls vom Jugendamt wahrgenommen werden, sind z.B.

- die Inobhutnahme von Kindern und Jugendlichen bei dringender Gefahr für ihr Wohl oder wenn sie darum bitten;
- die Mitwirkung in Verfahren vor den Familiengerichten beispielsweise im Falle von Sorgerechtsentscheidungen;
- Jugendgerichtshilfe.

Für all diese Aufgaben ist innerhalb der Kommune als örtlicher öffentlicher Träger der Kinder- und Jugendhilfe das Jugendamt zuständig. Die Einrichtung eines Jugendamtes ist für die Kommune verpflichtend, die Aufgaben der Kinder- und Jugendhilfe können nicht von anderen Ämtern übernommen werden (Nikles 2008). Dabei sind der konkrete Aufbau des Jugendamtes und die innere Organisation der Arbeit auch von der Größe und der sozialen Struktur der Kommune sowie den jeweiligen kommunalpolitischen Schwerpunktsetzungen abhängig. Eine Besonderheit eint jedoch alle Jugendämter in Deutschland: Jedes Jugendamt setzt sich gem. § 70 Abs. 1 SGB VIII aus dem Jugendhilfeausschuss und der Verwaltung des Jugendamtes zusammen. Innerhalb der jeweiligen Kommunalverwaltungen ist damit das Jugendamt die einzige zweigliedrige Behörde.

Diese strukturelle Besonderheit wird von außen oftmals nicht wahrgenommen. Meist liegt der Fokus auf der Verwaltung des Jugendamtes als dem Teil, dessen Fachkräfte im Kontext der Leistungen und anderen Aufgaben der Kinder- und Jugendhilfe in der Öffentlichkeit in Erscheinung treten. Diese sogenannten Geschäfte der laufenden Verwaltung im Bereich der öffentlichen Jugendhilfe können gem. § 70 Abs. 2 SGB VIII sowohl von dem/der LeiterIn der Verwaltung der Gebietskörperschaft (z.B. BürgermeisterIn) oder in seinem/ihrem Auftrag von der/dem LeiterIn der Verwaltung des Jugendamts wahrgenommen werden. Der Regelfall ist, dass die Geschäfte der laufenden Verwaltung von der/dem LeiterIn der Verwaltung des Jugendamts (JugendamtsleiterIn) im Auftrag wahrgenommen werden. Dabei hat sich das Handeln sowohl nach der Satzung als auch nach den Beschlüssen der Vertretungskörperschaft und des Jugendhilfeausschusses zu richten.

Auch die Struktur des Jugendhilfeausschusses ist im SGB VIII geregelt. Gem. § 71 SGB VIII setzt sich der Jugendhilfeausschuss aus VertreterInnen des Gemeindeparlaments, der Jugend- und Wohlfahrtsverbände, der Schulen und aus fachkundigen BürgerInnen zusammen.

Der Jugendhilfeausschuss ist der Verwaltung des Jugendamts übergeordnet, dadurch könnte der Jugendhilfeausschuss auch die Geschäfte der laufenden Verwaltung an sich ziehen. Da der Jugendhilfeausschuss tatsächlich jedoch in der Regel mit einem mehrwöchigen Abstand tagt, beschränkt sich der Aufgabenbereich in der Praxis meist auf die Diskussion und Entscheidung grundsätzlicher Fragen (Wiesner 2015, § 70 Rz 11) wie insbesondere die Erörterung aktueller Problemlagen junger Menschen und ihrer Familien, Anregungen zur Weiterentwicklung der Jugendhilfe, der Jugendhilfeplanung und der Förderung der freien Jugendhilfe.

Diese Zweigliedrigkeit des Jugendamts setzt sich auf der überörtlichen Ebene fort. Auch hier besteht das Landesjugendamt aus der Verwaltung des Landesjugendamtes und dem Landesjugendhilfeausschuss. Im Landesjugendhilfeausschuss werden in strukturell ähnlicher Zusammensetzung aktuelle Problemlagen junger Menschen, die Weiterentwicklung der Jugendhilfe, die Jugendhilfeplanung und die Förderung der freien Jugendhilfe aus Landesperspektive diskutiert.

Die Verwaltungen der Jugendämter strukturieren ihre Aufgaben eigenständig und organisatorisch unterschiedlich. Oft sind die einzelnen Leistungsbereiche wie Jugendförderung, Kindestagesbetreuung oder Hilfen zur Erziehung in Abteilungen zusammengefasst. So ist der bereits mehrmals angesprochene Allgemeine Soziale Dienst im Regelfall eine Abteilung innerhalb des Jugendamtes.

Durch ihre Aufgaben im Kontext der Leistungsverwaltung und ihre damit verbundene Position als Teil der öffentlichen Verwaltung sind Jugendämter traditionell bürokratisch organisiert. In der Gestaltung der Aufbau- und Ablauforganisation des Jugendamts sind jedoch die mit der Erbringung personenbezogener sozialer Dienstleistungen verbundenen Herausforderungen zu berücksichtigen. Es ist ein angemessenes Verhältnis zwischen generellen und fallbezogenen Regelungen (Kap. 3.4.2) notwendig. Durch eine Überbetonung der gleichzeitig auch erforderlichen bürokratischen Strukturen werden Jugendämter anfällig für die Herausbildung von Organisationsfehlern, worauf insbesondere im Kontext des Kinderschutzes wiederholt hingewiesen wird (Biesel 2011). Daher müssen sich die Strukturen und organisatorischen Abläufe der Jugendämter auch durch eine Balance von Routine und Flexibilität in den Abläufen auszeichnen. Die Organisationskultur muss zudem durch eine generelle Offenheit gegenüber Fehlern geprägt sein.

Weiterführende Literatur- und Websitehinweise zur Arbeit und den Aufgaben der Jugendämter, zum Umgang mit Fehlern in Jugendämtern und zur Organisationsgestaltung im ASD:

www.unterstuetzung-die-ankommt.de (29.04.2019)

Biesel, K. (2011): Wenn Jugendämter scheitern. Zum Umgang mit Fehlern im Kinderschutz. transcript, Bielefeld

Merchel, J. (2019): Organisationsgestaltung im ASD. In: Merchel (Hrsg.): Handbuch Allgemeiner Sozialer Dienst. 3. Aufl. Ernst-Reinhardt, München / Basel, 47–64

Recherchieren und diskutieren Sie die Struktur des Jugendamtes in Ihrem Heimatort. Handelt es sich um ein Kreisjugendamt oder um ein Stadtjugendamt? Wie ist seine konkrete Bezeichnung? Wie ist es aufgebaut und organisiert?
Setzen Sie sich auch mit dem dazu gehörenden Jugendhilfeausschuss bzw. Landesjugendhilfeausschuss und den dort bislang behandelten Themen auseinander. Wie ist die Zusammensetzung der Ausschüsse? Wann sind die nächsten Sitzungstermine? Falls möglich, nehmen Sie an einer der nächsten – im Regelfall öffentlichen – Sitzungen teil.

4.6 Gemeinnützige Träger der Sozialen Arbeit

Zu den gemeinnützigen Trägern der Sozialen Arbeit werden zahlreiche eigenständige Organisationen, die großen Wohlfahrtsverbände, die Kirchen und die Religionsgemeinschaften des öffentlichen Rechts, Jugendverbände, Selbsthilfe- und Initiativgruppen gezählt.

Die Gesamtheit der nicht-staatlichen gemeinnützigen Organisationen, die im sozialen Bereich und im Gesundheitswesen personenbezogene soziale Dienstleistungen anbieten, wird als **Freie Wohlfahrtspflege** bezeichnet (Bieker 2011).

Diese Organisationen der Freien Wohlfahrtspflege sind mit ihren Einrichtungen und Diensten in allen Bereichen Sozialer Arbeit präsent (Dahme/Wohlfahrt 2013). Die Leistungen und Angebote der Freien Wohlfahrtspflege sind also ein wichtiger Bestandteil des Sozialstaates.

Verbindendes Merkmal dieser inhaltlich wie rechtlich teilweise sehr differenten Organisationen der Freien Wohlfahrtspflege ist, dass sie im Unterschied zu den gewerblichen Organisationen nicht gewinnorientiert, sondern am Gemeinwohl orientiert arbeiten (= gemeinnützig sind, Kap. 4.4). Die zahlreichen gemeinnützig tätigen Organisationen der Freien Wohlfahrtspflege sind rechtlich selbstständig. Zur Bündelung ihrer Interessen haben sie sich meist einem der sechs Spitzenverbände der Freien Wohlfahrtsverbände angeschlossen bzw. können einem dieser Spitzenverbände zugerechnet werden (Merchel 2008).

4.6.1 Wohlfahrtsverbände

Die sechs Spitzenverbände der Freien Wohlfahrtspflege sind:

- Arbeiterwohlfahrt (AWO)
- Deutscher Caritasverband (DCV)
- Der Paritätische Gesamtverband (Der Paritätische)
- Deutsches Rotes Kreuz (DRK)
- Diakonie Deutschland – Evangelisches Werk für Diakonie und Entwicklung (Diakonie)
- Zentralwohlfahrtsstelle der Juden in Deutschland (ZWST)

Spitzenverband ist dabei eine Selbstbezeichnung, mit der u.a. eine bundesweite Präsenz und föderalistische Organisation verbunden ist.

Einen muslimischen Wohlfahrtsverband gibt es neben diesen etablierten Spitzenverbänden der freien Wohlfahrtspflege bislang noch nicht. Dies ist insofern verwunderlich und ein auf Dauer unhaltbarer Zustand, als dass die Anzahl der Menschen mit muslimischem Glauben und damit auch das Angebot an spezifischen professionellen und ehrenamtlichen Angeboten der Sozialen Arbeit, z.B. durch die Moscheegemeinden, stetig zunimmt. Es wäre also wichtig, muslimische Wohlfahrtspflege auch verbandlich strukturell zu vertreten (Ceylan / Kiefer 2016).

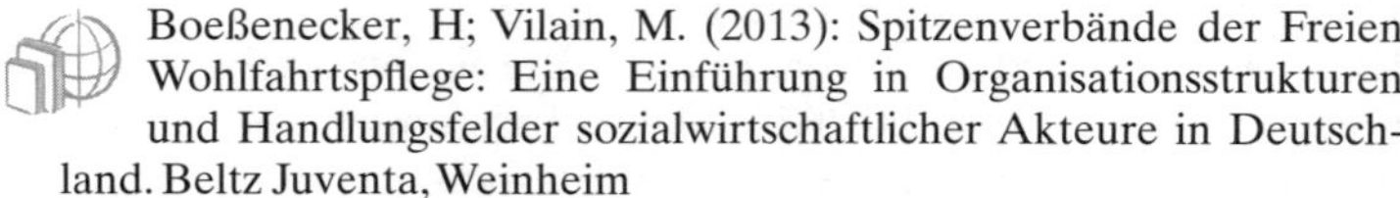

Boeßenecker, H; Vilain, M. (2013): Spitzenverbände der Freien Wohlfahrtspflege: Eine Einführung in Organisationsstrukturen und Handlungsfelder sozialwirtschaftlicher Akteure in Deutschland. Beltz Juventa, Weinheim

Ceylan, R., Kiefer, M. (2016): Muslimische Wohlfahrtspflege in Deutschland. Eine historische und systematische Einführung. Springer, Wiesbaden

Die sechs Spitzenverbände der Freien Wohlfahrtspflege unterscheiden sich in ihrer ideell-weltanschaulichen Ausrichtung, ihrer verbandlichen Tradition, ihren regionalen Gliederungen und den fachlichen Schwerpunktsetzungen ihrer Mitglieder (Nikles 2008).

Arbeiterwohlfahrt (AWO)

Die Arbeiterwohlfahrt (AWO) wurde am 13. Dezember 1919 nach einem Beschluss der SPD auf Initiative von Marie Juchaz als „Hauptausschuss der Arbeiterwohlfahrt in der SPD“ gegründet. Mit der Gründung war das Ziel verbunden, Not zu lindern und ihr vorzubeugen. Insbesondere durch die Unterstützung der Menschen, ihr Leben selbst zu gestalten, sollte deren Not überwunden werden. Nach ihrem Verbot in der Zeit von 1933–1945 erfolgte 1946 die Neugründung der AWO. In der Sowjetischen Besatzungszone und der DDR wurde sie nicht zugelassen und erst Anfang 1990 wieder gegründet. Im Jahr 2019 handelt es sich bei der AWO um einen föderalen Verband mit bundesweit rund 325.000 Mitgliedern in 30 Bezirks- und Landesverbänden, 411 Kreisverbänden und 3.514 Ortsvereinen. In den bundesweit über 15.000 Einrichtungen und sozialen Diensten der AWO sind rund 65.000 ehrenamtliche und 212.000 hauptamtliche MitarbeiterInnen tätig. Leitsatz des ehrenamtlichen Engagements und der professionellen sozialen Dienstleistungen ist der Einsatz für eine sozial gerechte Gesellschaft, orientiert an den Werten Solidarität, Toleranz, Freiheit, Gleichheit und Gerechtigkeit (AWO Bundesverband 2005; 2017; weitere Informationen: www.awo.org).

Deutscher Caritasverband (DCV)

Der Deutsche Caritasverband (DCV) wurde am 9. November 1897 durch den Priester Lorenz Werthmann gegründet und ist der Wohlfahrtsverband der katholischen Kirche in Deutschland. Die Arbeit der Caritas steht unter dem Motto „Not sehen und handeln“ und orientiert sich damit am christlichen Gebot der Nächstenliebe. Der DCV ist dezentral strukturiert und gliedert sich entsprechend der Aufteilung des katholischen Deutschlands in 27 Diözesan-Caritasverbände mit 539 Regional- und Orts-Caritasverbänden. Dem DCV sind rund 25.000 Einrichtungen mit über einer Million Betten bzw. Plätzen in allen Feldern der Sozialen Arbeit bzw. im Gesundheitsbereich angeschlossen. Mehr als 600.000 Menschen arbeiten hauptberuflich in den Einrichtungen und sozialen Diensten der Caritas. Sie werden von rund 500.000 Ehrenamtlichen unterstützt.

Als **Diözese** bzw. Bistum wird in der katholischen Kirche der Verwaltungsbezirk eines Bischofs bezeichnet. In Deutschland gibt es derzeit 27 Bistümer, sieben davon sind Erzbistümer, in denen mehrere Bistümer zusammengefasst wurden.

Daneben gibt es im DCV insgesamt 17 Fachverbände. In sieben Einrichtungsverbänden (Bundesverband katholischer Einrichtungen und Dienste der Erziehungshilfe – BvkE, Bundesverband Caritas Behindertenhilfe und Psychiatrie – CBP, Caritas Bundesverband Kinder- und Jugendreha – CKR, Katholischer Arbeitskreis für Familienerholung – KAFE, Katholischer Krankenhausverband Deutschland – KKVD, Verband katholischer Tageseinrichtungen für Kinder – KTK, Verband katholischer Altenhilfe in Deutschland – VKAD) haben sich die Träger von caritativen Einrichtungen mit der gleichen Fachrichtung zusammengeschlossen, um die Lobbyarbeit für die von ihnen betreuten Zielgruppen zu intensivieren. Die zehn Personalfachverbände (Caritaskonferenzen Deutschland CKD, Familien-Ferien-Werk, Verband für Mädchen und Frauensozialarbeit Deutschland – IN VIA, Verband katholische Jugendfürsorge e.V. – VKJF, Kreuzbund, Malteser Hilfsdienst, Raphaelswerk, Sozialdienst katholischer Frauen SkF, SKM Bundesverband – SKM, Gemeinschaft der Vinzenz-Konferenzen Deutschland – VKD) sind mit ihren Tätigkeiten der präventiven, aufsuchenden, nachgehenden und stationären Sozialarbeit auf bestimmte Schwerpunktthemen und Personengruppen ausgerichtet. Insgesamt bieten sie, in enger Zusammenarbeit von ehrenamtlich und (haupt-)beruflich Tätigkeiten, ein breites Spektrum an Hilfe und Unterstützung. Ähnlich wie der DCV sind sie föderal organisiert und sowohl in einzelnen Diözesen als auch auf der Bundesebene vertreten (www.caritas.de).

Beispielsweise ist der **Sozialdienst katholischer Frauen** in 25 der 27 Diözesen in Deutschland vertreten. Seine 143 Ortsvereine sind im Sozialdienst katholischer Frauen Gesamtverein e. V. zusammengeschlossen.

Welcher Fachverband interessiert Sie besonders? Recherchieren Sie seine Struktur, Mitglieder und Ziele.

Der Paritätische Gesamtverband (Der Paritätische)

Die Gründung des Paritätischen Gesamtverbandes (Der Paritätische) als zum damaligen Zeitpunkt fünfter Wohlfahrtsverband erfolgte 1924 unter dem Namen „Vereinigung der freien privaten gemeinnützigen Wohlfahrtseinrichtungen Deutschlands e.V." Er ist für die Organisationen entstanden, die sich aus weltanschaulich-konfessionellen Gründen keinem der bereits bestehenden Wohlfahrtsverbände anschließen wollten. Leitgedanke war und ist die Idee der Parität (= Gleichheit) aller in ihrem Ansehen und ihren Möglichkeiten. Nach Auflösung des Verbandes 1934 und Zuordnung der Mitgliedsorganisationen zur Nationalsozialistischen Volkswohlfahrt (Nikles 2008) erfolgte 1945 bereits kurz nach Kriegsende die Gründung einzelner Landesverbände und 1949 die erneute Gründung des Gesamtverbandes des Paritätischen. Im Jahr 2019 ist der Paritätische der Dachverband von über 10.000 eigenständigen Organisationen, Einrichtungen und Gruppierungen aus den unterschiedlichen Bereichen der Sozialen Arbeit. Die Interessen seiner Mitglieder vertritt der Paritätische nicht nur als Gesamtverband auf Bundesebene, sondern auch auf der Ebene der Länder in 15 Landesverbänden (die Länder Rheinland-Pfalz und Saarland bilden gemeinsam einen Landesverband). Auf kommunaler Ebene finden sich für die Lobbyarbeit mehr als 280 Kreisgeschäftsstellen. Zentrale Aufgabe des Paritätischen Gesamtverbandes ist neben der Repräsentation der Interessen seiner Mitglieder in unterschiedlichen Gremien, Gesetzgebungsverfahren und Diskursen die Förderung der fachlichen Zielsetzungen seiner Mitgliedsorganisationen und ihre Unterstützung in rechtlichen, gesellschaftlichen und wirtschaftlichen Belangen. Dabei setzt sich der Paritätische Gesamtverband insbesondere für soziale Gerechtigkeit ein und vertritt mit und für seine Mitgliedsorganisationen insbesondere die Belange von sozial benachteiligten und von Ungleichheit und Ausgrenzung betroffenen oder bedrohten Menschen bzw. Gruppen (www.der-paritaetische.de).

Recherchieren Sie drei unterschiedliche Organisationen, die Mitglieder im Paritätischen Landesverband Ihres Heimatbundeslandes sind (z. B. in Bezug auf das jeweilige Handlungsfeld, die Größe oder die Rechtsform).

Deutsches Rotes Kreuz (DRK)

Das Deutsche Rote Kreuz (DRK) wurde 1921 begründet und geht auf das 1863 als Hilfe für Kriegsopfer entstandene Internationale Rote Kreuz zurück. Im Jahr 2019 ist das Deutsche Rote Kreuz die nationale Rotkreuzgesellschaft der Bundesrepublik und Spitzenverband der Freien Wohlfahrtspflege. Damit nimmt das DRK als Hilfsorganisation und Wohlfahrtsverband umfassende Aufgaben von nationaler Bedeutung wahr. Diese reichen von Rettungsdiensten und Erste Hilfe, Gesundheitsdiensten inkl. Blutspendediensten über Kinder-, Jugend- und Familienhilfe bis hin zu Suchdienst und Jugendrotkreuz. Damit repräsentiert das DRK eine fachliche Breite wie kaum ein anderer Wohlfahrtsverband. Insgesamt arbeiten rund 165.000 hauptamtliche MitarbeiterInnen beim DRK und rund 400.000 Ehrenamtliche engagieren sich innerhalb seiner Strukturen und Organisationen. Rund vier Millionen Menschen sind Mitglied in den 19 Landes-, 500 Kreisverbänden, 4.500 Ortsvereinen und im Verband der Schwesternschaften des DRK (www.drk.de).

Diakonie Deutschland – Evangelisches Werk für Diakonie und Entwicklung (Diakonie)

Die Diakonie Deutschland – Evangelisches Werk für Diakonie und Entwicklung (Diakonie) ist als evangelischer Wohlfahrtsverband der soziale Dienst der evangelischen Kirchen. Die Diakonie in ihrer heutigen Form geht auf Johann Hinrich Wichern und die Gründung des „Central-Ausschusses für die Innere Mission der Deutschen Evangelischen Kirche“ im Jahr 1848 zurück. Auch heute hilft, begleitet und unterstützt die Diakonie aus christlicher Motivation heraus Menschen in Not und sozial ungerechten Verhältnissen. Mitglieder der Diakonie sind die 17 Diakonischen Werke der Landeskirchen der Evangelischen Kirche in Deutschland (EKD), elf Freikirchen und über 65 Fachverbände aus den unterschiedlichen Bereichen der Sozialen Arbeit und des Gesundheitswesens (wie Bundesfachverband Evangelischer Behindertenhilfe e.V., Bundesvereinigung Evangelischer Tageseinrichtungen für Kinder e.V. oder Evangelischer Fachverband für Frauengesundheit e.V.). Diese Mitglieder der Diakonie repräsentieren über 30.000 ambulante und stationäre Einrichtungen bzw. Dienste mit mehr als 525.000 MitarbeiterInnen sowie über 700.000 ehrenamtlich Engagierte (www.diakonie.de).

Wählen Sie einen Fachverband aus und recherchieren Sie seine Struktur, Mitglieder und Ziele.

Zentralwohlfahrtsstelle der Juden in Deutschland (ZWST)

Die Zentralwohlfahrtsstelle der Juden in Deutschland (ZWST) wurde 1917 unter dem Namen „Zentralwohlfahrtsstelle der deutschen Juden" als Dachverband für jüdische Organisationen und Wohlfahrtseinrichtungen gegründet. Unter der Herrschaft des Nationalsozialismus erfolgte die zwangsweise Auflösung des Verbandes. 1951 erfolgte die Neugründung unter dem heutigen Namen „Zentralwohlfahrtsstelle der Juden in Deutschland (ZWST)", in erster Linie um die Not der Überlebenden des Holocausts zu lindern. Im Jahr 2019 ist die ZWST die Dachorganisation der Wohlfahrtspflege mit 17 Landesverbänden und sechs selbstständigen Gemeinden, die 103 Mitgliedsgemeinden und rund 100.000 Mitglieder repräsentiert. Hinzu kommt der jüdische Frauenbund. Das Engagement der ZWST reicht vom Angebot von Integrations- und Bildungsaufenthalten über Aus- und Fortbildungsveranstaltungen in eigenen Einrichtungen bis hin zur Unterstützung der Sozialen Arbeit in den Gemeinden. Vor dem Hintergrund der Zuwanderung jüdischer Menschen aus der ehemaligen Sowjetunion steht dabei seit 1990 insbesondere die soziale und religiöse Integration der Menschen im Vordergrund der Arbeit (www.zwst.org).

Alle Spitzenverbände der freien Wohlfahrtspflege erfüllen als multifunktionale Gebilde mehrere Funktionen (Olk 1999): Zunächst sind sie in unterschiedlichen Feldern der Sozialen Arbeit auf kommunaler Ebene oftmals selbst Träger von Einrichtungen und Diensten personenbezogener sozialer Dienstleistungen.

So befinden sich viele der unterschiedlichen **personenbezogenen sozialen Dienstleistungen** der Sozialen Arbeit vor Ort in den Kommunen in der Trägerschaft von z. B. AWO, Caritas oder Diakonie.

Daneben verstehen sie sich als anwaltschaftliche Interessensvertretung für benachteiligte Bevölkerungsgruppen und betreiben sozialpolitisches Lobbying. Als wertegebundene Organisationen verfolgen Wohlfahrtsverbände eine programmatische Mission und eröffnen in ihren Einrichtungen, Diensten und Strukturen interessierten BürgerInnen die Gelegenheit, sich freiwillig zu engagieren. Schließlich vertreten sie auf den unterschiedlichen staatlichen Ebenen gebündelt die Interessen ihrer Mitglieder. Wohlfahrtsverbände vereinen so viele unterschiedliche Funktionen wie kein anderer Organisationstyp der Sozialen Arbeit (Strünk 2018).

Damit sich die Wohlfahrtsverbände auf kommunaler, Landes-, Bundes- und europäischer Ebene für die Interessen ihrer rechtlich meist selbstständigen Mitgliedsorganisationen einsetzen können, sind sie wie beschrieben föderalistisch strukturiert und ihre Gliederungen auf kommunaler und Landesebene rechtlich selbstständig. Zur Bündelung ihrer gemeinschaftlichen Interessen haben sich die Wohlfahrtsverbände auf kommunaler, Landes- und Bundesebene zu Arbeitsgemeinschaften, auf Landesebene auch Ligen genannt, zusammengeschlossen.

Organisationen und Strukturen in der Sozialen Arbeit auf einen Blick:

Bundesarbeitsgemeinschaft der freien Wohlfahrtspflege (BAG FW): Auf Bundesebene haben sich die sechs Spitzenverbände der Freien Wohlfahrtspflege in der Bundesarbeitsgemeinschaft der freien Wohlfahrtspflege (BAG FW) zusammengeschlossen. Die Aufgaben der BAG FW liegen insbesondere in der Beratung und Abstimmung in allen Aufgabenbereichen der Freien Wohlfahrtspflege sowie in der Zusammenarbeit in zentralen Angelegenheiten, in der Mitwirkung an Gesetzgebungsverfahren sowie in der Mitwirkung in Fachorganisationen und Initiativen, von denen die Freie Wohlfahrtspflege betroffen ist (www.bagfw.de).

4.6.2 Jugendverbände

Jugendverbände sind selbstinitiierte Zusammenschlüsse der Selbstorganisation junger Menschen.

Jugendverbände haben das Ziel, durch Jugendarbeit soziale Bildungsangebote unterschiedlicher gesellschaftlicher Positionen und weltanschaulicher Richtungen zu leisten. Jugendverbände, meist in der Rechtsform des eingetragenen Vereins, sind wichtige Träger der Jugendarbeit gem. § 12 SGB VIII. Die Vielzahl der Jugendverbände kann anhand ihrer inhaltlichen Schwerpunktsetzung wie folgt systematisiert werden (Mund 2016):

- konfessionell ausgerichtete Verbände, wie beispielsweise der Bund der katholischen Jugend (BDKJ), der evangelischen Jugend oder die Organisationen der muslimischen Jugend
- Pfadfinderverbände, wie beispielsweise Deutsche Pfadfinderschaft Sankt Georg (DPSG) oder der Bund Moslemischer Pfadfinder und Pfadfinderinnen Deutschland
- politische Verbände, wie beispielweise die Sozialistische Jugend Deutschlands – Die Falken
- humanitäre Verbände, wie beispielsweise die Jugend der Deutschen Lebens-Rettungs-Gesellschaft (Jugend DLRG)
- gewerkschaftliche Verbände, wie beispielsweise die Jugend des Deutschen Gewerkschaftsbundes (DGB)
- naturbezogene Verbände, wie beispielsweise die Naturschutzjugend im NABU-Naturschutzbund
- sportbezogene Verbände, wie beispielsweise die Deutsche Sportjugend im Deutschen Sportbund e. V.
- kulturbezogene Verbände, wie beispielsweise der Verband Deutsche Jugend in Europa (DJO)

Jugendverbände haben sich zur Bündelung ihrer gemeinsamen Interessen auf kommunaler Ebene meist zu Jugendringen, auf

Landesebene zu Landesjugendringen und auf Bundesebene zum Deutschen Bundesjugendring zusammengeschlossen.

Jugendringe sind freiwillige Zusammenschlüsse der Jugendverbände, sie bündeln und vertreten auf den unterschiedlichen staatlichen Ebenen die gemeinsamen Interessen der Jugendverbände. Die 16 Jugendringe der Landesebene sind im Deutschen Bundesjugendring (DBJR) zusammengeschlossen.

4.6.3 Selbsthilfe- und Initiativgruppen

Innerhalb der heterogenen Gruppe der gemeinnützigen Träger markieren Selbsthilfe- und Initiativgruppen einen besonderen Organisationstypus mit einer oft speziellen Entstehungsgeschichte. Selbsthilfe- und Initiativgruppen entstanden und entstehen unter anderem aufgrund von bestehenden Versorgungslücken in der Praxis, eigener Betroffenheit, beobachteten Missständen und veränderten gesellschaftlichen Wertehaltungen in Bezug auf die bestehenden Angebotsstrukturen (Merchel 2008). Selbsthilfe- und Initiativgruppen eint die Orientierung auf ein gemeinsames Problem oder einen Missstand sowie das Ziel des gemeinschaftlichen Umgangs damit. Bei Selbsthilfegruppen stehen jedoch oftmals die unmittelbare persönliche Betroffenheit und die gemeinschaftliche Bearbeitung ohne professionelle Hilfe stärker im Vordergrund als bei Initiativgruppen.

Eine **Selbsthilfegruppe** ist ein selbstinitiierter Zusammenschluss von Menschen mit dem Ziel der gemeinsamen Bewältigung von Krankheiten, psychischen und sozialen Problemen, von denen sie entweder selbst oder als Angehörige betroffen sind (Matzat 2017). Selbsthilfegruppen treffen sich regelmäßig, mit und ohne professionelle Leitung.

Initiativgruppen hingegen zeichnen sich vielfach stärker dadurch aus, dass ihr Ziel von vorneherein auf die Entwicklung und Erbringung einer professionellen Leistung in Eigenverantwortung ausgerichtet ist, wie es beispielsweise bei Angeboten der Kindertagesbetreuung der Fall ist, die als Elterninitiative entstanden sind. Daneben haben sich in Initiativgruppen oftmals auch Fachkräfte der Sozialen Arbeit mit dem Ziel zusammengeschlossen, auf in der Praxis beobachtete Missstände mit veränderten Leistungsangeboten zu reagieren.

In der Praxis ist die Differenzierung zwischen Selbsthilfe- und Initiativgruppe nicht immer einfach. Bedingt durch Entwicklungsdynamiken kann es zudem mit der Zeit zu Verschiebungen kommen. So können sich Organisationen, die ihre Arbeit als Selbsthilfeorganisationen begonnen haben über die Jahre zu einem großem Träger mit immer mehr professionellen und differenzierten Angeboten und Leistungen entwickeln (Merchel 2008).

1958 wurde von betroffenen Eltern und Fachleuten die **Bundesvereinigung der Lebenshilfe** gegründet. Ziel dieser Selbsthilfeinitiative war die Hilfe und Förderung behinderter Kinder ohne Heimaufenthalt und Trennung von ihrer Familie. Im Anschluss an diese Initialzündung sind zahlreiche Orts- und Kreisvereinigungen der Lebenshilfe entstanden. Im Jahr 2019 hat die Lebenshilfe bundesweit mehr als 125.000 Mitglieder in 16 Landesverbänden und 502 örtlichen Vereinigungen. Mit über 4.300 Einrichtungen, Angeboten und Diensten wie Wohnstätten, Werkstätten oder Frühförderstellen werden vielfältige Beratungs- und Unterstützungsleistungen angeboten. Die Lebenshilfe ist damit die größte Interessensvertretung von Menschen mit Behinderung und ihren Familien und zugleich ein Leistungserbringer (www.lebenshilfe.de).

Ebenfalls aus der Selbsthilfe heraus ist in Berlin 1983 **Wildwasser Arbeitsgemeinschaft gegen sexuellen Missbrauch an Mädchen e. V. (Wildwasser e. V.**) gegründet worden. Als zum damaligen Zeitpunkt erste Einrichtung hat Wildwasser e. V. sich gegen sexuelle Gewalt an Mädchen und Frauen eingesetzt. Wildwasser e. V. war damit Vorbild für weitere Wildwasser-Initiativen im Bundesgebiet. Auf der Basis eines feministischen Konzeptes ist Wildwasser e. V. in Berlin im Jahr 2019 Träger von zwei Mädchenberatungsstellen, dem Mädchennotdienst als Krisenwohnung und Anlaufstelle, einer interkulturellen Wohngruppe sowie ambulanten Hilfen zur Erziehung. Ein weiterer Bestandteil der dort geleisteten Arbeit ist die Frauenselbsthilfe (www.wildwasser-berlin.de).

Im Bereich der stationären Hilfen zur Erziehung der Kinder- und Jugendhilfe haben sich vor einigen Jahren junge Menschen zu einem **Care Leaver Netzwerk** zusammengeschlossen. Care Leaver (auch Careleaver) haben einen Teil ihres Lebens außerhalb des Elternhauses in öffentlicher Verantwortung, beispielsweise in einer Jugendwohngruppe, Heimeinrichtung, Pflegefamilie oder Erziehungsstelle verbracht und stehen am Übergang zu einem eigenständigen Leben. Dieser Übergang in die Selbstständigkeit ist für Care Leaver eine besondere Herausforderung, da sie anders als viele andere junge Menschen in ihrem Alter meist nicht auf eine stabile Beziehung zu ihren Herkunftsfamilien zurückgreifen können. Da die Unterstützung durch die stationäre Hilfe zur Erziehung oftmals mit dem 18. Lebensjahr endet, besteht für die Care Leaver die Gefahr, dass sie an einer entscheidenden Stelle ihres Lebens weitestgehend auf sich allein gestellt sind. Das Care Leaver Netzwerk möchte auf die problembelastete Situation und die Herausforderungen, vor denen junge Menschen bei Verlassen der stationären Hilfen zur Erziehung stehen, aufmerksam machen. Durch diese Interessensvertretung und die damit verbundene Sensibilisierung der (Fach-)Öffentlichkeit für ihre besondere Lebenslage, soll die Situation für junge Menschen in der Kinder- und Jugendhilfe insgesamt verbessert und zukünftigen Care Leavern der Weg in die Selbstständigkeit erleichtert werden (www.careleaver.de).

Basierend auf den Erkenntnissen des Praxisforschungsprojektes „Nach der stationären Erziehungshilfe – Care Leaver in Deutschland" wurde ein Arbeitsbuch entwickelt, in dem die Situation von jungen Menschen im Übergang aus stationären Hilfen ins Erwachsenenleben dargestellt wird und gute Beispiele der Übergangsbegleitung vorgestellt werden:

Sievers, B., Thomas, S., Zeller, M. (2018): Jugendhilfe – und dann? Zur Gestaltung der Übergänge junger Erwachsener aus stationären Erziehungshilfen. 3. Aufl. Walhalla, Regensburg

Die Berücksichtigung der jeweils individuellen Entstehungsgeschichte und der damit verbundenen Traditionen von Selbsthilfe- und Initiativgruppen hilft bei der Analyse der Organisationsstrukturen und dem Verstehen kultureller Bedingungen.

Zentrale bundesweite Anlaufstelle rund um das Thema Selbsthilfe ist in Deutschland die Nationale Kontakt- und Informationsstelle zur Anregung und Unterstützung von Selbsthilfegruppen NAKOS, in Trägerschaft des Fachverbandes Deutsche Arbeitsgemeinschaft Selbsthilfegruppen (DAG SHG) e.V.

Recherchieren und diskutieren Sie Ziele, Aufgaben und Leistungen von NAKOS und DAG SHG e. V. An welcher Stelle sehen Sie Bezüge zu den Aufträgen und Zielen der Sozialen Arbeit?

4.7 Gewerbliche Träger

Mit gewerblichen Trägern sind im Kontext der Sozialen Arbeit die Organisationen gemeint, deren erster oder gar ausschließlicher Zweck die gewerbliche Erbringung von personenbezogenen sozialen Dienstleistungen der Sozialen Arbeit ist. Organisationen mit einem primär anderen, ebenfalls gewerblichen Zweck wie beispielweise der Güterproduktion, in denen Soziale Arbeit ergänzend tätig wird, beispielsweise in Form von betrieblicher Sozialarbeit (Kap. 4.1), werden nicht betrachtet.

Gewerbliche Träger der Sozialen Arbeit unterscheiden sich von den gemeinnützigen Trägern durch ihre eigenwirtschaftliche Zielsetzung, d.h. sie erbringen die personenbezogenen sozialen Dienstleistungen der Sozialen Arbeit mit dem Ziel, Gewinne bzw. existenzsichernde Überschüsse zu erwirtschaften (Bieker 2011). Diese Möglichkeit der gewerblichen Träger unternehmerisch tätig zu sein und Gewinne zu erwirtschaften entsteht durch das fehlende Merkmal der Gemeinnützigkeit. Dies schließt nicht aus, dass auch gewerbliche Träger ideelle Ziele verfolgen. Sie sind jedoch nicht gemeinnützig im Sinne der Abgabenordnung tätig. In Bezug auf die Qualität der Leistungen gelten für die gewerblichen Träger die gleichen Anforderungen wie für die öffentlichen und gemeinnützigen Träger.

Lange Zeit waren für gewerbliche Träger die Möglichkeiten in den Feldern der Sozialen Arbeit tätig zu werden durch die sozialrechtlich normierte Vorrangstellung der Wohlfahrtsverbände und gemeinnützigen Träger begrenzt. Seit 1990 wurde dieser privilegierte Status der Wohlfahrtsverbände und gemeinnützigen Träger gegenüber den gewerblichen Trägern weitreichend abgebaut. Insbesondere durch Änderungen in der Pflegeversicherung, SGB XI, und in der Sozialhilfe, SGB XII, besteht nunmehr weitestgehend eine rechtliche Gleichstellung von gemeinnützigen und gewerblichen Trägern (Kap. 4.2). Ausnahmen bestehen insbesondere im Bereich der Kinder- und Jugendhilfe. Hier ist gem. § 74 SGB VIII eine Voraussetzung für die Inanspruchnahme öffentlicher Fördergelder, dass die Träger gemeinnützige Zwecke verfolgen. Somit besteht für die gewerblichen Träger der Kinder- und Jugendhilfe grundsätzlich nicht die Möglichkeit, Leistungen der Kinder- und Jugendhilfe anzubieten, die vom öffentlichen Träger durch eine Zuwendung finanziert werden (Kap. 5.2.1). Eine Besonderheit gibt es jedoch im Bereich der Förderung von Kindern in Tageseinrichtungen. Kindertagesstätten werden oft (auch) über Zuwendungen finanziert. Hier besteht mit § 74a SGB VIII die Möglichkeit, dass all die Träger von Einrichtungen durch die öffentlichen Träger finanziert werden können, die die rechtlichen und fachlichen Voraussetzungen für den Betrieb dieser Einrichtung erfüllen. Damit sind sowohl die gemeinnützigen als auch die gewerblichen Träger gemeint.

Da sie keine gemeinnützigen Ziele verfolgen können gewerbliche Träger gem. § 75 SGB VIII zudem nicht als Träger der freien Kinder- und Jugendhilfe anerkannt werden (Kap. 4.1.2).

In den Handlungsfeldern der Sozialen Arbeit sind gewerbliche Träger in unterschiedlichem Ausmaß vertreten. Im Bereich der ambulanten Pflege beispielweise haben die gewerblichen Träger einen Anteil von mehr als zwei Dritteln, Tendenz steigend. Auch im stationären Pflegebereich sind fast die Hälfte aller Angebote in gewerblicher Trägerschaft (Statistisches Bundesamt 2017). Im Bereich der Kinder- und Jugendhilfe wiederum sind die gemeinnützigen Träger nach wie vor die häufigsten Leistungserbringer. Die Anteile, die gewerbliche Träger im Jahr 2016 im Bereich der Tageseinrichtungen für Kinder (knapp 3%) sowie in anderen Einrichtungen der Kinder- und Jugendhilfe hatten (8,5%) (Arbeitsstelle Kinder- und Jugendhilfestatistik 2017) waren vergleichsweise gering.

Organisationen und Strukturen in der Sozialen Arbeit auf einen Blick:

Verbände gewerblicher Träger: Die gewerblichen Träger werden insbesondere durch zwei Dachverbände in ihrer Arbeit unterstützt.

Der Bundesverband privater Anbieter sozialer Dienste e.V. (bpa) ist nach eigener Aussage mit mehr als 10.000 aktiven Mitgliedseinrichtungen die größte Interessensvertretung der privaten Anbieter personenbezogener sozialer Dienstleistungen im Kontext von Pflege. Im bpa sind private Träger der ambulanten und (teil)stationären Pflege, der Behindertenhilfe und der Kinder- und Jugendhilfe organisiert. Neben der Interessensvertretung auf Bundesebene durch seine Bundesgeschäftsstelle vertritt der bpa die Interessen seiner Mitglieder auch vor Ort in den Bundesländern. Auch hier ist es das Ziel der Landesgeschäftsstellen durch konkrete Arbeitshilfen, Beratung und Begleitung ihre Mitglieder bei der Umsetzung gesetzlicher und vertraglicher Anforderungen zu unterstützen (www.bpa.de).

Der VPK Bundesverband privater Träger der freien Kinder-, Jugend- und Sozialhilfe e.V. ist der Zusammenschluss von Personen und Personenvereinigungen, die als Träger privater Einrichtungen Leistungen der Kinder- und Jugendhilfe anbieten. Neben privatgewerblichen Trägern können auch privat-gemeinnützige Träger der Kinder- und Jugendhilfe Mitglied im VPK werden. Vorrangige Aufgaben des VPK und seiner juristisch eigenständigen Landes- und Fachverbände sind die Beratung, Förderung und Weiterentwicklung der Kinder- und Jugendhilfe in den Bereichen Hilfen zur Erziehung und Kindertagesbetreuung, die Vertretung seiner Mitglieder gegenüber Politik und Gesellschaft, die Beratung bei der Vorbereitung und Durchführung von Gesetzen und Verordnungen sowie die Organisation von Plattformen zum Austausch (www.vpk.de).

4.8 Weitere Dachorganisationen der Sozialen Arbeit

Über die bereits genannten Zusammenschlüsse und Dachverbände hinaus gibt es in den unterschiedlichen Feldern der Sozialen Arbeit viele weitere Zusammenschlüsse, in denen die Träger ihre Interessen bündeln und sich für die Belange ihres jeweiligen Handlungsfeldes und ihrer Zielgruppen einsetzen.

> Diese Organisationen können in diesem Lehrbuch nicht alle dargestellt werden. Es ist jedoch sinnvoll, einen Überblick über die im eigenen Arbeitsbereich/Studienschwerpunkt bestehenden Fachverbände und Lobbyorganisationen zu haben. Recherchieren Sie diese Organisationen und diskutieren Sie ihre Ziele.

Zwei übergreifende Organisationen bilden jedoch für ihre Mitgliedsorganisationen eine ganz besondere Plattform und Möglichkeit des Austausches.

4.8.1 Deutscher Verein für öffentliche und private Fürsorge e. V.

Der zentrale Zusammenschluss der öffentlichen und privaten Träger der Sozialen Arbeit ist der Deutsche Verein für öffentliche und private Fürsorge e.V. (kurz: Deutscher Verein) mit Sitz der Geschäftsstelle in Berlin. Er wurde 1880 als „Deutscher Verein für Armenpflege und Wohltätigkeit" gegründet und ist nunmehr seit über 135 Jahren für alle AkteurInnen aus der Sozialen Arbeit, der Sozialpolitik und dem Sozialrecht ein gemeinsames Forum. Im Deutschen Verein und seinen Gremien werden alle Bestrebungen und Entwicklungen in den Bereichen Sozial-, Kinder- und Familienpolitik, Sozial- und Jugendhilfe, Alten- und Gesundheitshilfe, Rehabilitation und Behindertenhilfe, Pflege, soziale Berufe und der internationalen Sozialen Arbeit gebündelt.

Mitglieder des Deutschen Vereins sind neben Bundesministerien und -behörden die Länder, Landkreise, kreisfreien und kreisangehörigen Städte und Gemeinden, die Spitzenverbände der freien Wohlfahrtspflege und ihre föderalen Strukturen, gemeinnützige und gewerbliche Träger der Sozialen Arbeit, Ausbildungsstätten, Fachhochschulen und Universitäten sowie Einzelpersonen. Diese unterschiedlichen Mitgliedsgruppen werden auch als die Säulen des Deutschen Vereins bezeichnet. Insgesamt hat der Deutsche Verein über 2.000 Mitglieder. Diese diskutieren in zwölf Fachausschüssen und Arbeitskreisen aktuelle und wiederkehrende sozialpolitische, methodische und ökonomische Fragestellungen aus allen Bereichen der Sozialen Arbeit. In diesen Gremien sowie in weiteren Ad-Hoc Arbeitsgruppen sind immer jeweils alle

Mitgliedssäulen des Deutschen Vereins paritätisch (= gleich) vertreten. Gemeinsame Stellungnahmen zu Gesetzgebungsprozessen und Empfehlungen zur Umsetzung von Gesetzen für die Praxis werden dort erarbeitet und dem Präsidium des Deutschen Vereins zur Beschlussfassung zugeleitet. Auch im Präsidium sind alle Mitgliedssäulen repräsentiert. Damit spiegeln durch das Präsidium des Deutschen Vereins verabschiedete Dokumente (wie z.B. Stellungnahmen, Empfehlungen und Positionspapiere) immer den Konsens wider, auf den sich die VertreterInnen aller Mitgliedssäulen des Deutschen Vereins einigen konnten. Dieses Konsensprinzip des Deutschen Vereins hat folgende Effekte auf seine Arbeit: Sofern eine Mitgliedssäule beispielsweise Empfehlungen bzw. einzelnen Positionen daraus nicht zustimmen kann, erfolgt eine Überarbeitung mit dem Ziel, einen gemeinsamen Nenner, also die gemeinsame Position zu finden.

Daneben werden Empfehlungen, Stellungnahmen und Positionspapiere auch durch die in der Geschäftsstelle des Deutschen Vereins tätigen wissenschaftlichen ReferentInnen erarbeitet.

Das Präsidium des Deutschen Vereins tagt vier Mal im Jahr. In diesen Präsidiumssitzungen werden die durch die Gremien erarbeiteten Empfehlungen, Stellungnahmen etc. beraten und verabschiedet. Im Anschluss daran erfolgt ihre Veröffentlichung auf der Homepage des Deutschen Vereins.

Durch die Initiierung von Kongressen, Fachtagungen und Projekten unterstützt der Deutsche Verein als Plattform die Aktivitäten seiner Mitglieder und fördert als Netzwerk den Dialog zwischen den unterschiedlichen Trägern der Sozialen Arbeit. Die durch den Eigenverlag des Deutschen Vereins herausgegebenen Publikationen unterstützen gleichfalls die Diskussionen in den Gremien und tragen darüber hinaus zur fachlichen Weiterentwicklung der Sozialen Arbeit bei (www.deutscher-verein.de).

Darüber hinaus ist der Internationale Sozialdienst (ISD) Teil des Deutschen Vereins. Der ISD ist die deutsche Zweigstelle des International Social Service. Als solche ist der ISD die Verbindungsstelle zwischen deutschen und ausländischen öffentlichen und privaten Trägern der Sozialen Arbeit und Vormundschafts- und Familiengerichten im In- und Ausland. Der ISD befasst sich mit Fragestellungen, die einen Auslandsbezug haben wie beispielsweise die Bearbeitung internationaler Familienkonflikte, länderübergreifende Kinder- und Jugendhilfe, Migration und internationale Adoption. Neben dieser unmittelbaren Fallarbeit berät der ISD Privatpersonen wie Fachkräfte. Darüber hinaus ist der ISD Träger der zentralen Anlaufstelle für grenzüberschreitende Kindschaftskonflikte (ZAnk) (www.issger.de; www.zank.de).

Besuchen Sie die Homepage des Deutschen Vereins und verschaffen Sie sich einen Überblick über die Themen und Inhalte der aktuellen Empfehlungen, Stellungnahmen etc. des Deutschen Vereins bzw. der Geschäftsstelle des Deutschen Vereins.
Vergleichen Sie ausgewählte Positionen des Deutschen Vereins (beispielsweise in der Kinder- und Jugendhilfe oder in der Eingliederungshilfe) mit den Positionen, die einzelne Mitgliedssäulen (wie z. B. der Paritätische Gesamtverband oder die Kommunalen Spitzenverbände) für sich formulieren.

4.8.2 Arbeitsgemeinschaft für Kinder- und Jugendhilfe – AGJ

Das Forum und Netzwerk für die bundeszentralen Zusammenschlüsse, Organisationen und Behörden aus dem Bereich der Kinder- und Jugendhilfe ist die 1949 gegründete Arbeitsgemeinschaft für Kinder- und Jugendhilfe – AGJ. Die AGJ ist ein eingetragener Verein mit Sitz in Berlin. Zentrales Ziel der AGJ und ihrer Mitglieder ist die Vertretung der Interessen der Kinder- und Jugendhilfe durch gemeinsame jugendpolitische und fachpolitische Kommunikation und Kooperation auf Bundesebene sowie in europäischen und internationalen Zusammenhängen. Die AGJ bündelt die fachlichen und organisatorischen Strukturen der Kinder- und Jugendhilfe auf Bundesebene. Zentrale Anliegen der AG sind, alle Handlungsfelder und Fachbereiche der Kinder- und Jugendhilfe untereinander zu vernetzen und die Kooperation und Kommunikation zu angrenzenden Politikbereichen herzustellen.

Im Jahr 2019 sind rund 100 öffentliche und freie Träger der Kinder- und Jugendhilfe in der AGJ zusammengeschlossen. Diese bilden ein Netzwerk in sechs Mitgliedsgruppen der AGJ:

- bundeszentrale Jugendverbände und Landesjugendringe
- bundeszentrale Spitzenverbände der freien Wohlfahrtspflege

- bundeszentrale Fachorganisationen der Jugendhilfe
- oberste Jugend- und Familienbehörden der Länder
- Bundesarbeitsgemeinschaft Landesjugendämter
- Vereinigungen und Organisationen, die auf Bundesebene in den Bereichen Personal und Qualifizierung (Aus-, Fort- und Weiterbildung) für die Kinder- und Jugendhilfe tätig sind

Recherchieren Sie, welche Organisation innerhalb der einzelnen Mitgliedsgruppen die Federführung hat. Wer sind die weiteren Mitglieder der jeweiligen Mitgliedsgruppen?

Einen Schwerpunkt der Aktivitäten der AGJ bildet die fach- und jugendpolitische Gremienarbeit. Dazu hat die AGJ entsprechend der zentralen Aufgabenbereiche und Handlungsfelder der Kinder- und Jugendhilfe sechs Fachausschüsse eingerichtet. In diesen Fachausschüssen befassen sich die VertreterInnen der Mitgliedsgruppen mit aktuellen Themen der Kinder- und Jugendhilfe und begleiten fachpolitische Diskussionen und Projekte. Daneben erarbeiten die Fachausschüsse gemeinsame Positionspapiere, Handlungsempfehlungen und Stellungnahmen zu Gesetzgebungsprozessen, die durch den Vorstand der AGJ beraten und verabschiedet werden.

Zudem veranstaltet die AGJ Kongresse, Fachtagungen und Workshops mit dem Ziel der fachlichen Weiterentwicklung und der Verbesserung der Praxisbedingungen in der Kinder- und Jugendhilfe. Alle vier Jahre veranstaltet die AGJ den Deutschen Kinder- und Jugendhilfetag (DJHT). Der DJHT ist das zentrale Forum für Erfahrungsaustausch, Diskussion und Fortbildung im Kontext der Kinder- und Jugendhilfe (www.agj.de).

Auf ihrer Homepage veröffentlicht die AGJ ihre Arbeits- und Diskussionsergebnisse. Recherchieren und diskutieren Sie die aktuellen Stellungnahmen, Diskussions- und Positionspapiere der AGJ. Welche Themen werden behandelt, welche Positionen vertreten?

4.9 Selbstorganisation(en) der Fachkräfte der Sozialen Arbeit

Neben den Organisationen, die als öffentliche oder private Träger die unterschiedlichen Leistungen und Angebote der Sozialen Arbeit verantworten sind auch die Organisationen, die über einzelne Fachverbände hinaus (Kap. 4.8) die Interessen der in der Sozialen Arbeit tätigen Fachkräfte bündeln wichtige AkteurInnen einer professionellen Sozialen Arbeit. Diese Interessensvertretungen können zunächst ganz allgemein als Selbstorganisationen bezeichnet werden.

Mit **Selbstorganisationen** sind organisierte Zusammenschlüsse von AkteurInnen gemeint. Selbstorganisationen bündeln die Interessen ihrer Mitglieder und vertreten diese gemeinschaftlich gegenüber den Verantwortlichen in Politik und Gesellschaft.

Selbstorganisationen von Berufsgruppen können insbesondere berufspolitisch, fachspezifisch und/oder arbeits- und tarifrechtlich ausgerichtet sein. Wesentliche Formen der Selbstorganisationen in der Berufsgruppe der Fachkräfte der Sozialen Arbeit sind Berufsverbände und Gewerkschaften.

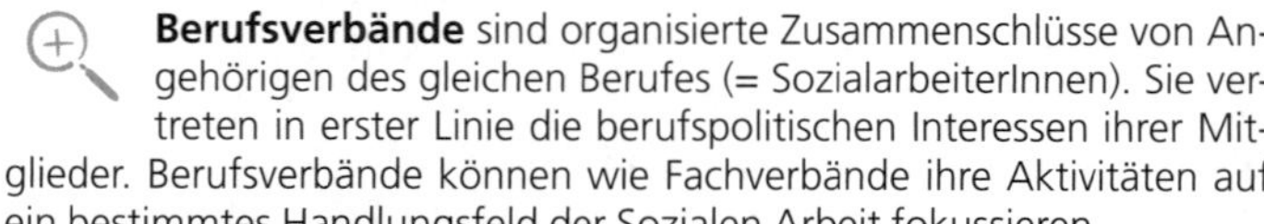

Berufsverbände sind organisierte Zusammenschlüsse von Angehörigen des gleichen Berufes (= SozialarbeiterInnen). Sie vertreten in erster Linie die berufspolitischen Interessen ihrer Mitglieder. Berufsverbände können wie Fachverbände ihre Aktivitäten auf ein bestimmtes Handlungsfeld der Sozialen Arbeit fokussieren.

Gewerkschaften sind freiwillige Zusammenschlüsse von abhängig Beschäftigten. Gewerkschaften vertreten insbesondere die arbeits- und tarifrechtlichen Interessen (z. B. leistungsgerechte Eingruppierung und Bezahlung, Verbesserung der Arbeitsbedingungen), die ihre Mitglieder als ArbeitnehmerInnen gegenüber den Arbeitgebern haben und handeln mit den Arbeitgebern für ihre Mitglieder Tarifverträge aus.

Ein Beispiel für einen Berufsverband der Sozialen Arbeit ist die 1989 gegründete **Deutsche Gesellschaft für Soziale Arbeit (DGSA)**. Die DGSA ist berufsständische Interessensvertretung und versteht sich als Netzwerk von Menschen, die die wissenschaftlichen Grundlagen der Sozialen Arbeit in Theorie, Ausbildung und Praxis verbessern möchten. Neben dem Fachdiskurs, der in verschiedenen Sektionen und Fachgruppen der DGSA geführt wird begreift es die DGSA auch als ihre Aufgabe, sich mit fachlichen Beiträgen aktiv in gesellschaftspolitische Debatten einzubringen (www.dgsa.de).

In der Sozialen Arbeit haben Selbstorganisationen der Fachkräfte eine lange Geschichte. Der erste Berufsverband der Sozialen Arbeit, der *Verband der Berufsarbeiterinnen der Inneren Mission,* wurde 1903 gegründet (Paulini 2010).

Grundsätzlich sind Berufsverbände wie Gewerkschaften wichtige Organisationen, um die mit der Sozialen Arbeit verbundenen professionellen Interessen sowie die Interessen der Zielgruppen der Sozialen Arbeit zu vertreten.

Daneben setzen sich Berufsverbände und Gewerkschaften auch für die gebündelte Interessensvertretung der in der Sozialen Arbeit als ArbeitnehmerInnen tätigen Fachkräfte ein. Hier gibt es einen Zusammenhang zwischen berufspolitischen sowie arbeits- und tarifrechtlichen Forderungen. So kann Soziale Arbeit nur im Rahmen sicherer und auskömmlicher Beschäftigungsverhältnisse professionell ausgeführt werden. Es ist daher die Frage zu stellen, wie eine stärkere gewerkschaftliche Organisiertheit von SozialarbeiterInnen erreicht werden kann.

Organisationen und Strukturen in der Sozialen Arbeit auf einen Blick:

Deutscher Berufsverband für Soziale Arbeit e. V. – DBSH: In Deutschland ist der größte Berufs- und Fachverband für Soziale Arbeit der Deutsche Berufsverband für Soziale Arbeit e.V. (DBSH). Der DBSH vertritt als anerkannter Berufsverband seine rund 6.000 Mitglieder berufspolitisch. Gleichzeitig ist der DBSH auch Fachgewerkschaft. Als solche ist der DBSH Mitglied im dbb (Deutscher Beamtenbund und Tarifunion), einem Dachverband von Gewerkschaften des öffentlichen Dienstes und des privaten Dienstleistungssektors. Dadurch ist der DBSH nicht nur Berufsverband, sondern vertritt als Gewerkschaft auch die arbeits-, tarif- und besoldungsrechtlichen Interessen seiner Mitglieder. Entsprechend seiner Satzung setzt sich der DBSH insbesondere für die Verbesserung der Bedingungen in der Sozialen Arbeit, der fachlichen Profilierung und leistungsgerechten Anerkennung der sozialen Berufe ein. Weiter fördert der DBSH die Zusammenarbeit der Fachkräfte der Sozialen Arbeit und ihrer Verbände sowie die Zusammenarbeit aller Beschäftigten in sozialen Handlungsfeldern.

Neben der Bundesorganisation des DBSH ist der DBSH auch dezentral durch Landesverbände organisiert. Zur fokussierten Wahrnehmung der berufspolitischen Aufgaben hat der DBSH verschiedene sogenannte Funktionsbereiche (z.B. Kinder- und Jugendhilfe, Gesundheit, Werteorientierte Soziale Arbeit oder Diversity und Queer) eingerichtet. Die gewerkschaftlichen Aufgaben des DBSH werden gem. § 14 der Satzung des DBSH von der Bundestarifkommission (BTK) des DBSH übernommen. Über die BTK wird die Vertretung der speziellen Interessen des DBSH in den Gremien und Strukturen der dbb sichergestellt (www.dbsh.de).

Organisationen und Strukturen in der Sozialen Arbeit auf einen Blick:

Weitere für die Soziale Arbeit relevante Gewerkschaften: Neben dem DBSH als Gewerkschaft sind insbesondere zwei Gewerkschaften für die Soziale Arbeit relevant.

Die 1948 gegründete Gewerkschaft Erziehung und Wissenschaft (GEW) ist die Gewerkschaft für die Beschäftigten, die in pädagogischen und wissenschaftlichen Berufen arbeiten. Die GEW ist Mitglied im Deutschen Gewerkschaftsbund (DGB), föderal organisiert und setzt sich aus 16 Landesverbänden zusammen. Innerhalb des geschäftsführenden Vorstandes der GEW ist die Soziale Arbeit im Organisationsbereich Jugendhilfe und Sozialarbeit verortet. Mit spezifischen Bundesfachgruppen, beispielsweise mit der Bundesfachgruppe Sozialpädagogische Berufe ermöglicht die GEW einen themenspezifischen Austausch über aktuelle fachliche und tarifrelevante Entwicklungen sowie die Erörterung und Erarbeitung von Positionen. Neben der Vertretung der Interessen ihrer Mitglieder am Arbeitsplatz und in der Politik bietet die GEW ihren Mitgliedern weitere Leistungen wie beispielsweise Berufshaftpflicht und Rechtsschutz sowie Seminare und Fortbildungsmöglichkeiten (www.gew.de).

Die Vereinte Dienstleistungsgewerkschaft, kurz ver.di, ist 2001 durch den Zusammenschluss von fünf Einzelgewerkschaften entstanden. Ver.di ist ebenfalls Mitglied im DGB. Damit die Spezifika der unterschiedlichen Branchen und Berufsgruppen berücksichtigt werden können, ist ver.di in 13 Fachbereiche organisiert. Fachkräfte der Sozialen Arbeit sind meist je nach Anstellungsträger entweder im Fachbereich *3. Gesundheit, soziale Dienste, Wohlfahrt und Kirchen* oder im Fachbereich *7. Gemeinden* organisiert (Paulini 2010). Auf Landesebene ist ver.di mit elf Landesverbänden vertreten. Daneben finden sich auf Ortsebene Ortsvereine bzw. Regionalvereine. Auch ver.di bietet seinen Mitgliedern neben der arbeits- und tarifrechtlichen Unterstützung vielfältige weitere Leistungen an, wie z. B. Rechtsschutz, Hilfe im Mobbing- und Konfliktfall oder Bildungsangebote (www.verdi.de).

Vertiefen Sie die Auseinandersetzung mit dem DBSH, ver.di und der GEW. Welche berufspolitischen bzw. gewerkschaftlichen Positionen werden in Bezug auf Soziale Arbeit vertreten? Worin unterscheiden sich die Positionen der unterschiedlichen Organisationen? Kennen Sie jemanden, der/die Mitglied in einem Berufsverband/einer Gewerkschaft ist? Führen Sie mit dieser Person ein Gespräch über ihre Erfahrungen. Überlegen Sie, ob auch für Sie ein Engagement in einem Berufsverband und/oder einer Gewerkschaft in Betracht kommen würde.

5 Finanzierung der Organisationen der Sozialen Arbeit

Finanzielle Mittel sind für die Erbringung der unterschiedlichen personenbezogenen sozialen Dienstleistungen eine erforderliche Voraussetzung. An diesem Punkt setzt dieses Kapitel an und gibt einen Überblick über die Grundlagen der Finanzierung in der Sozialen Arbeit. Der Fokus liegt dabei auf der öffentlichen Finanzierung einerseits und der nicht-öffentlichen Finanzierung andererseits, als die beiden Finanzierungsquellen, aus denen sich die Leistungen und Angebote der Organisationen der Sozialen Arbeit speisen. Innerhalb dieser Bereiche werden die wichtigsten Finanzierungsformen in ihren Grundzügen vorgestellt. Betriebswirtschaftliche Fragestellungen und Fragen des Finanzmanagements spielen im Kontext von Finanzierung ebenfalls eine zentrale Rolle, können jedoch, ebenso wie Spezifika der Finanzierung einzelner Sozialleistungsbereiche, aufgrund ihrer Komplexität nicht grundlegend erörtert werden.

Für ihr Praxisbegleitseminar sind **Laura** und ihre KommilitonInnen aufgefordert, eine Übersicht mit den unterschiedlichen Finanzierungsquellen und -formen ihrer Praxisstellen anzufertigen. Dabei wird deutlich, dass die vielen Angebote und Leistungen einer Organisation der Sozialen Arbeit oftmals aus einer Vielzahl unterschiedlicher öffentlicher und nicht-öffentlicher Finanzierungsquellen und -formen gespeist werden können. Dieser Finanzierungsmix setzt sich sogar innerhalb einiger Angebote fort.

Wo waren Sie schon einmal mit Fragen der Finanzierung der Sozialen Arbeit konfrontiert? Welche Erfahrungen haben Sie dabei gemacht?

Welche unterschiedlichen Finanzierungsquellen und -formen der Sozialen Arbeit kennen Sie?

5.1 Ohne Moos nix los! Grundlagen der Finanzierung der Sozialen Arbeit

Damit die vielfältigen Leistungen und Angebote der Sozialen Arbeit erbracht und zur Verfügung gestellt werden können, benötigen die Träger der Sozialen Arbeit Ressourcen – insbesondere Geld, aber auch Sachmittel. Erst durch eine Finanzierung, also mit Hilfe von Geld als Gegenleistung für die erbrachten bzw. als Teil der sozialen Infrastruktur vor Ort zur Verfügung gestellten personenbezogenen sozialen Dienstleistungen werden die Entlohnung von Fachkräften und der Betrieb von Einrichtungen wie Beratungsstellen oder stationären Einrichtungen möglich. In der Praxis der Sozialen Arbeit existiert eine Vielzahl unterschiedlicher, sich oft ergänzender und teilweise überschneidender öffentlicher und nicht-öffentlicher Finanzierungsquellen und damit verbundener Finanzierungsformen. Insofern ist der Umgang mit den Finanzierungsstrukturen der Sozialen Arbeit eine komplexe Managementaufgabe.

Finanzierung meint im Allgemeinen die Ausstattung der Organisationen der Sozialen Arbeit mit finanziellen Ressourcen. Im Besonderen wird mit Finanzierung der Sozialen Arbeit auch die konkrete Form, z. B. öffentliche oder nicht-öffentliche Finanzierung, angesprochen.

Dabei ist eine überwiegende bzw. gar ausschließliche Finanzierung durch die NutzerInnen der personenbezogenen sozialen Dienstleistungen, also durch diejenigen, an die sich die Angebote und Leistungen richten und die diese in Anspruch nehmen, die Ausnahme. Zum einen wären die Leistungsberechtigten in den wenigsten Fällen in der Lage, die tatsächlichen Kosten der jeweiligen personenbezogenen sozialen Dienstleistungen vollumfänglich zu tragen. Darüber hinaus soll zum anderen der Zugang zu den personenbezogenen sozialen Dienstleistungen der Sozialen Arbeit grundsätzlich allen BürgerInnen, unabhängig von den ihnen zur Verfügung stehenden finanziellen Mitteln, möglich sein.

Sofern z. B. eine **Erziehungsberatung gem. §§ 27, 28 SGB VIII** die geeignete und notwendige Hilfe zur Erziehung ist, kann diese Hilfe von den Anspruchsberechtigten, das sind bei den Hilfen zur Erziehung die Personensorgeberechtigten, unabhängig von ihren finanziellen Mitteln, also unabhängig von ihrem Einkommen und ihrem Vermögen, in Anspruch genommen werden.

Die Festsetzung von pauschalierten Kostenbeiträgen ist jedoch möglich, wenn auch nicht zwingend geboten.

In der **Kinder- und Jugendhilfe** können beispielsweise für die Förderung von Kindern in Tageseinrichtungen und Tagespflege Kostenbeiträge festgesetzt werden. Diese sind im Regelfall entsprechend des Einkommens, der Anzahl der kindergeldberechtigten Kinder in der Familie und der täglichen Betreuungszeit gestaffelt.

Bei manchen Leistungen, insbesondere bei (teil-) stationären Leistungen der Sozialen Arbeit erfolgt darüber hinaus regelhaft eine Heranziehung der Leistungsberechtigten zu den Kosten. D.h. die Leistungsberechtigen werden aus ihrem Einkommen, in manchen Konstellationen auch aus ihrem Vermögen, zu den durch die Hilfe entstehenden Kosten herangezogen. Dabei wird unter Umständen auch das Kindergeld berücksichtigt. In der Kinder- und Jugendhilfe werden unter bestimmten Voraussetzungen auch die Kinder und Jugendlichen aus ihrem Einkommen zu den Kosten herangezogen. Auch wenn es bei einer entsprechenden finanziellen Ausstattung der Leistungsberechtigten zwar durchaus möglich sein kann, werden jedoch in den meisten Fällen die durch die Leistung entstehenden tatsächlichen Kosten durch die Heranziehung nicht gedeckt.

Für die Beteiligung an den Kosten für stationäre und teilstationäre Leistungen sowie vorläufige Maßnahmen nach §§ 91 ff. SGB VIII hat die Bundesarbeitsgemeinschaft Landesjugendämter 2018 „Gemeinsame Empfehlungen zur Kostenbeteiligung nach dem SGB VIII. Heranziehung zu den Kosten nach §§ 91 ff. SGB VIII“ vorgelegt, die die gesetzlichen Regelungen in den genannten Fällen erläutern. www.bagljae.de/downloads/133_gemeinsame-empfehlungen-zur-kostenbeteilig.pdf (30.04.2019)

Auch eine ausschließliche Finanzierung der Angebote und Leistungen durch die Organisationen selbst ist selten und erfolgt in erster Linie bei Angeboten, die nicht zu den gesetzlich verankerten Sozialleistungen zählen (Kap. 5.3).

In der Sozialen Arbeit werden Sozialleistungen zum überwiegenden Teil aus öffentlichen Mitteln der unterschiedlichen föderalen Ebenen (Nikles 2008) finanziert: Entsprechend der verfassungsrechtlich festgelegten Aufgabenverteilung finanziert der **Bund** im Bereich der Sozialen Arbeit nur Organisationen, Projekte und Modellvorhaben mit einer bundeszentralen Bedeutung. Im Bereich der Kinder- und Jugendhilfe ist in diesem Zusammenhang der Kinder- und Jugendplan des Bundes (KJP) das wichtigste Förderinstrument. Als oberste Bundesbehörde regt das Bundesjugendministerium gem. § 83 Abs. 1 SGB VIII die Kinder- und Jugendhilfe an und fördert sie, wenn dies von überregionaler Bedeutung ist. Damit hat der KJP insbesondere die Aufgabe, dazu beizutragen, dass junge Menschen ihre Persönlichkeit frei entfalten und ihre Rechte eigenverantwortlich wahrnehmen können. Mit Hilfe des KJP sollen Rahmenbedingungen für eine leistungsstarke Infrastruktur der Kinder- und Jugendhilfe geschaffen sowie die Gleichstellung von Jungen und Mädchen gefördert werden. Daher können insbesondere die gemeinnützigen Träger der Kinder- und Jugendhilfe Anträge auf Förderung einzelner Projekte und Maßnahmen durch Mittel des KJP stellen.

Daneben finanzieren auch die Träger der Sozialversicherungen wie z. B. die Unfallkassen, Krankenkassen, Pflegekassen oder die Bundesagentur für Arbeit in ihren Zuständigkeitsbereichen Leistungen und Angebote der Sozialen Arbeit wie z. B. im Gesundheitswesen oder im Bereich der Pflege.

Entsprechend ihrer jeweiligen sozialgesetzlichen Zuständigkeiten können auch die **Länder** Kostenträger von Leistungen und Angeboten der Sozialen Arbeit sein, insbesondere im Bereich der Eingliederungshilfe und in der Hilfe zur Pflege. Auch stellen z. B. die Länder den Kommunen mit Hilfe einer Zuweisung oder eines Lastenausgleiches zusätzliche finanzielle Mittel zur Verfügung, die von den Kommunen auch zur Finanzierung ihrer Ausgaben im Bereich der Sozialen Arbeit genutzt werden können.

Zuweisungen sind Finanztransfers zwischen öffentlichen Aufgabenträgern.

Maßgeblich jedoch werden die Leistungen und Angebote der Sozialen Arbeit auf **kommunaler Ebene** von den örtlichen öffentlichen Trägern finanziert. Sofern die Leistungen und Angebote der Sozialen Arbeit von den öffentlichen Trägern selbst erbracht werden, beispielsweise durch ein kommunales Jugendzentrum, eine kommunale Kindertageseinrichtung oder auch durch den Allgemeinen Sozialen Dienst des Jugendamtes, erfolgt die Finanzierung unmittelbar durch den örtlichen öffentlichen Träger. Die jeweiligen Leistungen und Angebote sind dann ein Bestandteil des öffentlichen (Sozial-)Haushaltes des zuständigen Leistungsträgers wie z.B. der Stadt. Der öffentliche örtliche Träger ist in diesem Fall also gleichzeitig Leistungsträger, Kostenträger und Leistungserbringer.

Gem. § 11 SGB VIII sind jungen Menschen die zur Förderung ihrer Entwicklung erforderlichen Angebote der Jugendarbeit zur Verfügung zu stellen. Diesen Auftrag realisiert **Lauras Heimatstadt** als örtlicher öffentlicher Träger durch das städtische Jugendzentrum „JuZe". Dieses Angebot ist ein unmittelbarer Bestandteil der Verwaltung des Jugendamtes und damit auch seines Haushaltes.

Dies schließt nicht aus, dass auch die örtlichen öffentlichen Träger weitere öffentliche Finanzmittel in Anspruch nehmen können. Dies ist im Bereich der Kindertagesbetreuung oftmals der Fall. Hier werden z.B. im Rahmen einer Zuweisung den örtlichen öffentlichen Trägern Landesmittel zur Verfügung gestellt, damit diese im Bereich der Kindertagesbetreuung die in einem großen Umfang erforderlichen Plätze weiter quantitativ und qualitativ auf- und ausbauen können.

Darüber hinaus gewinnen insbesondere auf kommunaler Ebene Förderungen aus Mitteln der Strukturfonds der Europäischen Union an Bedeutung.

Mit ihren **Strukturfonds** verfolgt die Europäische Gemeinschaft das Ziel, den wirtschaftlichen und sozialen Zusammenhalt zwischen den Mitgliedsstaaten zu fördern. Für die Soziale Arbeit ist insbesondere der **Europäische Sozialfonds (ESF)** ein wichtiges Förderinstrument, da Förderschwerpunkte die soziale Eingliederung benachteiligter Gruppen, die bessere Qualifizierung für einen Arbeitsplatz und die Bekämpfung der Jugendarbeitslosigkeit sind.

Bedingt durch das Subsidiaritätsprinzip wird die Mehrheit der Leistungen und Angebote der Sozialen Arbeit jedoch nicht durch öffentliche Träger, sondern von Organisationen in privater Trägerschaft erbracht. Auch dann erfolgt die Finanzierung der Leistungen und Angebote der Sozialen Arbeit überwiegend aus den Mitteln der öffentlichen Haushalte. Welcher öffentliche Kostenträger dabei für die unterschiedlichen Bereiche der Sozialen Arbeit konkret in Frage kommt, ist von den Regelungen der jeweiligen Leistungsgesetze abhängig (Pracht / Wolke 2009).

In diesen Fällen, in denen die Leistungen durch einen privaten Träger erbracht werden, bedarf es spezieller Wege und Formen, mit denen die finanziellen Mittel für die erbrachten und vorgehaltenen Leistungen von den jeweiligen öffentlichen Trägern zu den privaten Trägern der Sozialen Arbeit gelangen können.

Grundsätzlich ist hier zwischen zweiseitigen und dreiseitigen Finanzierungsformen zu unterschieden. Zweiseitige Finanzierungsformen beziehen sich allein auf das Verhältnis zwischen den öffentlichen Trägern und den Leistungserbringern. Solche Finanzierungsformen sind anzutreffen, wenn es um das einzelfallunabhängige Vorhalten von Angeboten und Einrichtungen geht. Es werden keine Einzelfallentscheidungen des Leistungsträgers über einen Anspruch des Leistungsberechtigten und daraus folgend über die konkrete Ausgestaltung der Leistung erforderlich. Der öffentliche Träger ist in diesen Fällen zwar grundsätzlich zu einer Leistung und einem Angebot verpflichtet, wie beispielsweise im Bereich der Jugendarbeit gem. § 11 SGB VIII, es bestehen jedoch keine individuellen Rechtsansprüche Einzelner, wie beispielsweise im Kontext der Hilfe zur Erziehung gem. §§ 27 ff. SGB VIII.

Innerhalb solcher zweiseitigen Finanzierungsformen werden die Angebote und Leistungen der privaten Träger von den öffentlichen Trägern direkt finanziert. Der öffentliche Träger stellt

Ressourcen (meist Geld, aber auch Sachmittel) zur Verfügung, die es dem Leistungserbringer ermöglichen, die Leistung zu erbringen bzw. vorzuhalten. Diese Finanzierungsform wird auch als Objekt- (oder direkte) Finanzierung bezeichnet (Kolhoff/Bettig 2015).

Im Gegensatz dazu erfolgt bei dreiseitigen Finanzierungsformen die Finanzierung über die im Einzelfall Leistungsberechtigten. In diesen Fällen handeln Leistungsträger und Leistungserbringer in vorgegebenen Verfahren die Kosten sowie das daraus für die einzelnen Leistungen abzuleitende Entgelt aus, beispielsweise für eine Fachleistungsstunde oder einen Tagessatz für die Unterbringung in einer Einrichtung. Anders als jedoch bei der Objekt-Finanzierung erhält der Leistungserbringer das Entgelt erst dann, wenn der Leistungsberechtigte sich im Rahmen seines Wunsch- und Wahlrechts für die Inanspruchnahme der vorgehaltenen Leistung bei diesem Leistungserbringer tatsächlich entschließt. Diese Form wird auch als Subjekt- (oder indirekte) Finanzierung bezeichnet (Kolhoff/Bettig 2015).

Bei der Subjekt-Finanzierung besteht zwischen den öffentlichen Leistungs- und Kostenträgern, den Leistungserbringern und den Anspruchsberechtigten ein besonderes Verhältnis: das sogenannte sozialrechtliche Dreiecksverhältnis (Abb. 12).

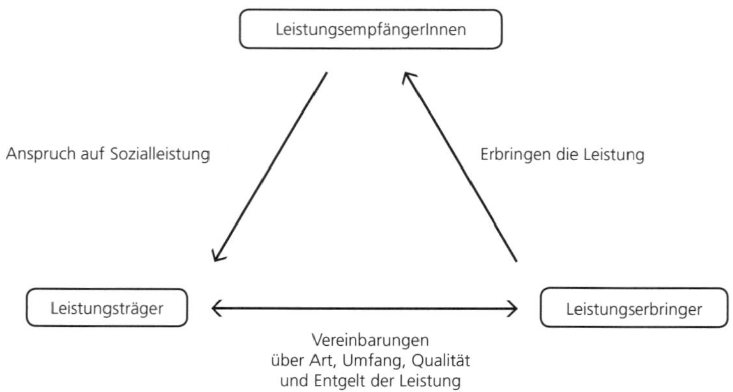

Abb. 12: Das sozialrechtliche Dreiecksverhältnis

Das sozialrechtliche Dreiecksverhältnis beschreibt die drei Seiten der rechtlichen Beziehungen zwischen den einzelnen Beteiligten: Die Leistungsberechtigten haben einen Rechtsanspruch auf eine Sozialleistung gegenüber dem zuständigen öffentlichen Leistungsträger. Sofern die Anspruchsvoraussetzungen erfüllt sind, ergibt sich aus diesem Sozialleistungsanspruch eine Leistungsverpflichtung des öffentlichen Trägers gegenüber dem Leistungsberechtigten. Der öffentliche Träger ist dann der Gewährleistungsträger (Kap. 4.1.1). In den meisten Fällen gewährt der öffentliche Träger die Sozialleistungen lediglich, er erfüllt seine Leistungsverpflichtungen jedoch nicht selbst. Vielmehr werden die jeweiligen Leistungen regelmäßig von privaten Trägern erbracht. Dazu wird zwischen Leistungserbringer und Leistungsberechtigten ein privatrechtlicher Vertrag über die Leistungserbringung geschlossen. Die durch die Inanspruchnahme der Hilfe entstehenden Kosten werden jedoch nicht von den Leistungsberechtigten, sondern vom öffentlichen Träger aufgrund seiner gegenüber dem Leistungsberechtigten bestehenden Leistungsverpflichtung übernommen. Dazu werden auf der Ebene von Leistungsträger und Leistungserbringer vertragliche Regelungen, sogenannte Leistungsvereinbarungen, über Art und Umfang der Leistung, ihre Qualität und das damit verbundene Entgelt getroffen, das im Leistungsfall vom Leistungsträger direkt an den Leistungserbringer gezahlt wird.

Leistungsvereinbarungen sind vertragliche Vereinbarungen zwischen Leistungsträger und Leistungserbringer über Art, Umfang und Qualität einer Leistung sowie das damit verbundene Entgelt.

Die **Eheleute Meier** wenden sich an das Jugendamt, weil sie Unterstützung bei der Erziehung ihres zehn Jahre alten Sohnes Max benötigen. Nach Gesprächen mit den Eheleuten Meier und Max kommt der Sozialarbeiter des Jugendamtes zu der Einschätzung, dass ein Anspruch der Eheleute Meier auf Hilfe zur Erziehung gem. § 27 SGB VIII besteht, da eine dem Wohle von Max entsprechende Erziehung aktuell nicht gewährleistet ist. Die geeignete und notwendige stationäre Hilfe zur Erziehung wird jedoch nicht vom Jugendamt erbracht, sondern von einem privaten Träger der Kinder- und Jugendhilfe.

Diesen privaten Träger können sich Familie Meier und Max entsprechend der Maßgaben des Wunsch- und Wahlrechts gem. § 5 SGB VIII aussuchen. Über die Leistungserbringung schließen sie einen Vertrag mit dem privaten Träger. Die durch die Inanspruchnahme der Hilfe entstehenden Kosten werden vom öffentlichen Träger übernommen. Die Grundsätze der Leistung (Inhalt, Qualität und Entgelt) hat der öffentliche Träger, vertreten durch das Jugendamt, in Leistungsvereinbarungen mit dem privaten Träger geregelt.

Damit diese Leistungsvereinbarungen vergleichbar sind und sich an grundlegenden Standards orientieren, werden sowohl in der Kinder- und Jugendhilfe (vgl. § 78f SGB VIII) als auch in der Sozialhilfe (vgl. 79 SGB XII) auf Landesebene Rahmenverträge über die Grundsätze der Leistungsvereinbarungen geschlossen.

In **Rahmenverträgen** werden auf Landesebene die Grundsätze vereinbart, die für die einzelnen Leistungsvereinbarungen gelten sollen. Vertragspartner sind die kommunalen Spitzenverbände und die Vereinigungen der Leistungserbringer auf Landesebene. Sie handeln für ihre Mitglieder diese Rahmenverträge aus.

Neben der klassischen Subjektfinanzierung im sozialrechtlichen Dreiecksverhältnis existieren auch neuere Ansätze der Subjektfinanzierung. Dies sind insbesondere Geldleistungen oder Gutscheine, die Leistungsträger an die Leistungsberechtigten vergeben und über die Leistungsberechtigte innerhalb des gesetzlichen Rahmens frei verfügen können.

In den einzelnen Sozialleistungsbereichen können sich die Detailregelungen zu den Finanzierungsbedingungen unterscheiden. Dies führt in der Praxis dazu, dass in Organisationen der Sozialen Arbeit oft ein komplexes Geflecht unterschiedlicher Finanzierungsquellen, verbundenen mit unterschiedlichen Nachweis- und Rechnungslegungspflichten zu finden ist (Merchel 2015).

Die gemeinnützige Organisation, in der Lauras Kommilitonin **Sandra** ihr Praxissemester absolviert hat, hat Angebote im Bereich der Kinder- und Jugendhilfe und der Eingliederungshilfe.

Dadurch müssen in der Leistungserbringung ebenso wie hinsichtlich der Finanzierung die entsprechenden Bestimmungen des SGB VIII und des SGB XII berücksichtigt werden. Einzelne Angebote werden sowohl aus öffentlichen Mitteln der unterschiedlichen Ebenen und eine Kostenbeteiligung der Leistungsberechtigten als auch durch nicht-öffentliche Mittel, beispielweise aus Stiftungen, finanziert.

Im Rahmen eines einführenden Lehrbuchs kann keine umfassende Darstellung aller Details und Regelungen zur Finanzierung in den einzelnen Sozialgesetzbüchern sowie der nicht-öffentlichen Finanzierungsmöglichkeiten und damit verbundenen Herausforderungen geleistet werden. Diese müssen sich die Fachkräfte in ihrem jeweiligen beruflichen Feld erarbeiten. Ziel der folgenden Ausführungen ist es daher, in die grundlegenden Finanzierungsstrukturen und –formen einzuführen.

5.2 Finanzierung durch öffentliche Mittel

Bei der Finanzierung durch öffentliche Mittel ist zunächst grundsätzlich zwischen der Objekt- und der Subjektfinanzierung zu unterscheiden. Die jeweils gebräuchlichsten Arten beider Finanzierungsformen werden in den folgenden Abschnitten skizziert.

5.2.1 Direkte Finanzierungsformen – Objektfinanzierung

Im Rahmen der Objektfinanzierung stellt der öffentliche Träger den Leistungserbringern die finanziellen Mittel direkt zur Verfügung (Kap. 5.1). Dies geschieht regelmäßig durch Zuwendungen oder Leistungsverträge. Diese werden im Folgenden in ihren Grundlagen dargestellt.

Zuwendungen

Eine mögliche Form der zweiseitigen Objektfinanzierung der Leistungen und Angebote der privaten Träger durch öffentliche Mittel ist die der Zuwendung. Zuwendungen, die nur gemeinnützigen Trägern gewährt werden können, sind inhaltsgleich mit dem rechtlichen Begriff der Subvention. Es handelt sich bei Zuwendungen um vermögenswerte Leistungen (insbesondere finanzielle Förderungen, aber auch z.B. die Überlassung von Räumen und Sachmitteln), die der Staat freiwillig, d.h. ohne einen bestehenden bestimmten Rechtsanspruch, an gemeinnützige Träger vergibt, damit diese einen öffentlichen Zweck erfüllen, an dem der Staat ein besonderes Interesse hat (Merchel 2015).

Zuwendungen sind entsprechend der Bundeshaushaltsordnung (BHO) und der Landeshaushaltsordnungen (LHO) Ausgaben und Verpflichtungsermächtigungen für Leistungen an Stellen außerhalb der Staatsverwaltung zur Erfüllung bestimmter Zwecke. An der Erfüllung besteht ein erhebliches Interesse, das ohne die Zuwendung nicht oder nicht im notwendigen Umfang befriedigt werden kann.

Grundsätzlich können die Zuwendungsarten in institutionelle und projektbezogene Förderungen unterschieden werden. Eine institutionelle Förderung ist dann gegeben, wenn mit der Zuwendung die gesamten Ausgaben oder ein nicht abgegrenzter Teil der Ausgaben des Zuwendungsempfängers gedeckt werden. Eine institutionelle Förderung bezieht sich also auf den Träger als Ganzes, seine satzungsgemäßen Aufgaben sollen durch die institutionelle Förderung sichergestellt werden, damit diese als Infrastrukturleistung im kommunalen Raum vorhanden sind (Bieker 2012). Auch institutionelle Förderungen müssen regelmäßig neu beantragt werden, da sie nur für ein Haushaltsjahr bewilligt werden und kein Recht auf eine Anschlussbewilligung besteht. Dennoch gleichen sie faktisch einer Dauerverpflichtung des Zuwendungsgebers.

Möchte der öffentliche Träger gewährleisten, dass ein bestimmtes Beratungsangebot, beispielsweise für die Opfer von Straftaten, in seinem Zuständigkeitsbereich zur Verfügung steht, sichert eine **institutionelle Förderung** dieses Angebot dauerhaft ab.

Bei einer Projektförderung bezieht sich die Zuwendung auf einzelne, spezifische und genau abgrenzbare Einzelvorhaben. Die

Organisation des Zuwendungsempfängers, der Träger an sich bzw. seine weiteren Angebote und Leistungen werden aus anderen Quellen finanziert und getragen, d.h. mit der Zuwendung wird lediglich ein Projekt (teil-)finanziert und die Förderung endet mit dem Abschluss des Projektes.

Für die Durchführung eines Theaterprojektes im Kontext der Prävention sexualisierter Gewalt gegen Kinder hat der gemeinnützige Träger, in dem **Frank** bereits mehrere Praktika absolviert hat, eine Projektförderung beim zuständigen öffentlichen Träger beantragt und erhalten.

Innerhalb der Finanzierungsarten ist zwischen der Vollfinanzierung und der Teilfinanzierung zu unterscheiden.

Bei der Vollfinanzierung, also der Finanzierung aller zuwendungsfähigen Ausgaben, werden keine Eigenmittel des Zuwendungsempfängers oder weitere fremde Mittel eingesetzt. Eine Vollfinanzierung ist jedoch nur in den Fällen möglich, in denen die Erfüllung des Zweckes im notwendigen Umfang nur bei einer Übernahme sämtlicher zuwendungsfähiger Ausgaben möglich ist.

Neben der Vollfinanzierung gibt es die deutlich häufigere Form der Teilfinanzierung. Hierbei wird mit der Zuwendung ein Teil der zuwendungsfähigen Aufgaben abgedeckt. Bei der Förderung des gemeinnützigen Trägers mit den öffentlichen Mitteln durch eine Zuwendung wird regelmäßig erwartet, dass er einen Eigenanteil (Eigenmittel oder geldwerte Leistungen wie haupt- oder ehrenamtliche Arbeit) erbringt (Bieker 2012).

Innerhalb der Teilfinanzierung können drei Arten identifiziert werden: die Anteilsfinanzierung, die Fehlbedarfsfinanzierung und die Festbetragsfinanzierung.

Anteilsfinanzierung: Bei der Anteilsfinanzierung bemisst sich die Zuwendung nach einem bestimmten Prozentwert (Anteil) der zuwendungsfähigen Ausgaben. Es werden also die Gesamtkosten des Vorhabens zugrunde gelegt und es wird hiervon ein zuvor vereinbarter prozentualer Anteil erstattet. Bei dieser Form der Finanzierung können Kostenerhöhungen, die nicht vom Zuwendungsempfänger verschuldet worden sind, durch eine Nachfinanzierung aufgefangen werden. Dementsprechend muss bei einer

Unterschreitung der Kosten (durch höhere Einnahmen oder eine Kosteneinsparung) ebenfalls ein anteiliger Betrag der Zuwendungssumme an den öffentlichen Träger zurückgezahlt werden.

Fehlbedarfsfinanzierung: Bei der Fehlbedarfsfinanzierung werden nur solche Ausgaben erstattet, die der Zuwendungsempfänger nicht durch eigene oder andere Mittel decken kann. Es ist daher zunächst die Offenlegung der finanziellen Situation des Zuwendungsempfängers erforderlich, um die Finanzierungslücke bestimmen zu können.

Festbetragsfinanzierung: Bei der Festbetragsfinanzierung schließlich beteiligt sich der öffentliche Träger mit einem festen, d.h. weder nach oben noch nach unten veränderbaren Betrag an dem Projekt und seinen zuwendungsfähigen Ausgaben. Dabei liegen die Gesamtausgaben immer höher als der Festbetrag.

Zuwendungen sind schriftlich beim zuständigen öffentlichen Träger zu beantragen und werden durch einen Zuwendungsbescheid bewilligt, d.h. es handelt sich bei der Entscheidung über Zuwendungen grundsätzlich um Verwaltungsakte. Im Zuwendungsbescheid muss neben der Höhe der bewilligten Mittel u.a. auch der zeitliche Umfang des Projektes (= der Bewilligungszeitraum) enthalten sein.

> Im Bereich der Kinder- und Jugendhilfe sind Zuwendungen auf der Rechtsgrundlage von § 74 SGB VIII möglich. So werden beispielsweise die Angebote der Jugendarbeit, die in **Lauras Heimatstadt** von anerkannten Trägern der freien Jugendhilfe vorgehalten werden, mit einer Zuwendung finanziert.

Neben dem klassischen Zuwendungsbescheid besteht auch die Möglichkeit, dass die Bewilligungsbehörde einen Zuwendungsvertrag mit dem Zuwendungsempfänger schließt.

> **Zuwendungsverträge** sind öffentlich-rechtliche Verträge zwischen dem öffentlichen Leistungsträger und dem Leistungserbringer. Zuwendungsverträge legen die wesentlichen an die Vergabe der Gelder geknüpften Details der Leistungserbringung (z. B. Zielgruppen, Öffnungszeiten und fachliche Standards) fest (Merchel 2015).

Innerhalb der Kinder- und Jugendhilfe kommen **Zuwendungsverträge** in den Fällen in Betracht, in denen Träger der freien Jugendhilfe gem. § 3 Abs. 3 SGB VIII andere Aufgaben des öffentlichen Trägers der Jugendhilfe wahrnehmen, wie z. B. die Inobhutnahme gem. § 42 SGB VIII.

Leistungsverträge

Daneben sind auch gegenseitige (Austausch-)Verträge, sogenannte Leistungsverträge, grundsätzlich möglich, um die rechtlichen Beziehungen zwischen Leistungsträgern und Leistungserbringern zu gestalten. Bei Zuwendungen werden der Träger oder einzelne seiner Einrichtungen und Projekte in seiner generellen Zielsetzung gefördert. Mit Zuwendungen verbindet der öffentliche Träger also keine genauen, abschließend bestimmten Gegenleistungen. Vielmehr wird mit der Zuwendung ein Konzept realisiert bzw. der Zuwendungsnehmer prägt die geförderten Leistungen durch seine eigenen satzungsgemäßen Zielstellungen.

Dies ist bei Leistungsverträgen anders. Bei Leistungsverträgen kauft der öffentliche Träger die von ihm genau beschriebene personenbezogene soziale Dienstleistung gegen ein vereinbartes Entgelt bei dem Leistungserbringer ein. Leistungsverträge fokussieren sich damit auf die Erfüllung eines vorab durch den öffentlichen Träger definierten Auftrages (Kolhoff / Bettig 2015).

Leistungsverträge sind gegenseitige Austauschverträge zwischen öffentlichen Leistungsträgern und privaten Leistungserbringern. Sie beinhalten genau definierte wechselseitige Leistungsverpflichtungen, also die Art, den Umfang und die Qualität der zu erbringenden Leistung einerseits und das dafür als Gegenleistung zu entrichtende Entgelt andererseits.

Leistungsverträge beinhalten stärker als Zuwendungen also wechselseitige Leistungsverpflichtungen und damit auch einen Leistungsaustausch. Dabei ist zu prüfen – und diese Entscheidung ist oft auch juristisch umstritten – ob der öffentliche Träger mit Leistungsverträgen sogar einen öffentlichen Auftrag vergibt, mit der Konsequenz, dass dann das Vergaberecht zur Anwendung kommen muss.

Öffentliche Aufträge sind Aufträge, die von öffentlichen Auftraggebern an die Privatwirtschaft vergeben werden. Bei öffentlichen Aufträgen findet das Vergaberecht Anwendung.

Die Anwendung des Vergaberechts liegt darin begründet, dass bei öffentlichen Aufträgen aufgrund des damit oft verbundenen Wirtschaftsvolumens ein besonderes öffentliches Interesse an der Transparenz des Vergabeverfahrens und der Gleichbehandlung geeigneter Auftragnehmer besteht. Daher sind bei allen öffentlichen Aufträgen grundsätzlich die Regelungen des Vergaberechts in Anwendung zu bringen. Das Vergaberecht hat, orientiert an der Realisierung des europäischen Binnenmarktes, insbesondere das Ziel, öffentliche Aufträge im Wettbewerb und mit Hilfe transparenter und fairer Verfahren zu vergeben. Es sollen zudem wirtschaftliche und sparsame Entscheidungen der öffentlichen Auftraggeber erreicht werden. Diese Ziele sollen mit Hilfe einer förmlichen Vergabe der öffentlichen Aufträge erreicht werden. Die förmliche Vergabe wird durch das Instrument der Ausschreibungen realisiert.

Eine **Ausschreibung** ist die öffentliche Bekanntmachung der Bedingungen, zu denen ein Angebot erwartet wird. Mit einer Ausschreibung ist ein spezielles Verfahren verbunden, das zur Transparenz und Diskriminierungsfreiheit des förmlichen Vergabeverfahrens beitragen soll.

Die EU hat Nettoauftragswerte für einzelne Auftragskategorien festgesetzt (sogenannte EU-Schwellenwerte). Werden diese überschritten, müssen die öffentlichen Auftraggeber bei der Gestaltung der Vergabeverfahren EU-Richtlinien anwenden. Diese EU-Richtlinien sind in Deutschland im 4. Teil des Gesetzes gegen Wettbewerbsbeschränkungen (GWB) und den dazugehörenden Verordnungen umgesetzt worden.

Dabei unterliegen soziale Dienstleistungen seit der Vergaberechtsreform aus dem Jahr 2014, die zum 18.04.2016 in deutsches

Recht umgesetzt wurde, besonderen europarechtlichen Regelungen. Dadurch soll den Spezifika personenbezogener sozialer Dienstleistungen Rechnung getragen werden, wie es das Europäische Parlament und der Europäische Rat im Erwägungsgrund 114 der Richtlinie 2014/24/EU formuliert haben:

> „Bestimmte Dienstleistungskategorien haben aufgrund ihrer Natur nach wie vor lediglich eine begrenzte grenzüberschreitende Dimension, insbesondere die sogenannten personenbezogenen Dienstleistungen, wie etwa bestimmte Dienstleistungen im Sozial-, im Gesundheits- und im Bildungsbereich. Diese Dienstleistungen werden in einem besonderen Kontext erbracht, der sich aufgrund unterschiedlicher kultureller Traditionen in den einzelnen Mitgliedsstaaten stark unterschiedlich darstellt. Für öffentliche Aufträge zur Erbringung dieser Dienstleistungen sollte daher eine spezifische Regelung festgelegt werden und ein höherer Schwellenwert gelten als der, der für andere Dienstleistungen gilt" (Amtsblatt der Europäischen Union 2014).

Seitdem liegt der EU-Schwellenwert, ab dem europarechtliche Regelungen des Vergabeverfahrens zur Anwendung kommen müssen, für soziale Dienstleistungen bei einem Nettoauftragswert von 750.000 Euro. Unterhalb dieses Schwellenwertes findet das nationale Vergaberecht Anwendung.

Wenn es sich also um einen öffentlichen Auftrag handelt, ist auch in Bezug auf die Leistungen und Angebote der Sozialen Arbeit die Anwendung des Vergaberechts geboten. Dies führt im Kontext von Leistungsverträgen dazu, dass, sofern das Vorliegen eines öffentlichen Auftrages bejaht wird, die jeweiligen Leistungen und Angebote durch den öffentlichen Auftraggeber öffentlich unter Beachtung und Anwendung nationaler und ggf. europarechtlicher Regelungen des Vergaberechts ausgeschrieben werden müssen.

Dabei wird die Frage, ob und bei welchen personenbezogenen sozialen Dienstleistungen der Sozialen Arbeit ein öffentlicher Auftrag vorliegt, sodass die Anwendung des Vergaberechts zwingend erforderlich ist, intensiv und kontrovers diskutiert. Im Kontext von dreiseitigen Finanzierungsformen kann diese Frage regelmäßig verneint werden. Innerhalb dieser Finanzierungsformen trifft nicht der öffentliche Leistungsträger die für die Identifikation eines öffentlichen Auftrages erforderliche Auswahlentscheidung, sondern der Leistungsberechtigte aufgrund seines Wunsch- und Wahlrechts. Auch eine Zuwendung, die keinen Leistungsaustausch in der oben beschriebenen Form enthält, ist daher in der Regel kein öffentlicher Auftrag (Cremer et al. 2013). Wenn jedoch der Leistungsträger den Leistungserbringer beauftragt, eine genau definierte Leistung für ihn zu erbringen, handelt es sich meist um einen öffentlichen Auftrag, sodass die Anwendung von Vergaberecht geboten ist. Gleichwohl lässt sich diese Frage, wann es sich innerhalb der Sozialen Arbeit um einen öffentlichen Auftrag im Sinne des Vergaberechts handelt, an dieser Stelle aufgrund ihrer Vielgestaltigkeit in der Praxis nicht abschließend beantworten. Wichtig ist es jedoch zu wissen, dass

> „die Beachtung vergaberechtlicher Reflexionen […] in der Organisation Sozialer Arbeit immer mehr an Bedeutung [gewinnt]. Dabei sind noch viele Fragen und Bewertungen von Lebenssachverhalten offen. Unaufmerksamkeit in diesem Bereich ist in jedem Fall risikobehaftet. Anders als im Bereich des Sozialrechts - wo Verstöße gegen die eigentlich klaren öffentlichen Ko-Finanzierungsregime nur ausnahmsweise Sanktionen nach sich ziehen, können durch eine Umgehung des Vergaberechts beihilfe- und zuwendungsrelevante Sachverhalte geschaffen werden, die eine **Rückforderung durch Aufsichtsbehörden bis hin zur Europäischen Kommission** (Hervorhebung im Original) nach sich ziehen können" (Gummert 2018, 169 f.).

Cremer G., Goldschmidt, N., Höfer, S., (2013): Ausschreibungen sozialer Dienstleistungen nach Vergaberecht. In: Cremer G., Goldschmidt, N., Höfer, S. (Hrsg.): Soziale Dienstleistungen. Ökonomie, Recht, Politik. Mohr Siebeck, Tübingen, 179–200

Gummert, P. (2018): § 11 Vergaberecht. In: Bernzen, C., Grube, C., Sitzler, R. (Hrsg.): Leistungs- und Entgeltvereinbarungen in der Sozialwirtschaft. Regulierungsinstrumente in der Eingliederungshilfe und der Kinder- und Jugendhilfe. Nomos, Baden Baden, 163–170

5.2.2 Indirekte Finanzierungsformen – Subjektfinanzierung

Bei den indirekten Finanzierungsformen erfolgt im Unterschied zu den direkten Formen die Finanzierung einzelfallbezogen über die Leistungsberechtigten (Kap. 5.1). Leistungsentgelte, Gutscheine und persönliche Budgets sind dabei die gebräuchlichsten Formen, sie werden im Folgenden vorgestellt.

Leistungsentgelte

Bei individuellen Leistungsansprüchen, also bei einer subjektbezogenen Finanzierung, besteht für den Leistungsträger erst dann ein Anlass zur Finanzierung, wenn sich der Leistungsberechtigte im Rahmen seines Wunsch- und Wahlrechts für einen Leistungserbringer entschieden hat und es in der Folge tatsächlich zu einer Inanspruchnahme einer Hilfe kommt. Erst dann ist das sozialrechtliche Dreieck geschlossen und der Leistungsberechtigte hat einen Anspruch gegenüber dem Leistungsträger auf Übernahme der durch die Inanspruchnahme der Hilfe entstehenden Kosten.

Um in diesen Konstellationen nicht für jeden Einzelfall die Leistung und die mit ihr verbundenen Kosten neu vereinbaren zu müssen, handeln die Leistungsträger mit den Leistungserbringern in Leistungsvereinbarungen (Kap. 5.1) Art und Umfang der Leistung, ihre Qualität und die Höhe des damit verbundenen Leistungsentgelts grundsätzlich aus.

Als **Leistungsentgelt** wird die vertraglich zwischen Leistungsträger und Leistungserbringer vereinbarte finanzielle Gegenleistung für eine in Art, Umfang und Qualität definierte Hilfeleistung bezeichnet.

Insbesondere in der Kinder- und Jugendhilfe, in der Eingliederungshilfe, in der Pflegeversicherung und in der Sozialhilfe erfolgt die Finanzierung individueller Sozialleistungen in weiten Bereichen im Rahmen vertraglich vereinbarter Leistungsvereinbarungen und -entgelte. Die jeweiligen Sozialgesetzbücher enthalten für die einzelnen Bereiche rechtliche Ausdifferenzierungen der hier dargestellten Grundlagen. Dadurch können die Spezifika der einzelnen Sozialleistungsbereiche berücksichtigt werden.

So finden sich z. B. in der **Kinder- und Jugendhilfe** die rechtlichen Regelungen für die Leistungsvereinbarungen in den §§ 77, 78a–f SGB VIII.

Grundsätzlich beziehen sich diese Vereinbarungen auf einen zukünftigen Zeitraum, d.h. die für die jeweiligen Leistungen zu zahlenden Entgelte sind vorab festzulegen. In diesem Zusammenhang wird auch von prospektiven (= vorausschauenden / auf die Zukunft gerichteten) Leistungsentgelten gesprochen. Diese prospektive Entgeltkalkulation beinhaltet die im Einzelfall für die Leistung entstehenden Kosten (Personal-, Sach- und Investitionskosten). Darüber hinaus werden auch erwartete Kostensteigerungen (beispielsweise durch Tarifänderungen) in der Entgeltkalkulation berücksichtigt. Bei dieser Kostenkalkulation wird ein bestimmter Auslastungsgrad, oftmals weitestgehend vollständig, der zur Verfügung stehenden Kapazitäten zu Grunde gelegt. Nachforderungen der Leistungserbringer sind dann innerhalb der Laufzeit der Leistungsvereinbarungen weitestgehend ausgeschlossen. Das wirtschaftliche Risiko für eventuell entstehende Defizite, beispielsweise durch unvorhersehbare Kostensteigerungen oder fehlende Auslastung der Angebote, liegt damit beim Leistungserbringer (Merchel 2015). Die Einbringung eines Eigenanteils durch den Leistungserbringer hingegen ist, anders als in der Zuwendungsfinanzierung, nicht erforderlich.

Leistungsentgelte werden in der Regel pro Tag, pro Stunde oder pro Fall vereinbart (Halfar 2015).

Tagesbezogene Leistungsentgelte: Tagesbezogene Leistungsentgelte beinhalten die Kosten, die pro Tag für die vereinbarte Leistung entstehen. Das Entgelt ist pro Kalendertag der Inanspruchnahme zu zahlen. Daher wird oft auch vom Tagessatz der Einrichtung oder des Angebots gesprochen.

Mit **Tagessatz** ist das Leistungsentgelt gemeint, das bei einer Inanspruchnahme der Leistungsberechtigten pro Kalendertag vom Leistungsträger an den Leistungserbringer gezahlt werden muss.

Tagesbezogene Leistungsentgelte kommen bei teilstationären und stationären Leistungen zur Anwendung.

Der Tagessatz der stationären Wohngruppe der Kinder- und Jugendhilfe, in der **Laura** ihr Vorpraktikum absolviert hat, liegt bei 165,96 Euro. Diese Summe ist pro Tag für jedes untergebrachte Kind vom zuständigen Jugendamt an den Träger der

Wohngruppe für die damit verbundene sozialpädagogische Leistung zu entrichten. Der Tagessatz beinhaltet – anteilig oder gesamt – Kosten für beispielsweise Wohnraum, Verpflegung, Kleidung und Taschengeld, Ausstattung für die Schule, pädagogische Mittel, Personalkosten für die pädagogische Betreuung inklusive Urlaubs- und Krankheitsvertretung, die fachliche Leitung und einen Anteil an der Verwaltung des Trägers, für den Hausmeister, für Supervision und Fortbildung der Mitarbeitenden und vieles mehr.

Stundenbezogene Leistungsentgelte: In stundenbezogenen Leistungsentgelten sind die pro Stunde entstehenden Kosten vereinbart. Stundenbezogene Entgelte richten sich auf ambulante Leistungen. Auch bei stundenbezogenen Leistungsentgelten werden in Leistungsvereinbarungen Art, Umfang, Qualität und das damit verbundene Entgelt grundsätzlich geregelt. In der Eingliederungshilfe und in der Kinder- und Jugendhilfe werden diese stundenbezogenen Leistungsentgelte als Fachleistungsstunden bezeichnet.

Eine **Fachleistungsstunde** ist das Entgelt, das pro Stunde erbrachter ambulanter Leistung vom Leistungsträger an den Leistungserbringer zu entrichten ist.

Bei der Kalkulation der mit einer Fachleistungsstunde entstehenden Kosten sind alle Kosten zu berücksichtigen, die für die Leistungserbringung erforderlich sind. Dabei werden sowohl direkte Tätigkeiten als auch indirekte Tätigkeiten berücksichtigt. Direkte Tätigkeiten sind alle Tätigkeiten, die mit einem unmittelbaren Kontakt der SozialarbeiterInnen mit den Leistungsberechtigten verbunden sind, wie beispielsweise Beratungsgespräche oder Hilfeplangespräche. Sie werden daher auch als Face-to-face Kontakte bezeichnet. Demgegenüber sind indirekte Tätigkeiten die Tätigkeiten, die für die Leistungserbringung zwar erforderlich, nicht aber mit einem unmittelbaren Kontakt mit den Leistungsberechtigten verbunden sind. Diese indirekten Tätigkeiten können in fallspezifische und fallunspezifische Tätigkeiten differenziert werden. Während fallspezifische Tätigkeiten wie beispielsweise Gesprächsvorbereitung oder Dokumentation in unmittelbarem Zusammenhang mit dem Einzelfall stehen, umfassen fallunspezifische Tätigkeiten beispielsweise die Mitwirkung in Gremien oder die Teilnahme an Fortbildungen. Die dabei entstehenden Kosten werden innerhalb einer Fachleistungsstunde anteilig berücksichtigt.

In der Kinder- und Jugendhilfe werden **Fachleistungsstunden** bei den ambulanten Leistungen wie beispielsweise Erziehungsbeistandschaft gem. § 30 SGB VIII oder sozialpädagogische Familienhilfe gem. § 31 SGB VIII auf der Basis von § 77 SGB VIII angewandt.

Fallbezogene Leistungsentgelte: Fallbezogene Leistungsentgelte beinhalten pauschal die Kosten, die pro Fall, beispielsweise in einer Erziehungsberatungsstelle, entstehen. Fallbezogene Leistungsentgelte werden daher auch als Fallpauschalen bezeichnet.

Fallpauschalen sind die Entgelte, die pro Fall vom Leistungsträger an den Leistungserbringer gezahlt werden.

Der Kalkulation von fallbezogenen Leistungsentgelten liegen die durchschnittlichen Kosten zugrunde, die für die Bearbeitung eines Falles anfallen. Fallbezogene Leistungsentgelte werden pauschal veranschlagt, unabhängig davon, wie hoch die Kosten im Einzelfall tatsächlich sind.

Fallpauschalen werden beispielsweise bei der Finanzierung von Erziehungsberatungsstellen eingesetzt.

Bernzen, C., Grube, C., Sitzler, R. (Hrsg.) (2018): Leistungs- und Entgeltvereinbarungen in der Sozialwirtschaft. Regulierungsinstrumente in der Eingliederungshilfe und der Kinder- und Jugendhilfe. Nomos, Baden Baden

Gutscheine

Eine weitere mögliche Gestaltungsform der indirekten Finanzierung im sozialrechtlichen Dreiecksverhältnis sind Gutscheine über personenbezogene soziale Dienstleistungen, die von den Leistungsträgern an die Leistungsberechtigten ausgegeben werden. Mit diesen Gutscheinen dokumentieren die Leistungsträger gegenüber den Leistungsberechtigten und den Leistungserbringern ihre finanzielle Leistungszusage. Die Leistungsberechtigten lösen den Gutschein bei einem Leistungserbringer ihrer Wahl ein, indem sie dort die mit dem Gutschein verbundene personenbezogene soziale Dienstleistung in Anspruch nehmen. Der Leistungserbringer wiederum reicht den Gutschein dann bei dem Leistungsträger ein und erhält die mit der Gutscheinleistung verbundene Finanzierung (Cremer et al. 2013).

Insbesondere im Bereich der Förderung von Kindern in Tageseinrichtungen und in der Kindertagespflege werden zur Finanzierung **Gutscheinsysteme** eingesetzt. So erhalten in Berlin die Eltern nach Beantragung eines Platzes in einer Kindertageseinrichtung oder in Kindertagespflege einen Gutschein, in dem entsprechend der landesgesetzlichen Regelungen Art und Umfang der anerkannten Betreuung vermerkt sind. Mit diesem Gutschein begeben sich die Eltern dann auf die Suche nach einem freien Platz in einer Kindertageseinrichtung bzw. Kindertagespflege ihrer Wahl. Voraussetzung ist jedoch, dass die Kindertageseinrichtung mit dem Land Berlin eine Finanzierungsvereinbarung abgeschlossen hat bzw. dass die Kindertagespflege vom Land Berlin anerkannt ist. Wenn die Förderung in einer Kindertageseinrichtung erfolgen soll und ein freier Platz gefunden wurde, schließen die Eltern mit dem Träger der Einrichtung einen Betreuungsvertrag ab, dabei lösen sie ihren Gutschein ein. Der Träger der Einrichtung wiederum reicht den Gutschein bei dem ausstellenden Leistungsträger ein und erhält dann die Finanzierung entsprechend dem mit dem Gutschein verbundenen Leistungsumfang. Sofern die Wahl auf die Betreuung in einer Tagespflege gefallen ist, wird der Betreuungsvertrag mit dem Jugendamt geschlossen und der Gutschein dort eingelöst. Das Jugendamt wiederum finanziert auf Grundlage des Umfangs des Gutscheins die Kindertagespflege.

Generell kann der Einsatz von Gutscheinsystemen mit unterschiedlichen Intentionen verbunden sein (Cremer et al. 2013). So können Gutscheine eingesetzt werden, um Wahlmöglichkeiten einzuschränken. Dies ist z.B. dann gegeben, wenn Gutscheine anstatt einer ansonsten üblichen Geldleistung ausgegeben werden. Da in diesen Fällen der Gutschein meist nur in bestimmten Geschäften eingelöst werden kann, kann über die Geldleistung nicht frei verfügt werden. Im Bereich der Kindertagesbetreuung hingegen soll mit Hilfe von Gutscheinen der Einfluss der NutzerInnen auf die Leistung und ihre Qualität erhöht werden. Damit wird die Finanzierung der Einrichtung bzw. Leistung unmittelbar davon abhängig, wie viele Leistungsberechtigte sich für die Einlösung des Gutscheines bei der jeweiligen Einrichtung entscheiden.

Die subjektbezogene Finanzierung der Förderung von Kindern in Tageseinrichtungen und Kindertagespflege mit Hilfe eines **Gutscheinsystems** wie in Berlin und Hamburg ist keine bundesweite Praxis. Grundsätzlich wird die Finanzierung der Kindertageseinrichtungen gem. SGB VIII durch das jeweilige Landesrecht geregelt. Auch bei der Kindestagespflege liegt die Verantwortung für die Ausgestaltung der Finanzierung bei den Ländern. Daher sind die Strukturen, die Verantwortlichkeiten und die Höhe der Finanzierung der Kindertagesbetreuung in den Ländern höchst unterschiedlich und komplex. In vielen Ländern kommen Mischfinanzierungen zum Einsatz. Zudem beteiligen sich auch die Länder und der Bund über einige Programme an der Finanzierung der Förderung von Kindern in Tageseinrichtungen und in Kindertagespflege.

Recherchieren Sie die Struktur, die Verantwortlichkeiten und die Höhe der Finanzierung der Kindertagesbetreuung in einem Bundesland Ihrer Wahl.

Cremer, G, Goldschmidt, N., Höfer, S. (2013): Gutscheine. In: Cremer, G., Goldschmidt, N., Höfer, S. (Hrsg.): Soziale Dienstleistungen. Ökonomie, Recht, Politik. Mohr Siebeck, Tübingen, 159–177

Persönliches Budget

Eine mögliche Form der indirekten Finanzierung der Leistungserbringer durch Geldleistungen, die der Leistungsträger an die Leistungsberechtigten verausgabt, ist die des persönlichen Budgets.

Das **persönliche Budget** ist gem. § 29 SGB IX eine Leistungsform, mit der auf Antrag Leistungen zur Teilhabe für Menschen mit Behinderungen ausgeführt werden. Persönliche Budgets sind in der Regel Geldleistungen, in begründeten Einzelfällen sind Gutscheine auszugeben. Mit dem persönlichen Budget können Leistungen zur Teilhabe selbstständig eingekauft und bezahlt werden.

Seit dem 01.01.2008 haben Menschen mit Behinderungen gem. § 29 SGB IX einen Rechtsanspruch auf Leistungen zur Teilhabe durch das persönliche Budget. Der Leistungsträger erfüllt den Anspruch des Leistungsberechtigten nicht durch eine Dienst- oder Sachleistung, sondern mit dem persönlichen Budget. Das persönliche Budget kann der Leistungsberechtigte innerhalb des gesetzlichen Rahmens selbstbestimmt einsetzen, um seinen Teilhabebedarf zu decken (Cremer et al. 2013). Beim persönlichen Budget ist das sozialrechtliche Dreieck zwischen Leistungsträger, Leistungsberechtigten und Leistungserbringer aufgelöst. Vielmehr

> „werden behinderte Menschen zu Budgetnehmern oder Budgetnehmerinnen, die den „Einkauf" der Leistungen eigenverantwortlich, selbständig und selbstbestimmt regeln können; sie werden Käufer, Kunden oder Arbeitgeber. Als Experten in eigener Sache entscheiden sie so selbst, welche Hilfen für sie am besten sind und welcher Dienst und welche Person zu dem von ihnen gewünschten Zeitpunkt eine Leistung erbringen soll" (Bundesministerium für Arbeit und Soziales 2018, 3).

Mit dem persönlichen Budget und der damit verbundenen Wahlfreiheit soll die Selbstbestimmung von Menschen mit Behinderungen gefördert und der individuell festgestellte Bedarf gedeckt werden. Dabei können mit dem persönlichen Budget sämtliche Leistungen zur Teilhabe (vgl. zu den einzelnen Teilhabeleistungen § 5 SGB IX) in Anspruch genommen werden.

Bundesministerium für Arbeit und Soziales (2018): Das persönliche Budget. In: www.bmas.de/SharedDocs/Downloads/DE/PDF-Publikationen/a722-pers-budget-normalesprache.pdf?__blob=-publicationFile

Cremer, G. et al. (2013): Das persönliche Budget. In: Cremer G., Goldschmidt, N., Höfer, S. (Hrsg.): Soziale Dienstleistungen. Ökonomie, Recht, Politik. Mohr Siebeck, Tübingen, 142–158

5.3 Finanzierung durch nicht-öffentliche Mittel

Neben der Finanzierung aus öffentlichen Mitteln werden die Leistungen und Angebote der Sozialen Arbeit teilweise auch aus unterschiedlichen nicht-öffentlichen Mitteln gespeist bzw. von diesen ergänzt. Dadurch kann zum einen der bei einer Zuwendungsfinanzierung erforderliche Eigenanteil abgesichert werden. Zum anderen sind oft auch weitere Finanz- und Sachmittel erforderlich, um Leistungen und Angebote der Sozialen Arbeit ergänzend auszustatten bzw. solche aufzubauen und zu entwickeln, die nicht durch öffentliche Mittel refinanziert werden (Halfar 2015). Diese nicht-öffentlichen Mittel werden auch als Eigenfinanzierung bezeichnet (Beyer 2017). Sie können grundsätzlich in private Mittel und Eigenmittel, die die Organisationen aus sich heraus generieren, differenziert werden.

5.3.1 Private Mittel

Im Kontext von privaten Mitteln sind insbesondere Spenden, Sponsoring, Stiftungsgelder, Lotteriemittel sowie Geldauflagen bedeutsam (Bieker 2012). Diese Finanzquellen werden im Folgenden erklärt. Grundsätzlich können alle Aktivitäten, die eine Organisation in Bezug auf die Beschaffung von privaten Mitteln unternimmt, unter dem Oberbegriff Fundraising zusammengefasst werden (Kolhoff / Bettig 2013).

Die systematische Beschaffung von Ressourcen für die Erfüllung der satzungsgemäßen Zwecke einer Organisation wird als **Fundraising** (= Mittelbeschaffung) bezeichnet.

Private Mittel sind insbesondere in Bezug auf Höhe und Regelmäßigkeit schwieriger zu kalkulieren und stellen daher oft ergänzende Mittel dar.

Spenden: Ein wesentlicher Bestandteil von Fundraising ist die Akquise und Beschaffung von materiellen und immateriellen Spenden.

Spenden sind Zuwendungen, die auf freiwilliger Basis für einen bestimmten, z. B. religiösen, wissenschaftlichen, politischen, kulturellen oder gemeinnützigen Zweck gegeben werden, ohne dass für diese eine Gegenleistung erwartet wird. Es sind Geld- und Sachspenden sowie Zeitspenden möglich.

An eine Spende ist grundsätzlich keine Gegenleistung geknüpft. Geld- und Sachspenden sind jedoch für Privatpersonen unter bestimmten Bedingungen steuerlich absetzbar. Dazu muss die jeweilige Organisation, an die die Geld- oder Sachspende gerichtet ist, von der Abgabenordnung anerkannte gemeinnützige, mildtätige oder kirchliche Zwecke verfolgen (Kap. 4.4). Dann können die Geld- oder Sachspenden als Sonderausgaben von den SpenderInnen bei der eigenen Steuererklärung steuerlich geltend gemacht werden.

Die systematische Beschaffung von Spenden beinhaltet viele unterschiedliche Strategien, wie beispielsweise die direkte Ansprache von potenziellen SpenderInnen, online-Aktivitäten oder Benefizveranstaltungen. Auch eine Analyse, wer gespendet hat, kann für die zukünftige Akquise von Spenden bedeutsam sein (Bieker 2012).

Sponsoring: Beim Sponsoring wird im Gegensatz zu Spenden eine Gegenleistung erwartet.

Bei einem **Sponsoring** stellen Unternehmen außerhalb des Sozialbereichs einer sozialer Organisation auf der Basis einer vertraglichen Vereinbarung Mittel (Geld-, Sach- und Dienstleistungen) für die Aufgabenerfüllung zur Verfügung. Es wird in diesem Zusammenhang daher auch von Sozial-Sponsoring gesprochen. Dafür erwarten die sponsernden Unternehmen (= die Sponsoren) eine Gegenleistung (Kolhoff / Bettig 2013).

Eine mögliche Gegenleistung der gesponserten Person ist beispielsweise die Werbung für die Produkte des Sponsors. Die Motivation der sponsernden Unternehmen ist oftmals vielschichtig. Insbesondere eine Imageverbesserung, also eine Steigerung ihrer öffentlichen Akzeptanz und damit verbunden der Absatz ihrer Produkte kann für die Sponsoren ein wesentlicher Impuls ihres Engagements sein. Mit einem Sponsoring kann aber auch die Erwartung einer identifikationsstiftenden Wirkung nach innen, also bezogen auf die MitarbeiterInnen der sponsernden Organisation verbunden sein. Zudem kann das Sponsoring auch generell für Werbezwecke der sponsernden Unternehmen genutzt werden (Kolhoff / Bettig 2013).

Stiftungsgelder: Neben Spenden und Sponsoring ist für die Soziale Arbeit auch die Inanspruchnahme von Stiftungsgeldern eine relevante, oft ergänzende Finanzierungsquelle. Hierbei sind Förderungen durch öffentlich-rechtliche ebenso wie durch privatrechtliche Stiftungen möglich (Kap. 4.3.1, 4.3.2). Für den Erhalt von Stiftungsgeldern ist eine größtmögliche Passung von beantragender Organisation und beantragtem Vorhaben mit den Zielen der Stiftung entscheidend (Kolhoff / Bettig 2013).

Lotteriemittel: Im Bereich der Lotteriemittel stellen auf überregionaler Ebene die Aktion Mensch e. V., die Deutsche Fernsehlotterie und die Glücksspirale den Organisationen der Sozialen Arbeit finanzielle Mittel in umfangreichem Maße zur Verfügung. Daneben fördern auf regionaler Ebene auch die Lotterien der Sparkassen gemeinnützige Leistungen und Angebote in den unterschiedlichen Feldern der Sozialen Arbeit. Die durch den Verkauf von Lotterielosen generierten Fördergelder können von den gemeinnützigen Organisationen entweder bei den Lotterien direkt oder über die Spitzenverbände der Freien Wohlfahrtspflege beantragt werden.

Geldauflagen: Als europaweit einziges Land verfügen in Deutschland die Gerichte und Staatsanwaltschaften über die rechtlichen Möglichkeiten, in Ermittlungs-, Straf- und Gnadenverfahren die Zahlung von Geldauflagen zugunsten gemeinnütziger Organisationen oder zugunsten der Staatskasse zu verhängen.

Geldauflagen sind Zahlungen, zu denen Privatpersonen per Gerichtsentscheid oder Vereinbarung mit der Staatsanwaltschaft verpflichtet worden sind.

Oft wird in diesem Zusammenhang synonym auch von Geldbußen gesprochen. Damit die verantwortlichen RichterInnen und StaatsanwältInnen die gemeinnützigen Organisationen in ihrer Entscheidung in Bezug auf die Geldauflagen berücksichtigen können, ist der Bekanntheitsgrad der Organisationen entscheidend. Hilfreich, aber für den Erhalt einer Geldauflage keine zwingende Voraussetzung ist es, wenn sich die gemeinnützigen Organisationen in eine von den jeweils zuständigen Justizbehörden geführte Liste aufnehmen lassen, in der die potenziellen Empfängereinrichtungen nach Bereichen gegliedert sind.

Führen Sie mit einem/einer Sozialarbeiter/in ein Gespräch über die unterschiedlichen privaten Finanzierungsquellen seiner/ihrer Organisation. Welche Relevanz innerhalb der Finanzierung der Organisation insgesamt haben die hier vorgestellten Formen?

Urselmann, M. (2014): Fundraising: professionelle Mittelbeschaffung für steuerbegünstigte Organisationen. 6. Aufl. Springer Gabler, Wiesbaden

5.3.2 Eigenmittel der Organisationen

Schließlich sind noch die eigenen Mittel zu nennen, die die Organisationen der Sozialen Arbeit für die Finanzierung ihrer Leistungen und Angebote nutzen. Dies sind insbesondere (Bieker 2012): die Mitglieds- und Förderbeiträge der natürlichen und juristischen Personen, sofern es sich bei der Organisation um einen Verein handelt; Vermögenserträge, die die Organisation beispielsweise durch Zins-, Pacht- und Mieteinnahmen erzielt; Zuweisungen aus den kirchlichen Haushalten, sofern es sich um eine kirchliche Organisation handelt; Einnahmen aus einer wirtschaftlichen Tätigkeit im Rahmen eines Zweckbetriebes bzw. wirtschaftlichen Geschäftsbetriebes.

Ein **Zweckbetrieb** ist eine wirtschaftliche Tätigkeit einer ansonsten gemeinnützig tätigen Organisation, die jedoch unter den bestimmten Voraussetzungen der Abgabenordung (vgl. § 65 AO) dem steuerlich begünstigten Bereich der Organisation zugerechnet werden kann.
Ein **wirtschaftlicher Geschäftsbetrieb** hingegen ist gem. § 14 AO eine selbstständige nachhaltige Tätigkeit, durch die Einnahmen oder andere wirtschaftliche Vorteile erzielt werden, die über den Rahmen einer Vermögensverwaltung hinausgehen.

6 Von der Theorie in die Praxis: Konsequenzen für das Handeln in Organisationen der Sozialen Arbeit

Zu Beginn dieses Buches wurde die These aufgestellt, dass allgemeines und spezifisches organisationsbezogenes Wissen unverzichtbare Bestandteile reflexiver Professionalität sind und fachliches Handeln und Organisation immer in einem engen Zusammenhang stehen. In diesem letzten Kapitel wird daher der Frage nachgegangen, welche Konsequenzen aus dem in diesem Buch dargestellten organisationsbezogenen Wissen für das sozialarbeiterische Handeln in der Praxis abgeleitet werden können. Damit steht der Theorie-Praxis-Transfer im Mittelpunkt der Überlegungen. Die hohe Relevanz, die Organisation und Organisationen im Verlauf des Studiums der Sozialen Arbeit sowie des Berufslebens als SozialarbeiterIn haben, ist je nach Funktion (MitarbeiterInnenfunktion, Leitungsfunktion) mit unterschiedlichen Herausforderungen verbunden. Die folgenden Überlegungen zum Transfer orientieren sich daher an den Phasen und Positionen des Studiums/Berufseinstiegs, Berufslebens und der Übernahme von Leitungsfunktionen. Dabei sind eigenverantwortliches Handeln in und die Gestaltung von Organisationen zentrale Herausforderungen. An diesen Phasen orientiert und auf diese Herausforderungen bezogen werden Anregungen zur Vertiefung weiterer organisationsbezogener Themen gegeben.

Laura hat die im Lehrbuch behandelten Themen im Rahmen einer Vorlesung gehört und in einem Seminar vertieft. Ein Teil der Prüfungsleistung für den Abschluss dieses Modul ist es nun, sich mit den Möglichkeiten des **Theorie-Praxis Transfers** auseinanderzusetzen, also der Frage nachzugehen, welche Rückschlüsse und Konsequenzen aus den Themen rund um Organisation(en) für das konkrete sozialarbeiterische Handeln während des Studiums sowie des Berufslebens gezogen werden können.

Überlegen Sie, wie Sie diese Frage nach dem Theorie-Praxis-Transfer beantworten würden und welche Rückschlüsse Sie für die weitere Auseinandersetzung mit Organisation(en) der Sozialen Arbeit und das Handeln in diesen Organisationen aus dem Studium des Buches ziehen würden.

6.1 Organisationen sind allgegenwärtig

Im Folgenden werden in Bezug auf die Phasen des Studiums und des Berufslebens einige Impulse gesetzt, um die theoretischen Inhalte der vorangegangenen Kapitel für das konkrete Handeln in der Praxis fruchtbar zu machen. Ergänzend zu den bereits innerhalb der einzelnen (Unter-)Kapitel entfalteten Anregungen werden, teilweise mit Hilfe von exemplarischen Problembeschreibungen und Handlungs- bzw. Entwicklungserfordernissen, Vorschläge für die weitere Auseinandersetzung sowohl mit Organisationsstrukturen als auch mit organisationsbezogenem Wissen ausgeführt (Abb. 1.). Alle Vorschläge können alleine oder in (Klein-)Gruppen reflektiert und bearbeitet werden. Die dargestellten Fragestellungen können zu unterschiedlichen Zeitpunkten des Studiums bzw. Berufslebens wiederholt bearbeitet werden, sodass die jeweiligen Ergebnisse auch als Teil der beruflichen Entwicklung gelesen und im Verlauf des Berufslebens miteinander verglichen werden können.

6.1.1 Studium / Berufseinstieg

Bei einer systematischen Auseinandersetzung mit Organisation(en) ist es im ersten Schritt sinnvoll, sich bekannten Organisationen zuzuwenden, in denen bereits vor Aufnahme des Studiums erste Praxiserfahrungen gesammelt worden sind, beispielsweise im Rahmen des freiwilligen Sozialen Jahres, des Bundesfreiwilligendienstes oder des Vorpraktikums, das an einigen Hochschulen für die Aufnahme des Studiums der Sozialen Arbeit erforderlich ist. Auch wenn es sich dabei meist noch nicht um explizit strukturierte, geplante und gelenkte Lehr- und Lernprozesse handelt, eröffnet diese bewusste (rückblickende) Auseinandersetzung oftmals eine weitere oder gar neue Perspektive auf diese Organisationen.

In welchen Organisationen der Sozialen Arbeit waren Sie vor Aufnahme Ihres Studiums der Sozialen Arbeit tätig? Wer war der Träger und damit Ihr Arbeitgeber? Wo waren Sie konkret innerhalb der Organisation eingesetzt, z. B. in einer Einrichtung, einem sozialen Dienst oder einer Gruppe? Eventuell haben Sie sich diese Fragen bereits während Ihrer Zeit in dieser Organisation gestellt. Welchen Unterschied stellen Sie nun bei einer theoriebasierten Reflektion fest?

Für diese Auseinandersetzung mit der Organisation eignen sich die in Kapitel 3.4 entwickelten Basiselemente.

Betrachten Sie diese Organisation auch aus organisationstheoretischer Perspektive und analysieren Sie sie mit Hilfe der einzelnen Basismerkmale. Nutzen Sie dabei auch die im Kapitel 3.4 gegebenen Anregungen. Weitere Fragen in diesem Zusammenhang können z. B. sein:

- Welche Ziele verfolgt die Organisation?
- Orientiert sich die Organisation darüber hinaus in ihrer Arbeit an einem Leitbild?
- Sind Sie mit diesem Leitbild vertraut gemacht worden und wenn ja, auf welche Weise?
- Welche Rolle hat dieses Leitbild im Alltag der Organisation, im Arbeitsalltag der Organisationsmitglieder und in Ihrem Arbeitsalltag gespielt?
- Welche Aufgaben hatten Sie in der Organisation?
- Mit welchen Ablaufvorgaben versucht(e) die Organisation Ihr Handeln und das Handeln der weiteren Organisationsmitglieder zu steuern?
- Welche Differenzen zwischen diesen formalen Vorgaben einerseits und informalen Praxen andererseits haben Sie bemerkt?
- Gibt es für die Organisation ein Organigramm und wenn ja, welche formale Aufbaustruktur ist dort abgebildet?
- An welcher Stelle des Organigramms waren Sie verortet?
- In welchem Verhältnis standen formale und informale Organisationsstrukturen?
- Wer sind die Mitglieder der Organisation?
- Welche Professionen sind in der Organisation tätig?
- Wie würden Sie die Kultur(en) beschreiben, die Sie in der Organisation beobachten konnten?

Nutzen Sie für diese Beschreibung das Drei-Ebenen-Modell nach E. Schein (Kap. 3.4.5):

- Von welchen Basisannahmen gehen die Organisationsmitglieder aus?
- An welchen Normen und Standards orientieren sich die Organisationsmitglieder?
- In welchen Symbolen spiegelt sich die Kultur der Organisation wider?
- In welchem Umfeld befindet sich die Organisation?
- Welche Organisationen bzw. Personen sind wichtige Kooperationspartner?
- Welche Erwartungen werden an die Organisation gestellt?

Neben der Analyse der eigenen Erfahrungen in Organisationen ist es wichtig, sich ausgehend von den generellen Strukturen in der Sozialen Arbeit einen Überblick über die konkrete Trägerlandschaft vor Ort zu erarbeiten. Der Ausgangspunkt dieser Recherchen kann dabei z. B. ein Handlungsfeld der Sozialen Arbeit sein, für das ein besonderes Interesse besteht und welches vielleicht (mit) ausschlaggebend für die Wahl des Studiums gewesen ist.

Erath, P., Balkow, K. (2016): Einführung in die Soziale Arbeit. Kohlhammer, Stuttgart

Recherchieren Sie die Organisationen innerhalb eines Sie interessierenden Handlungsfeldes der Sozialen Arbeit. Fokussieren Sie sich dabei auch örtlich, z. B. auf eine Kommune oder einen Bezirk. Welche Organisationen der Sozialen Arbeit gibt es dort? Welche Organisationen sind in dem jeweiligen Handlungsfeld die Leistungsträger, welche die Leistungserbringer? Welche personenbezogenen Dienstleistungen der Sozialen Arbeit bieten die jeweiligen Organisationen an? Wie werden diese Angebote und Leistungen finanziert?

Oft erfolgt in den ersten Semestern des Studiums im Rahmen von die Praxis erkundenden Seminaren eine exemplarische Auseinandersetzung mit einzelnen Handlungsfeldern der Sozialen Arbeit.

Auch diese Seminare können Sie nutzen, um Ihr Wissen über grundlegende Organisationsstrukturen zu vertiefen. Vielleicht organisieren Sie einen Praxisbesuch zu einer Sie besonders interessierenden Organisation. Stellen Sie bei diesem und weiteren Praxisbesuchen neben Fragen zu Ziel, Zielgruppen und Auftrag der Organisation auch Fragen, die sich auf die Organisation der Arbeit und die Organisation an sich beziehen.

Eine besondere Gelegenheit für eine organisationsbezogene Auseinandersetzung während des Studiums eröffnet eine in das Studium integrierte Praxisphase. Bereits vor Beginn des Praxissemesters, bei der Auswahl der konkreten Praktikumsstelle, sollten bewusst Fragestellungen, die sich auf die Organisation und ihre Strukturen beziehen, reflektiert und berücksichtigt werden.

Vor Beginn Ihres Praktikums müssen Sie zunächst ganz grundlegend klären, in welchem Handlungsfeld der Sozialen Arbeit Sie das Praktikum ableisten wollen. Parallel ist die Frage zu beantworten, bei welcher Organisation, also bei welchem Trägertyp (öffentlicher oder privater Träger, gemeinnützig oder gewerblich) Sie während Ihres Praxissemesters arbeiten wollen. Meist ist das Handlungsfeld primär ausschlaggebend für die Wahl der Praxisstelle. Es kann aber auch durchaus eine Überlegung wert sein, sich bei der Wahl der Praxisstelle am Trägertyp zu orientieren und bewusst einen öffentlichen bzw. einen privaten Träger auszuwählen, je nachdem, in welchem Trägertyp bereits vor dem studienintegrierten Praktikum Erfahrungen gewonnen werden konnten. Durch diese dann im Praxissemester auch in Bezug auf die Organisationsform und den Trägertyp unterschiedlichen Erfahrungen wird es Ihnen möglich, einen internen Einblick in die jeweiligen Aufträge, Ziele und Handlungslogiken der öffentlichen bzw. privaten Träger zu bekommen, um diese dann vergleichen zu können.

Während des Praktikums wird es dann – eventuell erstmalig – möglich sein, sich bewusst mit den Zusammenhängen von Organisation und fachlichem Handeln, dem eigenen wie dem der KollegInnen, auseinanderzusetzen. Auch hier bietet es sich an, dafür die Basismerkmale von Organisation(en) zu nutzen.

Neben der bereits dargestellten Analyse der Organisation(en) anhand der Basismerkmale kann auch eine von Hiltrud von Spiegel (2018) entwickelte Arbeitshilfe zur Analyse der institutionellen Arbeitsaufträge genutzt werden. Auch sollten innerhalb der regelmäßigen Gespräche mit den SozialarbeiterInnen, die die Anleitung während des Praktikums übernommen haben, die Organisation, ihre Strukturen und Abläufe sowie die eigene Rolle darin reflektiert und diskutiert werden.

Spiegel, H. v. (2018): Methodisches Handeln in der Sozialen Arbeit. Grundlagen und Arbeitshilfen für die Praxis. 6. Aufl. Ernst Reinhardt, München / Basel

Darin: Arbeitshilfe 2. In: www.reinhardt-verlag.de / de / titel / 51722 / Methodisches_Handeln_in_der_Sozialen_Arbeit / 978-3-497-02426-1, 16.01.2019

Es ist ein wichtiges Lernziel des Praktikums, die Organisationsstruktur der jeweiligen Praxisstelle kennenzulernen und zu verstehen, um so das eigene sozialarbeiterische Handeln in diesen Strukturen verorten zu können. Es ist daher wichtig, sich immer wieder die erforderliche Zeit zur Analyse der Strukturen und zur Reflektion der in diesen Strukturen gemachten Erfahrungen zu nehmen.

Über diese Praxisphase hinaus sind viele Studierende parallel zu ihrem Studium auch als Honorarkräfte in der Sozialen Arbeit tätig. Auch im Rahmen dieser Tätigkeiten sollte die bewusste Auseinandersetzung mit der Organisation sowie der Ausbau des Wissens über die grundlegenden Organisationsstrukturen fortgesetzt werden.

Eventuell studieren Sie Soziale Arbeit auch berufsbegleitend, dann sind Sie während Ihres gesamten Studiums parallel in der Praxis tätig. Umso besser ist die Voraussetzung für Sie, theoretisches Organisationswissen auf Ihre berufliche Praxis zu beziehen. Versuchen Sie dabei, Ihr bisheriges Verständnis von „Ihrer" Organisation und Ihre bisherigen Handlungsmuster in der Organisation zu erkennen und beides theoriegeleitet, z. B. mit Hilfe der Basiselemente, zu hinterfragen, um so die Organisation, ihre Strukturen und Abläufe und Ihr eigenes Handeln darin besser verstehen zu können.

Bereits während des Studiums besteht die Möglichkeit, sich in einer Selbstorganisation der Fachkräfte der Sozialen Arbeit (Kap. 4.9) zu engagieren.

Innerhalb des Deutschen Berufsverbandes für Soziale Arbeit e. V. (DBSH) (Kap. 4.9) ist der junge DBSH der Zusammenschluss von Studierenden und BerufseinsteigerInnen. Die Schwerpunkte der dort geleisteten Arbeit sind die Themen Ausbildung und Studium, Berufseinstieg sowie fach- und berufspolitische Innovationen. Der junge DBSH versteht sich als Interessenvertretung der Anliegen der jüngeren Mitglieder des DBSH. Innerhalb der Landesverbände des DBSH gibt es Ansprechpersonen, die die Arbeit des jungen DBSH koordinieren. Versuchen Sie, den jungen DBSH an Ihre Hochschule einzuladen, um in einer hochschulöffentlichen Veranstaltung die Arbeit des DBSH im Allgemeinen und die des jungen DBSH im Besonderen vorstellen und die Möglichkeiten des Engagements diskutieren zu können (www.dbsh.de/der-dbsh/junger-dbsh.html).

Zum Ende des Studiums gewinnen schließlich die Fragen an Bedeutung, in welchem konkreten Handlungsfeld und in welcher Organisation der Einstieg als professionelle/r SozialarbeiterIn erfolgen soll. Organisationen der Sozialen Arbeit werden spätestens in dieser Phase des Übergangs vom Studium in den Beruf zu potenziellen Arbeitgebern.

Verschaffen Sie sich vor einer Bewerbung nicht nur einen Überblick über das mögliche Arbeitsfeld und die dort im Rahmen der konkreten Stelle anfallenden Aufgaben, sondern auch über die Organisation insgesamt. Welche Ziele verfolgt die Organisation? Gibt es ein Leitbild? Versuchen Sie bereits im Vorfeld des Bewerbungsgespräches, z. B. mit Hilfe des Organigramms der Organisation oder mit den Konzeptionen der Angebote, die Aufbau- und Ablaufstrukturen und die konkrete Verortung der ausgeschriebenen Stelle nachzuvollziehen. Sofern sich die Gelegenheit bietet, können Sie auch im Bewerbungsgespräch Fragen stellen, die sich auf die gesamte Organisation beziehen. Sollte sich im Nachgang des Bewerbungsgespräches die Möglichkeit zu einer Hospitation in dem potenziellen Arbeitsbereich/Team bieten, sollten Sie bei dieser Hospitation auch auf die nicht bzw. nicht auf den ersten Blick sichtbaren Dinge achten, z. B. wie Sie begrüßt werden, wie der Ton innerhalb des Teams ist oder ob es für die AdressatInnen des Angebots die explizit benannte Möglichkeit der Beschwerde gibt.

6.1.2 Berufsleben

Im Berufsleben bestehen – ähnlich wie im Verlauf des Studiums – vielfältige Ansatzpunkte für die organisationsbezogene Auseinandersetzung. Auch hier kann die Vielfalt der Themen und Fragestellungen im Rahmen dieses Lehrbuches weder umfassend abgebildet noch vertieft werden. Vielmehr soll durch einige ausgewählte Impulse für die bewusste Berücksichtigung von organisationsbezogenen Themen im Berufsleben geworben werden. Ergänzend dazu finden sich Literaturhinweise, die zu einer weiteren Auseinandersetzung anregen und diese unterstützen sollen. Dabei werden insbesondere auch die Rollen und Aufgaben fokussiert, die Leitungspersonen in diesem Kontext haben.

Zu Beginn der Tätigkeit als SozialarbeiterIn in einer bis dato unbekannten Organisation stehen erneut zunächst das Kennenlernen und Verstehen nicht nur der eigenen Arbeitsaufgaben, sondern auch der gesamten Organisation im Vordergrund. Ergänzend zur individuellen Auseinandersetzung mit Organisation(en) wirkt sich dabei eine systematische Einführung der neuen MitarbeiterInnen in die Organisation und ihre kulturellen Werte und Normen positiv und unterstützend auf die Anfangsphase in einer neuen Organisation aus.

Die Einführung von neuen MitarbeiterInnen in eine Organisation wird aus Sicht des Personalmanagements als **Einarbeitung** bezeichnet. Eine systematische Einarbeitung umfasst sowohl eine fachliche Einführung in die eigentliche Arbeitsaufgabe und die Art und Weise ihrer organisationsspezifischen Bearbeitung, als auch die soziale Einführung in die Organisation als solche.

Damit die Einarbeitung sowohl für neue MitarbeiterInnen als auch für die Organisation zufriedenstellend verläuft, sollte diese zentrale Aufgabe des Personalmanagements gut strukturiert und organisiert sein, durch die KollegInnen begleitet sowie von der zuständigen Leitungskraft verantwortlich gesteuert werden.

Personalmanagement umfasst alle mitarbeiterbezogenen Gestaltungsaufgaben einer Organisation (Nicolai 2018). Wesentliche Aufgaben des Personalmanagements sind, für die Verfügbarkeit des Personals (quantitative Personalarbeit) sowie für die Qualifizierung, Weiterbildung und Förderung des Personals (qualitative Personalarbeit oder auch Personalentwicklung) zu sorgen (Hölzle 2017).

In immer mehr Organisationen ist es Teil des **Einarbeitungskonzeptes**, dass neue MitarbeiterInnen während ihrer Einarbeitungszeit von erfahrenen KollegInnen, sogenannten Buddys, begleitet werden. Diese Buddys stehen für alle fachlichen und organisationsbezogenen Fragen der neuen KollegInnen zur Verfügung. Sie unterstützen so die Einarbeitung und insbesondere die soziale Integration der neuen KollegInnen in die Organisation.

Haben Sie selbst bereits einmal die Einführung in eine neue Organisation erlebt? Erinnern Sie sich an eine Situation. Wie haben Sie sich gefühlt? Was hat Ihnen in dieser Anfangsphase geholfen, was haben Sie als problematisch erlebt? Was wünschen Sie sich für Ihre zukünftigen Anfangssituationen in Organisationen?
Führen Sie ein Gespräch mit einer/einem SozialarbeiterIn über die Art und Weise der Einarbeitung neuer MitarbeiterInnen in ihrer/seiner Organisation. Wie wird die Anfangsphase in den Organisationen gestaltet? Gibt es ein systematisches Einarbeitungsprogramm? Werden den neuen KollegInnen Buddies zur Verfügung gestellt?

Eine strukturierte Einarbeitung ist insgesamt ein wesentlicher Bestandteil eines systematischen Personalmanagements. Darüber hinaus umfasst Personalmanagement weitere auf die MitarbeiterInnen bezogene Aufgaben wie z.B. die Personalplanung, Personalführung oder Personalentwicklung. Da für die Erbringung und Qualität der personenbezogenen sozialen Dienstleistungen die Mitarbeitenden von besonderer Bedeutung sind (Kap. 2), kommt dem Personalmanagement in Organisationen der Sozialen Arbeit insgesamt eine besondere Bedeutung zu (Merchel 2010). Vor dem Hintergrund des Fachkräftemangels werden zudem Strategien zur

Gewinnung neuer MitarbeiterInnen sowie zur Bindung der MitarbeiterInnen immer bedeutsamer.

Welchen Umgang mit den MitarbeiterInnen haben Sie bislang in Organisationen der Sozialen Arbeit kennengelernt? Gab es eine systematische Einarbeitung? Welche Möglichkeiten der Qualifizierung und Weiterbildung wurden angeboten? Hatten die Organisationen eine Strategie zur Gewinnung neuer MitarbeiterInnen? Welche Maßnahmen zur Bindung der MitarbeiterInnen an die Organisationen bestehen?

Hölzle, C. (2017): Personalmanagement in Einrichtungen der Sozialen Arbeit. Grundlagen und Instrumente. 2. Aufl. Beltz Juventa, Weinheim

Friedrich, A. (2010): Personalarbeit in Organisationen Sozialer Arbeit. Theorie und Praxis der Professionalisierung. VS Verlag für Sozialwissenschaften, München

Nicolai, C. (2018): Personalmanagement. 5. Aufl. UVK Verlagsgesellschaft GmbH, Konstanz

Personalmanagement ist eine wesentliche Aufgabe der Fachkräfte, die in den Organisationen der Sozialen Arbeit Leitungsfunktionen innehaben (Hölzle 2017).

Mit einer Leitungsfunktion ist darüber hinaus auch die Aufgabe der bewussten organisationsbezogenen Steuerung verbunden, d.h. es ist ebenfalls eine zentrale Aufgabe der Leitungskräfte, in den Organisationen die mit den Organisationsprogrammen verbundenen Abläufe (Kap. 3.4.2) sowie die Strukturen insgesamt so zu gestalten, dass die Mitarbeitenden die jeweiligen personenbezogenen sozialen Dienstleistungen innerhalb guter und zu den Aufgaben und Leistungen passender organisationaler Rahmenbedingungen erbringen können.

Merchel, J. (2010): Leiten in Einrichtungen der Sozialen Arbeit. Ernst Reinhardt, München / Basel

Das Spannungsfeld, das Verhältnis von generellen Regelungen einerseits und flexiblen Einzelfallregelungen andererseits zu bestimmen, dazu passende Abläufe zu entwickeln und die getroffenen Regelungen und Vereinbarungen immer wieder auf ihre weitere Passgenauigkeit zu überprüfen, wurde bereits in Kapitel 3.4.2 angesprochen. In Organisationen der Sozialen Arbeit, die mit Kindern und Jugendlichen arbeiten haben die Leitungskräfte in diesem Zusammenhang neben vielen anderen Dingen z.B. auch die Aufgabe, dafür Sorge zu tragen, dass die Organisationen sichere Orte für Kinder und Jugendliche sind und sexuelle Gewalt und Übergriffe verhindert werden. Mit dieser Aufgabe sind unter anderem eine Analyse möglicher Risikofaktoren und die Entwicklung institutioneller Schutzkonzepte verbunden.

In **institutionellen Schutzkonzepten** sind alle Überlegungen, Strukturen und Abläufe, die eine Organisation zur Prävention von Grenzüberschreitungen, emotionaler, körperlicher und sexueller Gewalt unternimmt, gebündelt und systematisch zusammengeführt.

Die Studie von Marie-Theres Pooch und Inken Tremel (2016) gibt mit Hilfe von Fallstudien in unterschiedlichen Handlungsfeldern einen Einblick, wie institutionelle Schutzkonzepte in der Praxis von Bildungs- und Erziehungseinrichtungen gelingen können, welche Schwierigkeiten sich stellen und wie diese ggf. überwunden werden können. Wählen Sie aus den Handlungsfeldern der Studie eines aus. Reflektieren und diskutieren Sie die dort dargestellten Herausforderungen, die Beispiele guter Praxis und die Fallstudie. Kennen Sie im Bereich institutioneller Schutzkonzepte weitere Beispiele guter Praxis?

Oppermann, C., Winter, V., Harder, C., Wolff, M., Schröer, W. (Hrsg.) (2019): Lehrbuch Schutzkonzepte in pädagogischen Organisationen. Beltz Juventa, Weinheim

Pooch, M.-T., Tremel, I. (2016): So können Schutzkonzepte in Bildungs- und Erziehungseinrichtungen gelingen! Erkenntnisse der qualitativen Studien des Monitoring (2015–2018) zum Stand der Prävention vor sexualisierter Gewalt an Kindern und Jugendlichen in Deutschland in den Handlungsfeldern Kindertageseinrichtungen, Schulen, Heime und Internate, Berlin. In: www.dji.de/ fileadmin/user_upload/bibs2016/ UBSKM_Monitoring_Teilbericht_1_DJI.pdf, 1.05.2019

Geschäftsstelle des Unabhängigen Beauftragten für Fragen des sexuellen Kindesmissbrauches (2013): Handbuch Schutzkonzepte sexueller Missbrauch. Befragungen zum Umsetzungsstand der Empfehlungen des Runden Tisches „Sexueller Kindesmissbrauch". Bericht mit Praxisbeispielen zum Monitoring 2012–2013. In: www.beauftragter-missbrauch.de/praevention/schutzkonzepte/, 01.05.2019

Mit der Implementierung dieser institutionellen Schutzkonzepte und ihrer Umsetzung sind oftmals umfangreiche Entwicklungsprozesse verbunden, die Auswirkungen auf die gesamte Organisation haben.

Der geplante Wandel in Organisationen wird als **Organisationsentwicklung** bezeichnet.

Veränderte Umweltanforderungen und bestehende organisationale Diskrepanzen sind häufig die Impulse für die Initiierung von Organisationsentwicklungsprozessen. Mit ihnen ist das Ziel der organisationsbezogenen Weiterentwicklung, beispielsweise durch eine Änderung und Anpassung der Strukturen und Abläufe an neue Anforderungen wie Veränderung der Bedingungen in der Umwelt oder gesetzliche Neuerungen verbunden (Merchel 2015). Organisationsentwicklung beinhaltet dabei immer auch die Perspektive auf die MitarbeiterInnen und ihre Weiterentwicklung.

Schiersmann, C., Thiel, H. U. (2009): Organisationsentwicklung. Prinzipien und Strategien von Veränderungsprozessen. VS Verlag für Sozialwissenschaften, Wiesbaden

Für die Organisation und den Erfolg ihrer Arbeit ist die Auseinandersetzung mit Fragestellungen der Qualität und des Qualitätsmanagements eine weitere wichtige Aufgabe.

Qualitätsmanagement umfasst alle Strategien, die eine Organisation der Sozialen Arbeit zur gezielten Bewertung und Weiterentwicklung der Qualität ihrer Leistungen und Angebote unternimmt. Es kann zwischen Struktur-, Prozess- und Ergebnisqualität unterschieden werden. Organisationenbezogene Strukturen und die Ausstattung sind wichtige Rahmenbedingungen für die Qualität der Dienstleistungserbringung und damit Aspekte der Strukturqualität. Die Prozessqualität bezieht sich insbesondere auf die Handlungsprogramme und Verfahren, die bei der Dienstleistungserbringung eingesetzt werden (Kap. 3.4.3). Mit der Ergebnisqualität werden die mit der jeweiligen Leistung erzielten Effekte angesprochen (Merchel 2015).

Damit eine Bewertung der Qualität in den einzelnen Ebenen von Struktur-, Prozess- und Ergebnisqualität möglich wird, ist es erforderlich, Kriterien zu benennen, an denen die Qualität der Leistungen und Angebote jeweils gemessen bzw. bewertet werden kann.

Für ein stationäres Angebot der Hilfe zur Erziehung sind beispielsweise der Fachkräfteschlüssel und seine Einhaltung, eine der Platzzahl angemessene räumliche Ausstattung und eine durchgängige Vertretungsregelung mögliche Kriterien, an denen die **Strukturqualität** des Angebotes bewertet werden kann. Ob und wie innerhalb des Angebotes die Abläufe von Schlüsselprozessen wie beispielsweise die Aufnahme, die Hilfeplanung oder die Entlassung definiert sind, ist für die Bewertung der **Prozessqualität** wichtig. Aber auch die Auseinandersetzung mit Fragen, wie die Partizipation der jungen Menschen gelingen kann und konkret umgesetzt wird oder wie im Team mit Konflikten umgegangen wird, spielt auf dieser Qualitätsebene eine Rolle. Die **Ergebnisqualität** schließlich kann mit Hilfe von Kriterien, die die Übereinstimmung der mit der Hilfe verbundenen Ziele, z. B. Rückführung, Schulabschluss oder Lehrbeginn mit den erreichten Erfolgen fokussieren, überprüft werden.

Wählen Sie ein Angebot oder eine Leistung der Sozialen Arbeit aus. Mit welchen Kriterien könnten Struktur-, Prozess- und Ergebnisqualität bewertet werden? Tauschen Sie sich mit KommilitonInnen über Ihre Ergebnisse aus. Welche Übereinstimmungen und welche Differenzen haben Sie innerhalb des Austausches über Ihre individuellen Überlegungen bemerkt?

Bei der Entwicklung von Kriterien zur Qualitätsbewertung ist auch zu berücksichtigen, dass sich Qualität je nach Perspektive anders darstellen kann, bzw. einzelne Aspekte eine andere Gewichtung bekommen können. Damit muss im Kontext von Qualität neben generellen Kriterien, die sich auf die Organisation und ihre Leistungen und Angebote beziehen, immer auch die Einzelfallebene berücksichtigt werden.

Innerhalb des stationären Angebotes der Hilfen zur Erziehung beispielsweise, können sich die **Perspektiven auf Qualität**, die die jungen Menschen, ihre Eltern, der öffentliche Träger und der Leistungserbringer bezogen auf den Einzelfall haben, durchaus unterscheiden.

Die Eltern des zwölf Jahre alten Sebastian haben sich nach längerer Schulabstinenz, psychischen Auffälligkeiten und aggressiven Ausbrüchen ihres Sohnes mit der Bitte um Unterstützung an das Jugendamt gewandt. In mehreren Gesprächen, die die Sozialarbeiterin des Jugendamtes mit Sebastian und seinen Eltern geführt hat, hat sich als geeignete und notwendige Hilfe zur Erziehung eine ambulante Hilfe in Form eines Einzelfallhelfers für Sebastian herauskristallisiert. Überlegen Sie, wie die unterschiedlichen Beteiligten die Qualität einer solchen Hilfe bewerten würden. Was wäre für Sebastian wichtig, was für seine Eltern, was für die Sozialarbeiterin des Jugendamtes, was für den Einzelfallhelfer und was für die Leitung des ambulanten Bereiches? Nehmen Sie nacheinander diese Positionen ein und überlegen Sie, wie sich Qualität aus der jeweiligen Perspektive darstellen könnte und wann die Hilfeerbringung als erfolgreich bewertet würde.

Insgesamt hängen die Prozesse des Qualitätsmanagements und der Organisationsentwicklung oftmals eng zusammen. Mit der beschriebenen Implementierung von institutionellen Schutzkonzepten beispielsweise ist sowohl der Schutz der Kinder und Jugendlichen und damit die Verbesserung der Qualität der einzelnen Angebote als auch ein auf die Weiterentwicklung der gesamten Organisation bezogener Prozess verbunden. Dies unterstreicht die geforderte organisationsbezogene Handlungskompetenz, mit der die Fachkräfte der Sozialen Arbeit den Anforderungen in der Praxis begegnen sollten.

Merchel, J. (2013): Qualitätsmanagement in der Sozialen Arbeit: Eine Einführung. 4. Aufl. Beltz, Weinheim

6.2 Zu guter Letzt

Eingangs wurde der Wunsch formuliert, mit dem Buch auch Neugierde und Begeisterung für das Thema Organisation und die damit verbundenen Fragestellungen zu wecken. Damit hat sich das Lehrbuch insgesamt einer herausfordernden Überzeugungsaufgabe gestellt. Wie im Eingangsszenario im ersten Kapitel dargestellt, erlebe ich es auch in Diskussionen mit Studierenden der Sozialen Arbeit in organisationsbezogenen Vorlesungen und Seminaren, dass sich diese Themen wie die damit verbundenen Fragestellungen bislang nicht der gleichen Beliebtheit erfreuen wie z. B. handlungsorientierte methodische Veranstaltungen. Auch spielt der Wunsch nach einer Auseinandersetzung mit organisationsbezogenen Fragestellungen bei der Entscheidung, das Studium der Sozialen Arbeit aufzunehmen, kaum eine Rolle. Es ist jedoch hoffentlich deutlich geworden, dass es eine lohnende Perspektive im Prozess der Professionalisierung ist: Die Praxis der Sozialen Arbeit findet in Organisationen und durch Organisation statt, denn Organisation(en) sind (auch) in der Sozialen Arbeit allgegenwärtig. In diesen Organisationen bewusst handeln und sie aktiv (mit) gestalten zu können sind damit unverzichtbare Bestandteile von Professionalität in der Sozialen Arbeit.

Literatur

Abraham, M., Büschges, G. (2009): Einführung in die Organisationssoziologie. 4. Aufl. VS Verlag für Sozialwissenschaften, Wiesbaden

Amtsblatt der Europäischen Union (2014): Richtlinie 2014/24/EU des europäischen Parlaments und des Rates vom 26. Februar 2014 über die öffentliche Auftragsvergabe und zur Aufhebung der Richtlinie 2004/18/EG

Arbeiterwohlfahrt Bundesverband e.V. (2017): Verbandsbericht 2017. In: www.awo.org/die-awo-zahlen-und-fakten, 01.05.2019

Arbeiterwohlfahrt Bundesverband e.V. (2005): Grundsatzprogramm der Arbeiterwohlfahrt. In: www.awo.org/sites/default/files/2016-10/Grundsatzprogramm_Layout_neu_09.pdf, 01.05.2019

Arbeitsstelle Kinder- und Jugendhilfestatistik (AKJStat) (2017): Empirische Befunde zur Kinder- und Jugendhilfe. Analysen zum Leitthema des 16. Deutschen Kinder- und Jugendhilfetages 2017. In: www.akjstat.tu-dortmund.de/fileadmin/Analysen/Jugendhilfe_insgesamt/AKJStat_-_Empirische_Befunde_DJHT_2017.pdf, 01.05.2019

Arnold, U. (2009) Besonderheiten der Dienstleistungsproduktion. In: Maelicke, B. (Hrsg.), 438–457

Arnold, U., Maelicke, B. (2014) (Hrsg.): Lehrbuch der Sozialwirtschaft. 4. Aufl. Nomos, Baden-Baden

Arnold, U., Maelicke, B. (2009) (Hrsg.): Lehrbuch der Sozialwirtschaft. 3. Aufl. Nomos, Baden-Baden

Badura, B., Gross, P. (1976): Sozialpolitische Perspektiven. Eine Einführung in Grundlagen und Probleme sozialer Dienstleistungen. Piper, München

Bauer, R. (2001): Personenbezogene Soziale Dienstleistungen Begriff, Qualität und Zukunft. Springer, Wiesbaden

Bauer, R., Dahme, H.J., Wohlfahrt, N. (2012): Freie Träger. In: Thole (Hrsg.), 813–829

Bayerisches Staatsministerium (o.J.): Sozialgenossenschaften in Bayern – Der Ratgeber zur erfolgreichen Gründung. In: www.stmas.bayern.de/imperia/md/content/stmas/stmas_internet/sozialpolitik/sozialgenossenschaften.pdf, 01.05.2019

Becker-Lenz, R., Busse, S., Ehlert, G., Müller, S. (Hrsg.) (2011): Professionelles Handeln in der Sozialen Arbeit. Materialanalysen und kritische Kommentare. VS Verlag für Sozialwissenschaften, Wiesbaden

Bernzen, C., Grube, C., Sitzler, R. (Hrsg.) (2018): Leistungs- und Entgeltvereinbarungen in der Sozialwirtschaft. Regulierungsinstrumente in der Eingliederungshilfe und der Kinder- und Jugendhilfe. Nomos, Baden Baden

Bettig, U., Christa, H., Faust, W. (Hrsg.) (2013): Betriebswirtschaftliche Grundlagen in der Sozialwirtschaft. Nomos, Baden-Baden

Beyer, T. (2017): Recht für die Soziale Arbeit. Nomos, Baden-Baden

Bieker, R. (2012): Finanzierung Sozialer Arbeit. In: Bieker, R., Vomberg, E. (Hrsg.), 199–221

Bieker, R. (2011): Trägerstrukturen in der Sozialen Arbeit – ein Überblick. In: Bieker, R., Floerecke, P. (Hrsg.), 13–43

Bieker, R., Floerecke, P. (Hrsg.) (2011): Träger, Arbeitsfelder und Zielgruppen der Sozialen Arbeit. Kohlhammer, Stuttgart

Bieker, R., Vomberg, E. (Hrsg.) (2012): Management in der Sozialen Arbeit. Kohlhammer, Stuttgart

Biesel Kay (2011): Wenn Jugendämter scheitern. Zum Umgang mit Fehlern im Kinderschutz. transcript, Bielefeld

Böhnisch, L., Lösch, H. (1973): Das Handlungsverständnis des Sozialarbeiters und seine institutionelle Determination. In: Otto, H.-U., Schneider, S. (1973b) (Hrsg.), 21–43

Bommes, M, Scherr, A. (2012): Soziologie der Sozialen Arbeit. Eine Einführung in Formen und Funktionen organisierter Hilfe. 2. Aufl. Beltz Juventa, Weinheim

Bötticher, A. v., Münder, J. (2011): Rechtliche Fragen Sozialer Dienste – Zentrale Entwicklungen und Eckpunkte der Diskussion. In: Evers, A., Heinze, R., Olk, T. (Hrsg.), 206–225

Bundesministerium für Arbeit und Soziales (2018): Das persönliche Budget. In: www.bmas.de/SharedDocs/Downloads/DE/PDF-Publikationen/a722-persbudget-normalesprache.pdf?__blob=publicationFile, 01.05.2019

Bundesverband Deutscher Stiftungen e. V. (2017): Was ist eine Stiftung? 10 Fragen und Antworten. In: www.stiftungen.org/fileadmin/stiftungen_org/Stiftungen/Basiswissen/Was-ist-eine-Stiftung/Was-ist-eine-Stiftung.pdf, 01.05.2019

Busse, S., Ehlert, G., Becker-Lenz, R., Müller-Hermann, S. (2016): Einleitung: Professionelles Handeln in Organisationen. In: Busse S., Ehlert, G., Becker-Lenz, R., Müller-Hermann, S. (Hrsg.), 1–11

Busse, S., Ehlert, G., Becker-Lenz, R., Müller-Hermann, S. (2016) (Hrsg.): Professionalität und Organisation. Springer, Wiesbaden

Ceylan, R., Kiefer, M. (2016): Muslimische Wohlfahrtspflege in Deutschland. Eine historische und systematische Einführung. Springer, Wiesbaden

Cremer, G, Goldschmidt, N, Höfer, S. (2013): Soziale Dienstleistungen. Ökonomie, Recht, Politik. Mohr Siebeck, Tübingen

Dahme, H. J., Wohlfahrt, N. (2015): Soziale Dienstleistungspolitik. Eine kritische Bestandsaufnahme. Springer, Wiesbaden

Dahme, H.-J., Wohlfahrt, N. (2013): Lehrbuch Kommunale Sozialverwaltung und Soziale Dienste: Grundlagen, aktuelle Praxis und Entwicklung. 2. Aufl. Beltz Juventa, Weinheim

Deutscher Verein für öffentliche und private Fürsorge e.V. (Hrsg.) (2017): Fachlexikon der Sozialen Arbeit. 8. Aufl. Nomos, Baden-Baden

Dewe, B, Otto, H.-U. (2012): Reflexive Sozialpädagogik. In: Thole (Hrsg.), 197–218

Evers, A., Heinze, R., Olk, T. (Hrsg.) (2011): Handbuch Soziale Dienste. VS Verlag für Sozialwissenschaften, Wiesbaden

Falterbaum, J. (2009): Rechtliche Grundlagen Sozialer Arbeit. Eine praxisorientierte Einführung. 3. Aufl. Kohlhammer, Stuttgart

Finis Siegler, B. (2009) Ökonomik Sozialer Arbeit. Lambertus, Freiburg im Breisgau

Flösser, G., Rosenbauer, N., Witzel, M. (2018): Theorie Sozialer Dienste. In: Otto, H.-U., Thiersch, H., Treptow, R., Ziegler, H. (Hrsg.), 1710–1719

Fourastié, J. (1954): Die große Hoffnung des zwanzigsten Jahrhunderts. Bund-Verlag, Köln

Galuske, M. (2001): „Wenn Soziale Arbeit zum Management wird …". Anmerkungen zum aktivierenden Umbau der Sozialen Arbeit und seinen Niederschlägen in der Methodendebatte. In: Krauß et al. (Hrsg.), 333–375

Gebert, D., Rosenstiel, L. v. (2002): Organisationspsychologie. 5. Aufl. Kohlhammer, Stuttgart

Gummert, P. (2018): § 11 Vergaberecht. In: Bernzen, C., Grube, C., Sitzler, R. (Hrsg.), 163–170

Grunwald, K. (2018): Organisation und Organisationsgestaltung. In: Otto, H.-U., Thiersch, H., Treptow, R., Ziegler, H. (Hrsg.), 1105–1116

Grunwald, K. (2013a): Dienstleistung. In: Grunwald, K., Horcher, G., Maelicke, B. (Hrsg.), 242–248

Grunwald, K. (2013b): Dienstleistungsgesellschaft. In: Grunwald, K., Horcher, G., Maelicke, B. (Hrsg.), 250–254

Grunwald, K. (2013c): Leitbild. In: Grunwald, K., Horcher, G., Maelicke, B. (Hrsg.), 623–628

Grunwald, K., Horcher, G., Maelicke, B. (2013) (Hrsg.): Lexion der Sozialwirtschaft. 2. Aufl. Nomos, Baden-Baden

Gukenbiehl, H. L.(2010): Institution und Organisation. In: Korte, H., Schäfers, B. (Hrsg.), 145–161

Gutenberg, E. (1976): Grundlagen der Betriebswirtschaftslehre. 1. Bd.: Die Produktion. 22. Aufl. Springer, Berlin

Halfar, B. (2015): Finanzierung Sozialer Arbeit. In: Otto, H.-U., Thiersch, H. (Hrsg.), 451–458

Hammerschmidt, P., Weber, S., Seidenstücker, B. (2017): Soziale Arbeit – die Geschichte. Barbara Budrich, Opladen

Hammerschmidt, P., Sagebiel, P. (Hrsg.) (2010): Professionalisierung im Widerstreit. Zur Professionalisierungsdiskussion in der Sozialen Arbeit – Versuch einer Bilanz. AG SPAK, München

Heinze, R. G. (2011): Soziale Dienste und Beschäftigung. In: Evers, A., Heinze, R. G., Olk, T. (Hrsg.), 168–186

Heinze, R. G., Lange, J., Sesselmeier, W. (Hrsg.) (2018): Neue Governancestrukturen in der Wohlfahrtspflege. Wohlfahrtsverbände zwischen normativen Ansprüchen und sozialwirtschaftlicher Realität. Nomos, Baden-Baden

Hölzle, C. (2017): Personalmanagement in Einrichtungen der Sozialen Arbeit. Grundlagen und Instrumente. 2. Aufl. Beltz Juventa, Weinheim

Jäger, W., Schimank, U.(Hrsg.) (2005): Organisationsgesellschaft. Facetten und Perspektiven. VS-Verlag, Wiesbaden

Kieser, A. (2014): Max Webers Analyse der Bürokratie. In: Kieser, A., Ebers, M. (Hrsg.), 43–117

Kieser, A., Ebers, M. (Hrsg.) (2014): Organisationstheorien. 7. Aufl. Kohlhammer, Stuttgart

Kieser A., Walgenbach, P. (2007): Organisation. 5. Aufl. Schäffer-Poeschel, Stuttgart

Klatetzki, T. (2010): Zur Einführung: Soziale personenbezogene Dienstleistungsorganisationen. In: Klatetzki (Hrsg.), 7–24

Klatetzki, T. (2010)(Hrsg.): Soziale personenbezogene Dienstleistungsorganisationen. Soziologische Perspektiven. VS Verlag für Sozialwissenschaften, Wiesbaden

Korte, H., Schäfers, B. (Hrsg.) (2010): Einführung in die Hauptbegriffe der Soziologie. 8. Aufl. VS Verlag für Sozialwissenschaften, Wiesbaden

Kolhoff, L., Bettig, U. (2013): Finanzierung. In: Bettig, U., Christa, H., Faust, W. (Hrsg.), 19–74

Krauß, E. J., Möller, M., Münchmeier, R. (Hrsg.) (2007): Soziale Arbeit zwischen Ökonomisierung und Selbstbestimmung. university press GmbH Kassel. In: www.uni-kassel.de/upress/online/frei/978-3-89958-249-9.volltext.frei.pdf, 24.05.2019

Kruse, V., Barrelmeyer, V. (2012): Max Weber. Eine Einführung. UVK, Konstanz

Landschaftsverband Rheinland (2018): Die Jugendämter im Rheinland. Verzeichnis der Jugendämter im Rheinland. In: https://www.lvr.de/de/nav_main/jugend_2/service_1/verzeichnisse/rheinischesjugendamtsverzeichnis_1/rheinischesjugendamtsverzeichnis_1.jsp, 29.04.2019

Landschaftsverband Westfalen-Lippe (2018): Die Jugendämter in Westfalen-Lippe. Verzeichnis der Jugendämter. In: https://www.lwl-landesjugendamt.de/de/Jugendhilfe/javerz/, 29.04.2019

Luhmann, N. (1995): Funktion und Folgen formaler Organisation. Duncker & Humblot, Berlin

Luhmann N. (1973): Formen des Helfens im Wandel gesellschaftlicher Bedingungen. In: Otto, H.-U., Schneider, S. (1973a) (Hrsg.), 21–45

Maas, U. (1996): Soziale Arbeit als Verwaltungshandeln: systematische Grundlegung für Studium und Praxis. 2. Aufl. Juventa Verlag, Weinheim

Maaser, W. (2015): Lehrbuch Ethik. Grundlagen, Problemfelder und Perspektiven. 2. Aufl. Beltz Juventa, Weinheim

Matzat, J. (2017): Selbsthilfegruppen. In: Deutscher Verein für öffentliche und private Fürsorge e.V. (Hrsg.): Fachlexikon der Sozialen Arbeit. 8. Aufl. Nomos, Baden-Baden, 751–753

Mayntz, R. (1971): Bürokratische Organisation. Kiepenheuer und Witsch, Köln-Berlin

Mayntz, R. (1963): Soziologie der Organisation. Rowohlt, Reinbek

Merchel, J. (2015): Management in Organisationen der Sozialen Arbeit. Eine Einführung. Beltz Juventa, Weinheim

Merchel, J. (2010): Leiten in Einrichtungen der Sozialen Arbeit. Ernst Reinhardt, München / Basel

Merchel, J. (2008): Trägerstrukturen in der Sozialen Arbeit. Eine Einführung, 2. Aufl. Juventa Verlag, Weinheim

Merchel, J., Reismann, H. (2004): Der Jugendhilfeausschuss. Eine Untersuchung über seine fachliche und jugendhilfepolitische Bedeutung am Beispiel NRW. Juventa Verlag, Weinheim

Morgan, G. (1997): Bilder der Organisation. Klett-Cotta, Stuttgart

Müller, B. (2011): Professionalität ohne Arbeitsbündnis? Eine Studie zu „niedrigschwelliger" Sozialer Arbeit. In: Becker-Lenz, R., Busse, S., Ehlert, G., Müller, S. (Hrsg.), 144–159

Müller, C.W. (1994): JugendAmt. Geschichte und Aufgabe einer reformpädagogischen Einrichtung. Beltz, Weinheim

Mund, P. (2016): Jugendverbände. In: Deutscher Verein für öffentliche und private Fürsorge e.V. (Hrsg.), 480 f.

Neubauer, W. (2003): Organisationskultur. Kohlhammer, Stuttgart

Nicolai, C. (2018): Personalmanagement. 5. Aufl. UVK, Konstanz

Nikles, B.W. (2008): Institutionen und Organisationen der Sozialen Arbeit. Ernst Reinhardt, München / Basel

Oechler, M. (2018): Dienstleistungsorientierung. In: Otto, H.-U., Thiersch, H., Treptow, R., Ziegler, H. (Hrsg.), 263–272

Olk, T.(1999): Gegenwart gestalten, um Zukunft zu gewinnen! Verbandspolitische Strategien für die freie Wohlfahrtspflege. In: Theorie und Praxis der Sozialen Arbeit 4 (50), 123–130

Olk, T., Otto, H.-U. (Hrsg.) (2003): Soziale Arbeit als Dienstleistung. Grundlegungen, Entwürfe und Modelle. Ernst Reinhardt, München / Basel

Ortmann, F. (2012) Organisation und Verwaltung des „Sozialen". In: Thole (Hrsg.), 763–775

Otto, H.-U., Schneider, S. (Hrsg.) (1973a): Gesellschaftliche Perspektiven der Sozialarbeit. 1. Halbband. Luchterhand, Neuwied

Otto, H.-U., Schneider, S. (Hrsg.) (1973b): Gesellschaftliche Perspektiven der Sozialarbeit. 2. Halbband. Luchterhand, Neuwied

Otto, H.-U., Thiersch, H. (Hrsg.) (2015): Handbuch Soziale Arbeit. 5. Aufl. Ernst Reinhardt, München / Basel

Otto, H.-U., Thiersch, H., Treptow, R., Ziegler, H. (Hrsg.) (2018): Handbuch Soziale Arbeit. 6. Aufl. Ernst Reinhardt, München / Basel

Paulini, C. (2010): Zur Bedeutung von Berufsverbänden für die Professionalisierung Sozialer Arbeit. In: Hammerschmidt, P., Sagebiel, J. (Hrsg.), 77–94

Pooch, M.-T., Tremel, I. (2016): So können Schutzkonzepte in Bildungs- und Erziehungseinrichtungen gelingen! Erkenntnisse der qualitativen Studien des Monitoring (2015–2018) zum Stand der Prävention vor sexualisierter Gewalt an Kindern und Jugendlichen in Deutschland in den Handlungsfeldern Kindertageseinrichtungen, Schulen, Heime und Internate, Berlin. In: www.dji.de/fileadmin/user_upload/bibs2016/UBSKM_Monitoring_Teilbericht_1_DJI.pdf, 01.05.2019

Prache, A., Wolke, R. (2009): Finanzierung und Finanzmanagement. In: Arnold, U., Maelicke, B. (Hrsg.), 497–523

Preisendörfer, P. (2011): Organisationssoziologie. Grundlagen, Theorien und Problemstellungen. 3. Aufl. VS Verlag für Sozialwissenschaften, Wiesbaden

Presthus, R. V. (1979): The Organizational Society. 2. Aufl. Palgrave, London

Puch, H.-J. (1994): Organisationen im Sozialbereich. Eine Einführung für Soziale Berufe. Lambertus, Freiburg im Breisgau

Sackmann, S. (2017): Unternehmenskultur: Erkennen-Entwickeln-Verändern: Erfolgreich durch kulturbewusstes Management. 2. Aufl. Springer Gabler, Wiesbaden

Sagebiel, J., Pankofer, S. (2015): Soziale Arbeit und Machttheorien. Reflexionen und Handlungsansätze. Lambertus, Freiburg im Breisgau

Sandermann, P., Neumann, S. (2018): Grundkurs Theorien der Sozialen Arbeit. Ernst Reinhardt, München / Basel

Sanders, K., Kianty, A. (2006): Organisationstheorien. Eine Einführung. Springer, Wiesbaden

Schauhoff, S. (2010): Handbuch der Gemeinnützigkeit. Verein, Stiftung, GmbH. Recht, Steuern, Personal. 3. Aufl. C. H. Beck, München

Schein, E. H. (1995): Unternehmenskultur. Ein Handbuch für Führungskräfte. Campus, Frankfurt

Schellhorn, K. (2012): Betriebswirtschaftslehre für Sozialunternehmen. ZIEL – Zentrum für interdisziplinäre erfahrungsorientiertes Lernen GmbH, Augsburg

Scherer, A. G.. Marti, E. (2014): Wissenschaftstheorie der Organisationstheorie. In: Kieser, A., Ebers, M. (Hrsg.), 15–42

Schen, E., Autrata, O. (2018): Das Soziale: Gegenstand der Sozialen Arbeit, Springer, Wiesbaden

Schick, S. (2014): Rechts- und Organisationsformen. In: Arnold, U., Maelicke, B. (Hrsg.), 546–584

Schick, S. (2012): Rechtliche und steuerliche Grundlagen der Sozialwirtschaft. Nomos, Baden-Baden

Schilling, J., Klus, S. (2018): Soziale Arbeit: Geschichte, Theorie, Profession. 7. Aufl. Ernst Reinhardt, München / Basel

Schimank, U. (2005): Organisationsgesellschaft. In: Jäger, W., Schimank, U. (Hrsg.), 19–50

Schreyögg, G. (2016): Grundlagen der Organisation. Basiswissen für Studium und Praxis. 2. Aufl. Springer Gabler, Wiesbaden

Schreyögg, G., Geiger, D. (2016): Organisation. Grundlagen moderner Organisationsgestaltung. Mit Fallstudien. 6. Aufl. Springer Gabler, Wiesbaden

Schubert, K., Klein, M. (2011): Das Politiklexikon. Dietz, Bonn

Scott, R.W., Davis, G.F. (2007): Organizations and Organizing. Rational, Natural, and Open Systems Perspectives. Upper Saddle River, NJ, Pearson

Simon, F.B. (2009): Einführung in die systemische Organisationstheorie. Carl-Auer Verlag, Heidelberg

Spiegel, H.v. (2018): Methodisches Handeln in der Sozialen Arbeit. Grundlagen und Arbeitshilfen für die Praxis. 6. Aufl. Ernst Reinhardt, München / Basel

Statistisches Bundesamt (Hrsg.) (2017): Pflegestatistik 2015 Pflege im Rahmen der Pflegeversicherung. Deutschlandergebnisse, Wiesbaden

Staub-Bernasconi, S. (2018): Soziale Arbeit als Handlungswissenschaft. Soziale Arbeit auf dem Weg zur kritischen Professionalität. 2. Aufl. Barbara Budrich, Opladen

Strünk, C. (2018): Wohlfahrtsverbände als zivilgesellschaftliche Akteure. In: Heinze, R.G., Lange, J., Sesselmeier, W. (Hrsg.), 129–151

Süß, S. (2009): Die Institutionalisierung von Managementkonzepten. Diversity-Management in Deutschland. Rainer Hampp Verlag, München

Thole, W. (Hrsg.) (2012): Grundriss Soziale Arbeit. Ein einführendes Handbuch. 4. Aufl. VS Verlag für Sozialwissenschaften, Wiesbaden

Vahs, D. (2012): Organisation. Ein Lehr- und Managementbuch. Schäffer-Poeschel, Stuttgart

Vogel, M.R. (1966): Die kommunale Apparatur der öffentlichen Hilfe. Juventa Verlag, Stuttgart

Weber, M. (1922): Wirtschaft und Gesellschaft: Grundriss der verstehenden Soziologie. Mohr Siebeck, Tübingen

Wiesner, R. (2015): SGB VIII Kinder- und Jugendhilfe, Kommentar. 5. Aufl. C.H. Beck, München

Wöhrle, A. (2016): Die Entdeckung der eigenen Steuerung. Die Entstehung des Sozialmanagements zwischen Abwehr und Erweiterung. In: Busse, S., Ehlert, G., Becker-Lenz, R., Müller-Hermann, S. (Hrsg.), 227–254

Sachregister